失敗者回憶錄

上卷

李怡 著

1960 年結婚旅行於北京，在故宮御花園的連理柏下合影。

1978 年在香港的全家福照。

1980 年春節，在澳門母親家。

2016 年在加拿大費爾蒙，和女兒小蕾、小蓓合影。

1989 年，攝於九十年代在洛克道的總編輯辦公室內。

1970 年 2 月《七十年代》創刊號與 1998 年 5 月《九十年代》休刊號。

《燈火集》（1970，大光）、《晨光集》（1971，大光）、《晨星及其他》（1962，上海書局）、《長短篇》（1977，七十年代）

1980 年編《中國新寫實主義文藝作品選》及其「增刊」、「續編」，七十年代雜誌社

1982 年《從認同到重新認識中國》，七十年代雜誌社

1983 年《風にそよぐ中国知識人》，文藝春秋

1985 年《香港前途與中國政治》，臻善文化

1990 年《知識分子與中國》，九十年代雜誌社

2013 年《香港思潮》，升出版

2020 年《香港覺醒》，升出版

刊登於《九十年代》的林風眠畫作〈噩夢〉。翻拍自 1989 年 8 月號《九十年代》

目錄

心路：

成長：

價值觀：

第三章：

台灣民主路：

分道揚鑣：

推薦序

七十年來，香港只有一個李怡

陶傑

李怡先生是海外華人社會自由知識分子的代表人物，他來自民國上一代左翼背景，年輕時自然信仰社會主義，因傾情於中國，最初為中共在香港創辦《七十年代》，文化統戰在美國的台灣和香港留學生。

身為主筆和自由思想家，除了少年的戰亂，他的下半生經歷了三大衝擊：

第一，一九七六年毛澤東死亡、四人幫覆滅，因《七十年代》批評美國的資本主義，曲線宣傳「文革」極左狀態中的大陸「進步」生活，令他一時無法對海外的知識讀者交代，青年時代對共產黨的信念動搖於根本，但鄧小平改革開放，胡耀邦、趙紫陽當政，他雖與香港的左派決裂，但對中國還抱有希望。

第二，一九八九年天安門事件，他認識的中國知識分子流亡海外、中國大學生一代遭到鎮壓，令他對鄧小平的期望幻滅，與中國決裂，決定帶著刊物出走，探索華人民主自由之路。

隨著九七大限，他又轉向關懷他成長的香港。

第三，二〇一九年香港年輕人的社會運動，引入《國安法》，他意識到香港「一國兩制」正式終結，自己的安危也受到影響，此時他與「中國」告別，轉而支持香港年輕人的獨立和奮鬥的抗爭精神，他認為這就是「少年中國」自五四以來的延續，而且在前殖民地的香港。

他不主張港獨和台獨，因為他始終是經歷過中國大地的過來人，他只希望世界和平，中國好，希望中國人過好日子，尤其中國的知識分子和大學生能在自由的精神文明環境裡生存。但晚年覺得這一點希望幻滅，他只能在精神上支持台灣和香港下一代找尋自己的路。

他主張寬容異見，維護言論自由，希望中國社會有多黨的民主制度，當權者至少受到新聞監督。他極力守護香港的底線，也成為因言論而遭到人身攻擊和政治仇恨謾罵最廣泛而嚴厲的一名知識分子：由他認識共事過的左報的「叛徒」、「反華」、「反中亂港」到「港獨」，以致同一陣線他曾工作過的傳媒也抹黑他「抄襲」等種種可笑的誣陷和恐嚇。他很堅定，不向極權和流氓屈服。

信仰和理想重複幻滅，轉而重新認識香港、熱愛香港，畢生讀書不斷、思考不息。

李怡是很誠摯的人，說話不懂掩飾，相由心生，他由二十歲到八十，書卷氣和赤子之心一直沒有變過。

他生於中國、熱愛中國、移情台灣香港，最後其實還是死憂於中國。他在晚年以「失敗者回憶錄」為題寫自傳，為未來的香港人存紀錄、敲警鐘，其時代之雲天壯濶，人事之湖海險奇，足以為香港史不為人所知的珍鑑。他自慨「失敗」，自憐於一個枉費心力的華人自由派知識分子的一生，但他的一生並不失敗，失敗的只是魯迅論定的中國人，以及其土壤的文化中國。

「永憶江湖歸白髮，欲迴天地入扁舟」，他見證了香港的興衰，而且秉持良心和原則，以一生心力，盡了一個讀書人應予的義務。香港這個一度的國際經貿大都會，獨欠他一具銅像，因為全球華人世界有無數的醫生、工程師、律師、學者教授，但七十年來，香港只有一個李怡。

穿過靈魂的冷戰前線

顏擇雅

通常，我們評價媒體人成不成功，是看影響力。用這個標準，李怡是非常成功的。哪一份華文刊物像他主編的《七十年代》（一九八四年改名《九十年代》）那樣，連連以獨家驚動兩岸三地？它最早披露《雷震回憶錄》，最早預言鄧小平復出，也最早挑起九七議題。

在戒嚴時期的台灣，黨外雜誌至少書報攤買得到，《七十年代》卻只能偷偷夾帶進海關。不過，拜黨外雜誌經常引述之賜，許多沒看過《七十年代》的台灣人都知道它的存在。

還有李怡那隻筆。六四後，北京官方檢討「動亂的醞釀」，就特別挑明是他在《信報》的文章。他論析文革的書有英、日、法、西班牙文版，寫香港的書也多種都有日文版。時論結集頻頻受到外國出版社青睞，這在華文世界絕對是空前，也極可能絕後。

他那麼成功，書名《失敗者回憶錄》就有必要解釋了。他從前也寫過不少回憶文章，但第一次以失敗者自居，卻要等到《蘋果日報》「世道人生」專欄最後一篇，文中說他不打算再寫時評：「將向愛護我的讀友，細說我一路走來的失敗的人生。」刊出日期是二〇二一年三月三十一日，九天後他就飛來台灣了。

所以，這種自我認定，必須跟他移居台灣的決定一起看。決定的背後，當然是香港自由空間緊縮。

李怡過世後，有人寫說他「一生追求自由」。但光看回憶錄開頭，我們就知他本人並不做如是想。開頭寫的是一九七〇年三月的遭遇，那是《七十年代》創刊第二個月。成功男性回憶事業起飛，印象鮮明的不都是意氣昂揚那一面？怎麼李怡卻大寫特寫自己的軟弱？

當時，他妻子正被隔離審查。文革期間，隔離審查把人打死是常有的事。妻子被挑中，只因造反派想逼她供出李怡是特務。都經歷這麼離譜的事了，怎麼李怡還繼續留在左派陣營？

看來他主編的《七十年代》對中共極有價值，不管在宣傳還是情報上面。這些都是第一次披露。那段歲月的李怡身在自由中，卻不知自由可貴，只因自由在當時的香港就像空氣和水。李怡一生，正好見證香港自由是如何「無可奈何花落去」。

這故事李怡特別有資格講。他當年崛起，個人因素當然是他獨具編輯天才，但環境因素也一樣重要：台灣缺乏的自由，香港多到滿出來。台灣當年雖位居冷戰前線，卻因為言論管控，不可能進行思想上的冷戰。思想上的前線只可能在香港。

正是拜思想冷戰之賜，《七十年代》才可能立足於香港。它一開始屬於左派陣營，其資金、行銷、印刷都是黨國張羅，方向也符合黨國需求。它報導美國民權運動，美其名是介紹進步思潮，骨子裡卻是暗示美帝就是紙老虎。它報導國民黨如何做票，如何把手伸進台大哲學系，也是為了台灣重回祖國懷抱，不是為了台灣人當家作主。

到了文革晚期，《七十年代》每期出刊都要事先經過審查。李怡並非「一生追求自由」，這是另一例證。

真的開始追求自由，是一九七九年，四十三歲了。脫離左派，完全獨立則是一九八一年。之後他才成為今天我們所熟悉的李怡：最洞知中共思維的銳眼，最頑強抵抗暴政的脊梁。

脫離左派的過程也是本書第一次披露。嚴格說起來，所謂的思想冷戰前線也不是劃在《七十年代》、《今日世界》等左右刊物之間，而是穿過李怡這種知識人的靈魂。台灣沒發生過思想冷戰的損失也正在此：台灣的左派都是跟中共「因誤會而戀愛」沒多久就被「白色恐怖」了，所以缺乏「因了解而分開」所帶來的真知灼見。

這種真知灼見，在書中真是不勝枚舉。一例：李怡主張只要《中英聯合公報》（一九八四年）之前香港有百萬人上街，中共是不見得敢收回香港的。那民族大義怎麼辦？李怡援引中蘇邊界的前例，說這對中共來說只是換說法的問題。情勢需要的話，「自古以來中國領土」完全可以被「歷史遺留問題」取代。

李怡脫左之前，需要重新認識中國。這裡，他特別著墨梁麗儀對他的影響。別人追悼亡妻都是回味共處的美好，李怡卻獨獨難忘聚少離多的苦澀。的確，李梁姻緣最奇特的一點，就是青春年華長期相隔天涯。兩人是十六歲相識，十九歲魚雁往返開始戀愛，二十四歲結婚，終於住到同一屋簷下卻要等到三十八歲。

再來，別人都是感念「顧我無衣搜藎篋」之類的辛苦持家，李怡感念的卻是精神成長。大學落榜後的關懷來自她。文筆得以精進，是跟她頻繁通信。他最重要的兩種筆名都跟她有關，「李怡」跟麗儀同音，「齊辛」則代表夫妻齊心。他因為政治立場需要忍受圍剿，益加感謝亡妻對他的始終信任。

李怡相貌英俊，風度翩翩，很有女人緣是一定的。書中描述亡妻「對我與異性朋友來往從不過問」，卻沒寫是哪一種異性朋友。喪妻那年李怡七十二歲：「她離去後，我在困難時刻，仍然會在冥冥中聽到（她支持我的）這聲音，於是挺起身繼續走自己的路。」

數一數，他與亡妻天人永隔剛好十四年，正是婚後兩地相思的年數。也許，老早習慣天各一方的他們並不曾被死亡真正分開。

許多人惋惜李怡沒寫完回憶錄就離去。我卻不這麼看。他儘管脫左，奉獻精神卻始終如一，總覺得自己做的不夠。他無論活多久，都會有作品沒寫完的。這本書已寫完他最重視的二〇一九年抗爭那部分，某種意義算是寫完了。

重點是，我們讀到年輕人勇武帶給他的震撼，就更了解他為何會在八十五歲之齡，突然以失敗者自況，為何他要把自己三十四歲的軟弱放在最開頭。他用首尾對比，來襯托他對今日香港感到的自咎。這種自咎之情貫穿全書。

新一代香港人會不會把過往的自由忘得一乾二淨？李怡絕對不希望這種事發生，才會在人生最後十八個月移居台灣，為了好好寫書。

飛來台灣是二〇二一年四月九日，原本指望還可以回去，帶來行李不多。兩個月後壹傳媒高層大搜捕，他曾一度激動想飛回香港，是別人勸退。十一月底，心臟問題緊急住院。這些，都更加堅定他寫回憶錄的意志。所以他就持續地寫，直到最後倒下。

到頭來，他終究無法重回香港。但既然他以「唯有勇氣才是永恆」為本書主旨，那表示他把成敗看很小，生死也看很小。他把他的證言，他的自咎，他對二〇一九抗爭世代的敬佩，都寫進這本書了。

更重要的是他的期許，他的未了心願。我們在台灣把這本書編好，付梓，只算是幫他完成他未了心願的一部分。其餘，只能等有勇氣的香港人去替他完成。一代完成不了，就把勇氣傳遞給更年輕的一代，像李怡那樣。

李怡，我的老東家

殷惠敏

李怡臨終指定我為他的回憶錄寫篇序文，我一向是個打亂仗的程咬金，不善於正經八百的寫文章。不過老東家既然吩咐，我只好硬著頭皮頂下這件差事。

李怡長得英俊瀟灑，港人把上相的男模女模稱作衣架子，李怡年輕時就是個衣架子。我見過香港有本時裝雜誌，還刊出過李怡的時裝寫真專輯，確實是風度翩翩。不過他平時衣著樸素，總是白襯衫黑長褲，肩掛公事包。

毛澤東駕崩，四人幫被捕那一陣，《七十年代》銷量特好，據李怡說，印了好幾版。天安門事件發生後，《九十年代》也重印了很多版。李怡還接受國際媒體日夜專訪，忙得不可開交。過後他來訪。我問他，怎樣？又發國難財了吧？他頷首說，是呀，國家不幸詩家幸。接著又嘆口氣，這種國難財，能不發最好。

李怡人在香港，妻子卻長期在大陸教中學，夫妻分隔兩地，每隔一段時間，李怡都會進入大陸與妻女短暫相聚。因而在香港有說他負有任務在身，必須定期到內地向上級領導彙報。他在回憶錄裡詳細道出北上探親的緣由和遭遇時，外界才理解不是他們臆測的那樣。荒謬的是，港人猜疑他負有「任務」，大陸他妻子學校的黨領導也懷疑他負有「任務」。只不過前者懷疑他是中共特務，後者懷疑他是英國特務。他那固執要在內地教書的妻子，也就被逼不斷的寫報告，做交代，校領導甚至逼迫她同特務老公斷絕關係。夫妻在內地見面時都盡量不觸及敏感的政治話題，以免給妻子惹麻煩。心理的煎熬，外人難以想像。

可是他在文友面前完全不提這類「家庭私事」，展現出十足的專業主義。記得一九八三年十一月，他興沖沖的要組稿，推出一個「一九八四」專輯。我最近看了他的回憶錄片段才發現，他的妻子和他自己，早前其實就活在「一九八四」的陰影裡。

有一位台灣名校科班出身的歷史學者，在憶往雜文集中談到他當年負笈耶魯求學時期，就靠《七十年代》和後來改名的《九十年代》，增長了他對兩岸三地的瞭解。尤其是李怡犀利的分析力和對時局的洞識，對他來說，很有啟蒙作用。我傳訊給李怡，他卻低調的回訊說，當年辦雜誌只是提供一個平台而已。

現在回過頭去看，當年這個平台所發揮的功能是很不簡單的。上世紀七十年代，坐足了十年牢出獄的台灣著名政治犯雷震，在獄中寫的回憶錄被當局沒收銷毀，出獄後發奮重寫，完稿後在台灣無處出版，是靠當時的黨外人士將書稿偷運到香港，交給《七十年代》印行。

雷震入獄前曾著書稿《我的母親》，胡適看了稱讚說：「一般人寫傳記總是歌頌備至，尤其大人先生，你倒實實在在的寫事實，可作史家研究時參考之用。」雷震出獄後，已是風燭殘年的癌末老人，但住宅正對門樓上仍有特務監視著他。一九七八年十月，他想將早年寫好卻沒機會出版的《我的母親》，印兩百本，贈送親友作為紀念。但書在印刷廠印成後，卻被警備總部的特務探知，派車將《我的母親》悉數捆載而去。連印刷廠老闆劉細達，也被當地警察局逮捕監禁，經家人保釋後，蓋了四個大手印才得返家，而且還得隨傳隨到。鄰居圍觀，還以為劉家出了什麼江洋大盜。

癌末老人無法可想，只得寫一封公開信給當時準備接班繼大位的行政院長蔣經國，質問他印刷廠老闆印書究竟犯了什麼罪。警備總部劫走他的書，連收據也不出一張，究竟是根據什麼法條？警備總部就能違法濫權嗎？蔣經國可以撰寫《我的父親》，三月之內賣出八版，為什麼我雷震不能撰寫《我的母親》？這不是「只許州官放火，不許百姓點燈」嗎？

然而，雷震的公開信無法在台面世，也只能偷渡出境，在香港的《七十年代》和美東版的《星島日報》刊出。

弱者的反抗終歸是無用的嗎？單從一個普通的「人」的角度來看，癌末老人的一封公開信，看似平淡無奇，在《七十年代》平台上讓人看到的是權勢者的醜陋面貌。再多的官方宣傳和作秀術也掩蓋不了。這些訊息，經台灣黨外刊物轉載後，震撼力不可低估。

《美麗島雜誌》一九七九年十二月在高雄發起國際人權日大遊行，被國民黨政府大肆鎮壓，以叛亂罪名拘捕民運領袖。繼而又在二二八當天發生林家血案。然後就是卡內基美隆大學陳文成教授，被警總約談後在台大校園的離奇墜樓命案。台灣民眾不解的是，最可能涉案的特務機關卻未成為調查對象。

在這個綿延不斷的台灣民主抗爭和黨國反撲的過程中，李怡和他的雜誌一直密切關注，從未缺席。尤其是在案件發生和「叛亂案」審判的關鍵時刻，《七十年代》提供的平台，刊載了盡可能如實報導和深入分析的文章。

在台灣官方布下的迷霧陣中，這些文章的穿透力，能夠幫助讀者瞭解真相。對台灣民主運動的推波助瀾，李怡功不可沒。他是成功者，不是失敗者。

及至台灣特務機關派黑幫分子到美國加州刺殺江南案，成為國際醜聞，也無疑證實了台灣民眾歷來的疑慮。台灣的民主抗爭前仆後繼，黨國的反撲最後證明徒勞無功。我還記得一件趣事。當台灣完成憲政程序，在李登輝總統任內，李怡和《九十年代》編輯應邀赴台採訪，成為行政院的座上賓。十多年前因到香港拜訪李匪怡，接受「任務」回台的「叛亂分子」戴華光，還被關在牢裡呢。戴的老母氣憤不過，到法院門前擔牌抗議。這是什麼世道啊？都怪形勢變化太快。

李怡在《失敗者回憶錄》的題記中說，他在香港投注的畢生心力，他的所思所想，他對自由的堅持和民主的理念，始終無法實現。所以在現實上他承認是失敗者。他對香港和中國大陸的走向是悲觀的。

回過頭去看，我注意到李怡在辦雜誌的生涯中，受到一個重大的心理衝擊就是在毛澤東離世，四人幫被捕的時期。那時大陸的民憤排山倒海地湧現，那些交織著血與淚的控訴文字，不能不滌蕩人心，令海外知識分子反思。李怡以文學愛好者的靈敏直覺，收集了這段時期的傷痕文學作品，編成《中國新寫實主義文藝作品選》，引起不小反響。使人從過去出於民族情感而認同中共，轉而認同受這個政權壓迫，被它踩在腳底下的人民。這是一個重要的轉折。不僅對李怡本人而言，對雜誌的讀者也是如此。

也是在這段時期，李怡結識了香港新亞研究所的徐復觀教授。他的回憶錄有幾段描寫徐復觀與他言談間所表露的憂國憂民之心，誠懇剴切，令他深受感動。這大約就是人與人之間的一種潛移默化的功能。李怡因訪問徐先生的一篇報導〈徐復觀談中共政局〉（《七十年代》一九八一年五月號），使他受到香港左派高層的壓力。雜誌作者群的擴大，最終也不可免的給李怡帶來麻煩。紅頂商人突然無預警地收回出租單位，雜誌只好另覓編輯場所。最後，為了生存，只好公開向讀者作者募集資金，正式脫胎換骨，改名《九十年代》，成為一本言論獨立的刊物。

徐復觀去世前曾做了一篇短文〈獨立輿論的待望〉，正合李怡脫胎換骨的心意，所以李怡就在《九十年代》上刊登出來。徐先生指出，他三十年來寫的千言萬語，都集中在如何剔除專制政治積累的痼疾，為自己國家開闢出一條民主之路。而言論自由是實現民主保障民主的根基，獨立輿論是真假民主的試金石。徐先生最後說：

> 海外愛國人士，太被或左或右的捆仙繩捆緊了，彷彿離開了左、右，便感到心魂無主。實則左、右，只是現實權勢者的符號，與國家興亡，人民苦樂，並沒有必然性的關係。大家應當把這條繩子丟到垃圾堆去，直接從國家人民的遭遇與前途著眼；好的便贊成，壞的便反對。並且在國家總要求之下，凡接近民主一步的便贊成，凡遠離民主一步的便反對。使人民通過我們的筆去審判左、右。不讓左、右通過我們的筆去欺侮人民。這樣一來，常常會受到左與右的夾

攻。但若不想假借左或右來撈點殘羹冷飯，一切皆可交付歷史去論定。

據我觀察，李怡的《九十年代》在一九九八年休刊之前，是一直謹守獨立輿論的方針，拒絕為現實權勢托大腳的。難能可貴的是，他的雜誌一直不斷接受新知，拒絕老化，不斷開拓稿源，決不陷入小圈子顧影自憐的死胡同裡。《九十年代》休刊後，李怡除了為其他報刊寫稿外，還主持電台節目，生活多彩多姿。他接受香港《蘋果日報》邀約，去寫社論和主持論壇期間，更是發掘了許多香港年輕一代的寫手。他的選稿原則是不論權勢交情，只看文章是否言之有物，是否有新意。李怡在香港的影響力不止在於他的言論，而且在於他的為人風範。

李怡是個失敗者嗎？

一個人的影響力，我想是會隨著時間而綿延下去的。就像許多知識人一樣，李怡也會自嘲，覺得自己對時局走向無能為力，就如那些選擇出走的年輕人一樣。但不論如何，二〇一九年一兩百萬人的示威抗爭，是香港歷史上無法磨滅的記憶。

我曾在一則簡訊中傳給李怡一九九九年諾貝爾文學獎得主 Gunter Grass 關於「失敗者」的一段話：

> 作家就其本義而言，是不能把歷史描繪成太平盛世的，他們總是迅速揭開被捂住的傷口……他們樂於同失敗者，同那些有很多話要說卻沒有講壇訴說的失敗者攪在一起，評點歷史的進程。

李怡似乎也是這樣一個踐行的作家。

最近這段時期，香港明顯走向與民主、自由與法制逆反的方向。原有的普通法體制不斷受到國安法的侵蝕。多年來聲援大陸民運的香港「支聯會」副主席鄒幸彤，因發文呼籲市民參加維園的六四燭光紀念會而被捕。法官裁定她的文章構成煽惑他人明知而參與未經批准的集結。

身為大律師的鄒幸彤抗辯說，「如果法庭要用煽惑、被煽惑的字眼，不如說是香港人煽惑我按良知行事，如果我因此受刑，亦無怨無悔」。

目前已在香港監獄服刑的鄒幸彤，讓人想起台灣一位老政治犯作家楊逵的一篇作品〈壓不扁的玫瑰〉。

香港在國安法下，警方已到公立圖書館去掃蕩，清除了不少具有「危險思想」的書籍。特區政府要靠獵巫、尋找替罪羊的手段來落實意識形態的管治，強化自己的權力。港人豈有不知之理？

香港法庭最近審理的「羊村繪本案」又是另一個例子。「羊村繪本」是給小孩看的童書，可是繪製童書的年輕女士卻被警方以煽惑罪名逮捕投獄，判官指控她們「散播憎恨，比散播暴力更有效推翻政府」，並斷言「為維護國安，限制言論自由為必要。」這又把台灣的戒嚴時期比下去了。

李怡人在台灣，對香港事務仍然密切關注。他傳給我的報導說，出版「羊村繪本」的香港言語治療師黎雯齡在法庭陳詞，才讀出一段就被國安法指定的法官打斷，指責她是在發表「政治宣言」。黎雯齡只得申訴，她甘願為行使言論自由而付出代價，問心無愧。

這又是一支壓不扁的玫瑰。

我本來以為香港還有文明社會的家底，只是擔心在國安法下，此去會一條路走到黑。沒想到一下子就全黑啦。

如今在香港法院審理的還有二〇一九年反送中示威期間成立的「六一二人道支援基金案」，以及早先成立的「星火同盟案」，前者是要援助參與運動而被捕受傷人士。後者是為社運被捕人士提供法律諮詢的組織。現在港人和外商都睜大了眼睛在看這些假司法為名的政治審判案件。

不能不承認，自從香港的民主派、本土派噤聲後，不少人歡欣地站在巨無霸的肩膀上指手畫腳。（咦，這巨無霸，是否就是《星際大戰》裡那個臃腫的 Jabba the Hutt？）

林間的鷹睡了，在暗夜之中，正是蝙蝠可以無所顧忌、肆意飛舞的時候。但暗夜總會過去，天色會漸漸光。歷史的進程也是如此。

唯有勇氣才是永恆

——《失敗者回憶錄》題記

從來只有成功人士會寫回憶錄，失敗者的回憶錄誰要看？

我在「世道人生」專欄的告別篇最後表示「將會向愛護我的讀友，細說我一路走來的失敗的人生」，有不少讀友留言說不接受「失敗的人生」的說法，他們認為我的人生是成功而不是失敗的。

就個人、家庭和事業這三方面來說，我的人生成績單當然絕非失敗。有點成績的原因主要決定於我生活的時代和環境，就像美國股神巴菲特說他的致富是因為他中了卵巢獎券一樣，我因為成長和志業開展期是在殖民地的香港，而且處於海峽兩岸和香港經歷大轉折的時代，「國家不幸詩家幸」，劇變刺激寫作者的思緒，而港英時代的法治及在九七後一段時期的延伸，為自由的編輯和寫作生涯提供了保護傘，這是我人生之所以稍有成績的幸運因素。現在香港的年輕作家，才學在我之上，也沒有這樣的好運氣，要以寫作來維持生計都困難，真為他們惋惜。

但回顧我一生的追求，卻是不斷的感受理想破滅、價值敗壞的悲哀。

多年前，香港電台舉行「香港書獎」的頒獎禮，邀我參加，主持人問我，在香港電台主持《一分鐘閱讀》節目多年，是否覺得香港的讀書風氣有了改善，我回答說，我一生所主張所推動的事情，社會總是向相反趨向發展的，無論是閱讀，獨立思考，或民主自由，都如是。

這就是我所指的失敗的人生。

理想破滅在幾十年前就發生，當一個希望升起又接著破滅之後，我就對馬克吐溫的話深信不疑。他說，悲觀者與樂觀者的區別，是悲觀者掌握的資訊較多。對人類社會了解越多，對人性知道得越多，就越是不能樂觀。但悲觀不等於要消極。以寫作為終身志業的人，必須忠實於自己心中所想、所信奉的價值觀，我手寫我心，才對得起自己從事的工作。當然，所信奉的思想價值觀會經不起現實考驗而改變，那就仍然要忠實於這種改變，繼續我手寫我心。悲觀而積極，明知推動的價值難以實現仍然要推動，既是職責所在，也是為了實現自己，為了無愧於自己的一生。

在事實敵不過謊言、真理敵不過強權的世界，在權錢色騎劫所有價值體系的世界，作為一個忠於自己的寫作人，很難避免不停地產生挫敗感。尤其是我寫作的時間如此長，面對的中國、台灣和香港的轉變如此大，回想我一生推動的不同時期的目標來說，我想到的無疑就是一個個挫折，是實實在在的「失敗的人生」。

在以後的文字中，我會盡可能憑記憶講一個失敗者的故事。警惕我寫作的只有一點，就是避免陷入羅生門故事的美化自己的怪圈。

而我在不斷挫敗之後仍然願意與讀友、特別是年輕讀友分享失敗人生的原因，是我常想起據說是邱吉爾的名句：

「成功不是終結，失敗不是終結，唯有勇氣才是永恆。」

一個人的失敗人生或是一個人的終結，但不是後來者的終結。一個人的勇氣是他的永恆，也是後來者的永恆。

這句話推動我寫這個失敗者的故事，也是一直都是小有勇氣的故事。

（原文發布於二〇二一年四月十九日）

第一章

01／命運待決的一晚：闖關

一九七〇年三月二十二日，星期天，我忐忑不安地坐在深圳離境大堂上，邊防人員拿了我的「回鄉介紹書」到裡面去批核，已經一個多小時了。會讓我回香港呢，還是會被迫留下來，經歷不可知的未來？命運在待決中。

「回鄉介紹書」是那時香港人到大陸的必辦手續。在入境時，中國邊檢人員為每個拿香港身分證的旅客寫一張「回鄉介紹書」，填寫包括要去的地方、原籍、在香港的職業等資料。到了目的地後，就要到附近的公安局蓋一個印作為報到，而離開前也要去蓋一個離去的印，到邊防離境大堂，把蓋有兩個印章的介紹書給邊防人員查看，介紹書被收回就可以出境回香港了。中共建政以來一直這樣運行。那時妻子在深圳教書，我一兩個星期就回去一次探望妻女，已經十多年了。

入境大陸遇刁難

但在前一天我如常入境後，在深圳公安局報到卻遇到刁難，辦事人對我說，要我回原籍新會去報到。我說我原籍沒有親人也沒有住址，他說新規定就是這樣，然後在介紹書上簽注「須回原籍報戶口」，並說不會給我蓋離去的印章，要回原籍蓋章。我一再解釋和分辯，他都不理。而且他不是新人，以前都一直是他辦的，都沒有問題。很顯然這是一個新規定，沒有人知道會有、也沒有事先通報的規定。跟他說什麼，都無望了。

怎麼回原籍呢？原籍是什麼鄉村？住哪裡？去哪裡的公安局蓋印章？無親無故的，會不會跟我蓋呢？我想了整晚，決定還是第二天先去深圳離境處闖一下，看能不能給我離境。於是，就來到了這裡。邊防人員看到我的介紹書時，立即說，是要你去原籍報到和註銷呀！我說我也不知道為什麼會這樣。多次來往，這邊防人員已認得我了。他想了一下，就說，你先坐著，我進去查問一下。就這樣，他進去已一個多小時，我乾等著，想著會發生的各種情況：會拒絕讓我離境？會把我帶到什麼地方審查？會逮捕和送去監獄？還是會更糟？

妻子被隔離審查

前一晚，妻子等我回家，就告訴我，學校的革命委員會要對她隔離審查，並說前兩天一個香港

麗儀與兩個女兒在深圳家中，1969年。

人在那裡被槍斃了，原因是他用香港的反動報紙包了一些東西帶回來，被指為進行反革命宣傳。聽說他是一個小販。妻子神色凝重。不久就有紅衛兵來把她帶走。我眼睜睜過了一夜，決定第二天闖關。

在離境大堂坐著，一個多小時後我整理自己的思緒，覺得乾著急，為無法掌握的未來遭遇困擾沒有用，只有看事情怎麼發展才知道自己的命運和應變。我開始想，我今年三十四歲，大約十四歲左右，就被社會主義和愛國主義的理想所帶引，我一直認為自己應該做一個有理想的人，而不應該做一個我看不起的渾渾噩噩、碌碌無為的人。所信奉的理想，在過去二十年，也不是沒有受過現實的質疑和考驗，但我總找到理由去為中國發生的事情辯解，說服自己不要放棄堅持。而現實是，我已經在左派文化圈中成長，十多年的編輯和寫作，有被認可的成績和地位；尤其是，剛創刊不久的《七十年代》月刊也廣受香港和海外傾向中國的華人歡迎，正是事業的起步階段。我雖還不是中共組織中人，但也非常接近中共在香港的領導者。我如果可以回到香港，我仍然無法擺脫在左派文化圈中工作和寫作。而倘若妻子被囚禁，甚至被判罪，甚而喪生呢？我兩個幼小的女兒怎麼辦？

我要為了自己的遭遇而背棄堅執的理念嗎？

1970年在深圳和小女兒合照。

（原文發布於二〇二一年四月二十一日）

02／親臨困境

現在的人，或者沒有經歷過一九七〇年的時代，又或者已經忘卻了。那時候，香港是反共勢力的天下，左派自成一個特定的小圈子。香港的報業、出版業、電影業，左右派界線分明。左，就是親中共力量；右，就是親台灣國民黨力量。文化界絕對是右派占優勢。商界則是英資企業占壓倒地位，港資在上升中，中資與台資都不成氣候。

當時的報紙，報頭大都以「中華民國」記年，若以公元記年的，則不管塗上什麼中立色彩，即使以港聞為主、迴避國共意識形態的對立，也仍然被認為是左派。每年十．一，掛五星旗建牌樓的不多，倒是雙十的青天白日滿地紅旗則滿街滿巷。左派學校出身的年輕人，很難進入香港的主流體制，他們入大學、讀師範都很難，更不用說考公務員了。在一九六七年左派暴動之後，社會的一般商戶，也排斥左派學校畢業生，左派工人進工廠，也要隱瞞他的左派工會會員的身分。

左派的單純時期

左派特定的小圈子自成一角，工資低，但住宿與三餐不愁，看病就去工聯會的診所。學校老

1948年到香港，與父親、姐姐合影。

師，工會會員，中資機構員工，大部分都懷有理想，信賴中共領導的國家，信賴和服從領導，作風正派。我在左派的香島中學讀初高中，受到幾個老師的熏陶和啟蒙，我至今仍然懷念他們。左派新聞界人才雲集，《大公報》十大才子[1]，人人學貫中西，筆鋒銳利，評論、副刊文章都具可讀性，我從中吸取養分不少。而我在二十歲時首次向《文匯報》的「文藝周刊」投稿，當時的文藝版主編是從《大公報》借調的羅孚，他大量取用我這個初生之犢的投稿，使我從此涉足左派文壇[2]。

對於香港主流社會來說，左派圈子是另類。中共建政後，二十年來大量的大陸人流入香港，在英國人設立的公平法律下各顯神通、爭名逐利、向上流動。左派並不參與這種競逐，但許多人心中都覺得背後有祖國作靠山，有愛國主義、社會主義的理想，社會上的人或許看不起我們，但我們自己是看得起自己的。

我至今仍然認為，當時香港的左派就其整體來說，都是善良的、單純的人，即使參加一九六七年的暴動，也是出自對祖國的忠誠和信任。但他們的祖國卻並不單純，領導人所宣傳的和他們的實際施政是兩回事。

倒行逆施的荒謬

從中共建政之初的鬥地主，到肅反、反右、大躍進、大飢荒、反右傾、大逃港，到全面反傳統、反常識，反社會基本道德的文革，每一次運動，每一次發生讓香港左派陣營內產生對祖國疑惑的事件，就會由港澳工委派人到各愛國團體去宣講形勢，在員工聽到他們自己願意知道、並感覺是「合理」的解釋之後，再通過「學習」，就解除疑惑，「統一」思想啦！只是，如果不僅是從非左派傳媒和香港社會流傳所得的消息，而是有親屬家人甚而自身遭遇摻雜其中，那麼實際的困境就不是大道理可以釋除了。

我坐在出境大堂的椅子上，想到自己過去為中共政權辯解，而現在當困境臨到自己身上，我無法為不僅不合理、而且是荒謬已極的倒行逆施作任何辯解。我以前做的事，是不是錯了？以後，如果還有機會「以後」的話，我要怎麼做？我可以怎麼做？我有個人自由發揮的空間嗎？

（原文發布於二〇二一年四月二十三日）

1955年在上海書局編輯部辦公室。

1 《大公報》十大才子為李俠文、陳凡、查良鏞（金庸）、陳文統（梁羽生）、劉芃如、李宗瀛、高朗、周榆瑞、羅孚、趙澤隆。

2 參考篇目140。

03／「香港客」回鄉的殺氣騰騰

坐在深圳的離境大堂上，前一天的景象歷歷在目。

我通常會先到公安局報戶口，然後走回家。那時深圳地小人少，鎮上只有一條大街和一些小巷。我家住的小巷叫鴨仔街。在公安局被要求回原籍報戶口後，我忐忑不安地走回家。路上見有幾個十歲左右的孩子，舉著一根上面掛著衣服和帽子的竹竿，哼著進行曲，見到我就嚷：「香港客，倒屎塔，倒完一塔又一塔。」

離遠見到小女兒和幾個同學，我喊「小培」，她回頭看看我，卻沒有迎來，反而箭似的奔跑回家。她不想在同學前顯示有一個「香港客」爸爸。

「在短期內殺人夠多」

一九七〇年是文革的中期，激烈的紅衛兵運動已經過去，香港的左派暴動也平靜下來。一九六九年中共九大後政局表面和緩，但實際上毛澤東與林彪的權力鬥爭，也在九大確定林彪為接班人後立即展開。文革派和周恩來的官僚系統鬥爭，兩派都爭著推出「極左」政策來爭取毛和各地

1958年到寶安縣初任中學教師。

革命派的支持。一九七〇年初，中共中央發出經周恩來主持起草的《關於打擊反革命破壞活動的指示》，這就是牽連全中國，在各地製造了大量冤假錯案的「一打三反」運動。打擊反革命是「一打」，「三反」是反對「貪污盜竊」、「投機倒把」、「鋪張浪費」。重點是「一打」。文件提出要殺一批人，要「在短期內殺人夠多，產生震懾效果」。一些老「右派」、已成賤民的地主富農，再拿出來槍斃。香港回鄉探親者，面臨殺氣騰騰的社會環境。

妻子梁麗儀，出身於紅色家庭，父親是在香港曾經參加過一九二九年省港大罷工的中共地下黨員，哥哥是香港海員工會的地下黨員幹部。麗儀中學畢業到廣州升讀大學時，一直受到中共黨組織的特殊照料，她很快參加了共青團。在歷次政治運動中，她都沒有受到衝擊，被黨組織認為是一個跟黨走的好學生、好教師。

一九六六年文革狂潮掀起，麗儀是不參加造反運動的「逍遙派」。她有被大字報攻擊，但沒有被揪鬥。中共黨組織對每一個幹部都設有祕密檔案。她的檔案中，大概有一個香港紅色家庭的背景護持，這對無知的造反派帶有不敢輕易觸動的神祕感。但是，當文革的極左思潮發展到中國之外包括香港全是敵人的地步，她的背景也保她不住了。

「今天剛槍斃了一個」

一九七〇年三月二十一日星期六這一天，我走進家門，麗儀在等我，第一句話就是：「我今晚不能留在家。」「為什麼？」「要對我隔離審查。」「為什麼？」「因為你。」「我怎麼了？」「有文件下來，說香港回來的人有70%是特務。今天剛槍斃了一個。」我想起那些小孩的竹竿和衣帽大概就是被槍斃者的。她接著說：「你明天一早就走吧。」「那你要審查多久？」「我怎麼知道？」「那我什麼時候回來？我們什麼時候見面？」她無語。九歲的大女兒一直在我們身邊，看著我們講話。麗儀說：「她要跟著我去學校住。」

門外雜沓人聲，一個女聲高叫：「梁老師，李主任叫你現在回學校。」麗儀：「我知道了，等我收拾一下。」「快點！」他們來押她走。

來不及道別，拿了衣物被鋪，牽著大女兒就往門外走。小女兒從保姆身邊走過來坐在我膝上。我被恐怖感籠罩，躺在床上眼睜睜地想著不可知的未來，朦朦朧朧一會兒，小女兒到床邊把我叫醒。她抱著我好久，彷彿隱隱覺得會有滿長時間見不到爸爸了。

在深圳離境大堂上，我認識的那邊防人員來到我身前，說，「你可以走，不過下次回來要照公安局的規定做。」

我如釋重負，幾乎半跑地回到港境。

（原文發布於二〇二一年四月二十六日）

04／前路茫茫的煎熬

從深圳闖關回到香港，驚魂初定，卻感前路茫茫。邊防人員說「下次回來要照公安局規定」，而我在無法照那個新規定做的情況下，意思就是不能回來了。除非規定改回正常。這不是我能夠預知的情況，即使改正了我也無法知道。也就是說，如果我還要回家，那就是一次不可預知的生命賭博。更擔心的是麗儀的遭遇，她雖然性情溫和，但對於是非一向很堅持。她說中共文件指「香港回來的人有70%是特務」，那麼若要她指證我是「特務」，就她個性來說，那是不可能的。但自從一九六六年文革開始以來，我已經見識了許許多多「不可能」的事。在逼供之下，她恐怕也難再堅持。那麼，我們的婚姻關係就要破碎。我很難想像那會是怎樣的情況。而更壞的可能性，就是她也被屈打成「特務」，坐牢、槍斃都有可能發生，那麼我兩個可愛的女兒怎麼辦？我每天想這樣的結局，每一次都一身冷汗。

文革以來，有什麼荒唐的事呢？香港的非左派媒體大量報導，許多著名的、我所敬仰的作家知識分子被揪鬥，老舍自殺，從香港回國的乒乓球名手容國團自殺，許多中共元老、政要直至國家主席劉少奇都被批鬥、虐待，我在北京和廣州的兩位叔叔及其家人沒有消息，我在大陸的姐姐、弟弟、妹妹，都不跟我也不跟爸爸通信。這些都還不是我的直接遭遇。

顛倒的日常

文革開始時，在中國，接聽電話第一句不是「喂」，而是大聲叫「毛主席萬歲」，把人嚇一跳。過中國海關時，有段時間海關被紅衛兵奪權，過關時關員要我先站在一旁念《毛主席語錄》，然後問我「來深圳做什麼」，我說「看我的愛人、小孩」（那時在大陸都把妻子、丈夫叫「愛人」）；問「看他們做什麼？」答「講講話啦！」問「講什麼？」我真是不知道怎麼回答這些無知的問題。

那時候，一切都顛倒。乾淨整潔被認為是資產階級習性，骯髒才是無產階級本色；禮貌是資產階級思想。妻子帶學生外訪時對學生表現關懷，文革大字報被學生揭發她「對同學進行資產階級母愛教育」，連動物都有的母愛天性也被指為「資產階級」[1]，還有什麼奇怪的、顛倒的事情不會發生？

我睡覺、起床、工作、寫稿，每月繁重的編輯出版《七十年代》月刊。生活著卻總像有一根刺頂在心中。

我去找麗儀在香港的地下黨員哥哥。他沒有為自己妹妹著急，而是鎮定地說，如果你沒有做什麼事就用不著驚怕。言下之意是他的黨性凌駕了對他妹妹和對我的信任。

煎熬的等待

《七十年代》的出資者上海書局是華僑「愛國」資本，但我的實際領導人則是中共出版界的藍真。更高級的唐澤霖，那時已經找不到了，據說他也被調回大陸批鬥。我把遭遇告訴藍真，想他通過組織關係去溝通，至少讓深圳專案組知道我不是英美特務，而是在中共領導的雜誌擔任總編。但他聽到我說麗儀受審查，即不作聲。於是，我知道他或者無能為力，或者不想淌一個嫌疑人的渾水，或者相信組織多於相信他自己對我許多年的了解判斷。

我每月寄一百港幣給麗儀，並到銀行去拿有她簽收的回條。從回條中知道她仍然活著，這是我們之間唯一的聯繫。

整整三個多月，每一天都像被煎熬，我勉強支撐著近乎崩潰的精神，維持雜誌按月出版。

（原文發布於二〇二一年四月二十八日）

1　參考篇目45。

05／反常人的清醒時刻　文革傷痛

三個多月後，我收到麗儀的來信，簡單寫著：「你好久沒有回來了，收信後的星期六回家吧。」我反覆讀著這一行生命中最珍貴的字。這意味她已過關。我沒有考慮會不會還要我到原籍報戶口的事。我太想念、太渴望見到、太想知道她的現況了。回原籍這樣的事還顧得上嗎？

週六我回深圳家。這次公安局沒有叫我回原籍報到，看來荒謬的規定取消，一切又回復原樣了。

麗儀沒有說什麼話。晚上，她凝重地對我說：「如果下次再去香港，我不會回來了。」這句話，意味著她的徹底改變。

愛國愛黨的非常人

本來這是正常人都會做的選擇。但愛國愛黨的人不是正常人，他們是非常人，實際上可能是反常人。在一九四九年以後，絕大部分在大陸生活的人，到了香港都不會回去。更有川流不息的大陸人通過各種合法非法的方式，千方百計要到香港來。可是，麗儀自從一九五四年到廣州升學，後來到廣東寶安縣觀瀾教書，再從觀瀾調到深圳，十多年來幾乎每年寒暑假都獲批准來香港，而她也每次都在開學前回去。每次回去都與我依依不捨。我父親和許多朋友都說可以在香港給她找到工作，她一直拒絕，因為祖國培養她，要服從組織分配，她不想做「外流分子」沾上人生「污點」。她不是正常人。我沒有勉強她，所以我也不是正常人。

直到一九六六年文革開始，學校停課，接著復課鬧革命，學校成立革命委員會，然後是軍管，由不懂教育甚至文化水平很低的軍人當革委會主任，即學校領導。麗儀作為物理課教師，被指派去上政治課，上唱歌跳舞的革命文藝的課。在非正常環境中，學校也沒有了寒暑假，申請去香港是想都不要想了。

晚上，她告訴我不久前患了肺病，還吐了血。叫我下週買些治肺病的口服藥給她。但我當晚，以至此後相當長時間，她都沒有跟我講那三個月受審查的經過，她不願碰這傷口。但我感覺她像是清醒過來那樣意志堅定。九歲的女兒那三個月照顧媽媽，幫她拿飯，倒水，洗衣，她也因為「特務爸爸」而受到同學欺凌、毆打。幾十年之後，女兒才跟我說起那幾個月的細節。

審查信件逼問「特務」

妻子後來說過兩件事。一是關於我寄給她的信，儘管絕大部分她都已經在文革開始時因警覺而燒毀，但仍然有小部分後來寄去的信沒有燒而被搜查出來，審查者用高度警覺懷疑的眼光，去放大推敲信中每一句，極盡無聊無知和侮辱之能事。比如我提到一些共同認識的朋友，用了朋友的英文名字，就被審查者追問是什麼外國人？是英國還是美國？麗儀說是中國人，他們就大笑：「你當我是小孩子呀？中國人會用洋名字？」

另一件是要麗儀承認她老公是英國特務，麗儀說我們中學時代就認識，長期深刻了解，這是絕不可能的。審查者就說，組織已掌握充分證據，你是相信黨還是相信你老公？中國共產黨是如此偉大光榮正確，她老公是如此渺小窩囊錯誤，她怎麼可能說她相信老公而不相信黨呢？但隨後審查者問她，你在深圳工作，怎麼配合你的特務老公，向他提供機密情報？麗儀一下子明白過來了，她說：我老公是不是特務，我不知道就相信黨吧，但我自己是不是特務，我自己是知道的。你們這樣說，我連剛才同意他是特務的話也要收回了。於是引來更大更嚴厲的折磨。不過，她說也可能是因她的強烈反應而使她終於過關。

相對於許多人在文革所受的殘暴對待來說，麗儀這幾個月真不算什麼。但她說那時候總的感受，像天塌下來一樣，她甚至希望大地震，所有人一起死。

（原文發布於二〇二一年四月三十日）

06／風起雲湧的《七十年代》

在麗儀被審查的一個多月前，一九七〇年二月一日，我在香港左派出版界領導人的認可下，創刊了《七十年代》月刊。封面標舉著「本刊宗旨：認識世界，研究社會，了解人生」。我在發刊詞的開頭寫下這幾段：

「時代的列車在軋軋地前進，跨過動盪的六十年代，踏入人類歷史新的十年。

「越來越多的事實表明：二十世紀七十年代的青年，不可能再有『兩耳不聞窗外事，一心只讀聖賢書』的『十年窗下』的生活，甚至也不可能再有在樹蔭下讀消閒小說的生活了。我們處在一個急劇變化的世界，一個複雜矛盾的社會，我們幾乎每一天都不可避免地面臨抉擇：走怎麼樣的道路？做怎麼樣的人？跟隨哪一種趨勢？

「當然，假定我們跟從的是一種正確的趨勢，那麼盲從亦可能是正確的。但這太危險。我們完全可以從歷史的發展規律中，理智而清醒地認識世界，完全可以從實際的工作生活中，深入而細緻地研究社會。然後，我們可以從對於各種人生態度的分析批判當中，決定自己所應走的道路。」

避談中國形勢

這段文字，除了講「歷史的發展規律」是仍然擺脫不了馬克思主義教條之外，大致上都基於對當時政治現實的思考。尤其是針對吃了左傾迷魂藥的人士，他們認為「緊跟」毛澤東思想是無需懷疑的，而我提出了「盲從」「太危險」的觀念。它是我當時對極左思潮反省的開始。這種想法也指導了我其後的編輯路向。但很明顯，左派領導人和圈子中沒有人看出這個「發刊詞」有什麼問題。

二十世紀六十年代，左傾思潮在中國和世界都風起雲湧，《七十年代》月刊正是在這樣的情勢下創辦的。文革在中國和香港左派圈中，橫掃了中外傳統文化，所有人類的文化積累都被指為「封資修」（封建主義、資本主義、修正主義），而文革的文藝產品太少，幾部樣板戲和一兩部小說，情節和人物的塑造太不近人情，因而中國和香港左派都陷入無戲看無書看的文化飢渴狀態。香港左派書店，只出售毛澤東著作和馬克思、列寧的著作，其他反映人類文化傳承的中外圖書都收起來了。我的左派寫作朋友圈，包括《大公報》、《文匯報》的編輯人才，受報紙立場的僵硬左傾思想限制，大都感到英雄無用武之地。我們這本不受中共嚴密監管、避談中國形勢的左派雜誌，對於那些知識豐厚、有文化底蘊的左派才子，有較大發揮空間，也使香港和新馬的左派讀者，有耳目一新之感。因此一出版銷量就超過我們預期，需要加印。市場地位瞬即確立。

右派發展蓬勃

在文革前，香港左派的文化事業已經開始蓬勃，左派報紙越來越趨近香港社會市民的口味，一些左派背景卻以港聞、副刊和狗馬經吸引讀者的中性報紙暢銷一時，左派電影與右派電影在市場上旗鼓相當，左派出版社以多種面貌搶占市場。但這一切，都因文革，特別是一九六七年左派暴動，而自動暴露極左面目，多年經營的形象毀於一旦。左派書店、影院、國貨公司櫥窗，掛滿了趕客的反英抗暴標語。右派的文化產品就蓬勃起來。《明報》、《明報月刊》在報導和評析中國文革方面，引領潮流。

與此同時，西方卻因為美國民權運動、反越戰，歐洲反建制的學生運動，掀起了左傾思潮，左派、激進派、親中反蘇的毛澤東派，在西方盛極一時。

中國、香港和國際的思潮，極為複雜！我是在那樣的形勢下，看準時機，讓《七十年代》應運而生。但想不到雜誌剛面世，我自己卻陷入一個危險境地，受到很大考驗。

（原文發布於二〇二一年五月三日）

七十年代舊址。

07／傷痛過後的抉擇

俗語說：「好了傷疤忘了痛。」當傷痛過去，一切恢復老樣子之後，人就會把過去的傷痛忘記，至少是擱一邊，甚而提都不願意提起。因為提起也是挖傷疤。「忘了痛」往往不是自然地「忘」，而是有意識地忘的。

麗儀和大女兒似乎有意識地想忘記那一段傷痛。我雖間接受害，卻無法忘記這一次重擊。因為我要主持一份刊物的筆政，因為我要繼續寫作，我不能忘記自己半年前寫的這段話：「我們幾乎每一天都不可避免地面臨抉擇：走怎麼樣的道路？做怎麼樣的人？跟隨哪一種趨勢？」並且說：「盲從太危險」。

深受魯迅雜文影響

中共對所有的文化事業，報紙、雜誌、書籍出版、電影、戲劇、音樂等等，都歸類為宣傳工作，他們不僅認為自己的文化事業如此，而且認定西方的、世界的，所有的文化事業都是宣傳。中共毫不隱諱地由「中央宣傳部」來統管所有的文化事業。對報紙雜誌的編輯採訪和副刊寫作的要求，第一是立場，第二是觀點，第三是方法。最重要就是立場，也就是站穩中共黨的立場。但中共的立場是會變的。比如向蘇聯一面倒的時期，如果對蘇聯有任何質疑，都是站錯立場；而當中共與蘇共翻臉後，如果對蘇聯有任何肯定，或對來援助中國的蘇聯專家有任何正面說辭，也被認為立場有問題。

文革時，林彪事件發生前後，中共立場大翻轉。文革期間和文革後，「愛國」陣營許多人的思想都「跟不上形勢」，因為形勢是黨的立場不斷大轉彎。而只要你是在中共卵翼下的文化工作者，不管你是否中共黨員，都要緊跟黨的路線，不可以有自己的主張和看法。於是，從事文化工作的左派，就要不斷否定自己的昨日，不斷扭曲自己，在自己都不理解的情況下去為黨的政策宣傳。中共有句話，叫「理解要執行，不理解也要執行，在執行中加深理解」。意思就是鼓勵盲從。

那時我深受魯迅雜文影響，魯迅說，自己雖然也算是寫「遵命文學」，「不過我所遵奉的，是那時革命的前驅者的命令，也是我自己所願意遵奉的命令，決不是皇上的聖旨」。因此，「遵命文學」不是遵他人之命，而是遵自己之命。編輯與寫作者，如果不遵奉自己相信的思想意識，一味跟隨聖旨去寫去編，絕不會產生真情實感的文字。這就是當時（以至現在），在極左思潮之下的中共文宣產品都無法吸引讀者的原因，即使是左派讀者。

也許是軟弱的藉口

創辦《七十年代》的立意，就是在當時左派文化被極左思潮捆綁，以致無法向讀者提供任何有點人味的產品的情形下，嘗試從「遵奉自己所願意遵奉的命令」中走出一條路。

在那一場傷痛後，我更認識到我不能夠放棄「盲從太危險」的準則。

當事情過去，麗儀學校的領導，就像什麼事都沒有發生過一樣，但她已經非常鄙視領導和那些附從者了。香港的領導人在我面前，也像什麼事都沒有發生過一樣，我沒有鄙視他，只是我知道他的局限，因此我在編政上更要相信自己的判斷。

但我沒有從左派陣營走出來，即使在思想上，也沒有覺悟到要決裂。相反，我覺得事情終於有了好轉，也許可以說明，不合理的、違反事實的、荒謬的施政，終會改變。我不能因為個人的原因，而左右了對形勢的判斷。

更現實的是，我妻子女兒還在大陸，我自己也還在左派陣營工作。若脫離這個圈子，我的家庭怎樣？我哪裡有適合的工作？我和一家怎麼存活？今日回想起來，那時或許是在為自己的軟弱找藉口。

（原文發布於二〇二一年五月五日）

08／無法否定自己

「唯有勇氣才是永恆」，是我寫《失敗者回憶錄》的主旨。

我不是以有勇氣而自豪，相反地常以沒有足夠的勇氣而自責。在前述的生活遭到強權的重擊之下，我仍然留在左派的圈子，就是在生活和事業的壓力下缺乏勇氣擺脫桎梏的軟弱表現。軟弱的另一面，就是沒有勇氣否定自己的過去，沒有勇氣深刻檢討長期形成的思想和價值觀是否有問題。否定自己是很痛苦的事，需要很大的勇氣。

現在的中青年人，多不理解老一輩人為什麼會如此執著於社會主義和愛國主義，何以在共產黨暴露出極權面目之後，還不離開它的權力範圍？實際上，只要想想中共為什麼會成功？國民黨政權為什麼會在大陸潰敗？為什麼當時絕大部分頂尖的知識人和作家會在內戰期間支持中共，反對國民黨政權？為什麼國民黨之外的中國大部分政黨都投共？為什麼許多海外知識人投奔中共國，睿智如陳寅恪來了香港還會再回大陸？想想這些問題就大體明白當時的社會狀況。

希望建設新中國

相對於那時代的人，我是晚一輩了。但那時代的社會意識在我成長期中還沒有變，我仍然深受其影響。那時候多數人的親共，不是因為可以得到任何政治或經濟利益，不是為了攀附名利，而是有社會政治意識的根源。中共建政之初，許多人看到中共國的朝氣蓬勃，欣欣向榮，大陸許多知識人都滿懷希望地想建設新中國；香港左派也甘願在社會邊緣為「愛國事業」打拚，甘願放棄向上流動的機會。因為懷抱著「社會主義可以救中國」的理想。

中國在滿清末期，就開始從西學中引進了自由、法治、民主、科學的啟蒙思想，但啟蒙還在萌芽階段，就被外侮激起的民族主義救亡意識蓋過。二十世紀上半葉中國的社會政治思潮，是救亡壓倒了啟蒙思想的傳播。另一方面，俄國十月革命後蘇聯崛起，社會主義思潮在全世界風行一時，追求平等的社會主義不但呼應了中國古哲的大同理想，更被進步人士認為將古哲理想變成可行的現實。孫中山的國民革命，邀請了蘇聯顧問，並將三民主義變為「聯俄，聯共，扶助農工」的政策予以實踐。當時的知識人，鮮有不沾染社會主義意識的，沒有哪一個知識人認為：人應該不平等，應該有貧富差異，應該容許人剝削人。以社會主義去救中國，是那時代的社會思潮。

繼承列寧式政黨

將人人平等的烏托邦理想，變成似乎可行的現實，俄國依靠的是列寧式政黨的領導。所謂列寧式政黨，就是黨中央由少數的職業革命家，組成緊密的小組織。實行所謂「民主集中制」，意思

十歲時在上海，抗戰勝利後國共合作時期，姑姐和姑丈從延安來上海做文化界的統戰工作，當時的家族合影（父親去了北平）。

就是中央願意傾聽黨員及大眾的意見，這就是所謂「民主」；但是統一由中央發布各項命令，全黨無條件服從，此之謂「集中」。入黨需經嚴格審查，入黨後，下級服從上級，沒有個人意志，是鐵律。列寧式政黨另一個特徵，是崇尚暴力的強制性，以黨領軍、以黨領政以及一黨專政。

國民黨按照蘇共模式，改造成非完善的列寧式政黨，中共則完全繼承列寧式政黨組織。一九二三年國共合作，北伐推翻了自辛亥革命後建立的最能體現法治、自由和小政府的北洋政權，然後國共兩黨開展了數十年的聯合、鬥爭。最後國民黨政權潰敗遷台，形成台海兩岸對立的局面。

救亡至上，救亡壓倒啟蒙；平等至上，平等壓倒自由，是那時代進步人士普遍的民族意識。也是中共一九四九年建政的社會意識根基。

我在成長過程中，從現實，從書本，也不斷積累這種意識。可說已深植腦中。

（原文發布於二〇二一年五月七日）

09／扭曲的歷史

我們不能用現在已經擁有的眾所周知的資訊，去質疑當年的歷史，質疑當年人們為什麼沒有那樣的認識，那樣的覺悟，會允許發生那樣的事。一九一七年俄國十月革命成功，次年蘇俄即發布宣言，放棄其在華一切利益，得到中國社會普遍好感，孫中山提出「以俄為師」的口號。但蘇俄沒有兌現承諾，反而在外蒙古和中東鐵路問題上不斷侵犯中國利益。

十月革命後，全世界興起社會主義熱潮，四年後中國共產黨成立，再三年國民黨進行改造，聘蘇聯顧問建立列寧式政黨，採取「聯俄容共」政策，成立黃埔軍校，由中共的周恩來擔任政治部主任，準備北伐，以武力推翻合法的民國北京政權。當時全世界許多知識分子被社會主義理想迷倒，中國亦籠罩在這股追求平等的思潮中。

中國最民主的十七年

一九一一年辛亥革命後，次年成立中華民國北京政府，到一九二八年被北伐戰爭推翻，民國北京政府維持了十七年。北伐戰爭的中途發生國共分裂，但無論國民黨還是共產黨，對民國北京政府都是極度醜化、妖魔化，稱之為北洋軍閥統治時期，所有歷史書寫、課本、書籍、影視，北洋政府都脫不了「軍閥混戰」、「野蠻無知」、「壓榨百姓」的形象。

歷史真相被扭曲了幾十年，直到二〇一二年，河北大學教授王鐵群寫了一篇長文：〈民國北京政府時期是中國民主社會的開端〉，他指稱「『民國北京政府時期』的十七年，是中國民主社會的開端，其民主程度雖比不上今天的台灣，但卻是二十世紀中國最民主的時期」。

民國北京政府的總統和國會均由選舉產生，建立並認真實行三權分立制度。不是中央集權，而是地方自治。地方官員非中央任命，而是由當地公民普選產生。中央與地方清楚劃分財權與事權。

那十七年也是中國大陸的學術、言論和結社最自由的時期，大量獨立媒體如《京報》、《新青年》、《語絲》、《晨報》的言論都很大膽到位，這時期催生了新文化運動。

八歲在南京（約1944年）。

進入政權相爭年代

北伐推翻了一個具自由法治民主雛形的政權後，中國就進入兩個列寧式政黨相互爭戰和輪流專權的局面。為什麼共產黨會在當年贏得輿論、民心，並最後奪得政權呢？美國作家塔奇曼（Barbara W. Tuchman）在《史迪威與美國在中國的經驗1911-1945》一書中提到一件事：抗戰期間，有幾位記者訪問延安回到重慶，向蔣介石夫人宋美齡讚揚共產黨人廉潔奉公、富於理想和獻身精神。宋美齡默默地凝視長江幾分鐘後回身，說了這樣一句話：「如果你們講的有關他們的話是真的，那我只能說他們還沒有嘗到權力的真正滋味。」

這句話說得睿智而感傷，更預言了中國其後幾十年的歷史。沒有錯，延安時期的中共政權，在劣勢中奮發臥薪嘗膽精神，確實有點像理想國，不僅吸引了許多熱血青年奔赴延安，也讓一些西方記者、作家對這個窯洞政權刮目相看。二戰後，大陸的知識人、報刊輿論，均受延安精神感召，輿情主導人心大勢，造就了中共在內戰中勢如破竹的勝利。

感傷的是，宋美齡作為當時的第一夫人，已長期享受權力的滋味，這句話顯示她已深諳「權力帶來腐化」有難以抵擋的威力。作為列寧式的威權政黨，她知道難逃這種宿命，而中國正是在性質相似的兩個專權政黨的競爭中，因此她實際上也預言了中國其後幾十年的歷史，也難逃這種宿命。

我自小成長在國難中，從現實和報導中看到的，同當時西方記者、作家和中國多數知識人看到的相似，無論現實還是文化氛圍，都接觸不到對「社會主義救中國」深入批判的思想。

（原文發布於二〇二一年五月十日）

10／王國維的先知預言

年輕時買了一本《人間詞話》，是我的至愛。王國維的「境界」說，一則一則對古代詩詞的美學評論，讓人反覆咀嚼，浮想聯翩。其中談及「古今之成大事業、大學問者，必經過三種之境界。『昨夜西風凋碧樹。獨上高樓，望盡天涯路。』此第一境也。『衣帶漸寬終不悔，為伊消得人憔悴。』此第二境也。『眾裡尋他千百度，驀然回首，那人卻在，燈火闌珊處。』此第三境也」。三種境界分別援引古人詞章，不只作美學闡釋，更是講人生對事業、學問的追求。

王國維是清末民初的國學大師，寫於一九一〇年的《人間詞話》，以西洋美學觀點欣賞中國古典詩詞，見解獨特。王國維的學問廣泛超卓，國學大師陳寅恪指他的學術成就「幾若無涯岸之可望、轍跡之可尋」。

學者名人輩出之時

晚清開始的啟蒙運動在未被救亡意識壓倒之前，中國作家、學者名人輩出，辛亥後的民國北京政府時期，在思想自由、學術自由中出現眾多人才。一九二五年清華大學設國學研究院，聘請王國維、梁啟超、陳寅恪、趙元任做導師，號稱國學院「四大導師」。長期擔任清華大學校長的梅貽琦曾說：「所謂大學者，非謂有大樓之謂也，有大師之謂也。」清華國學研究院正是由於擁有四位大師，創辦兩年，聲望即超群出眾。

當年我沉醉於《人間詞話》的美學境界，卻不知道王國維那幾年的事。

俄國一九一七年十月革命後，社會主義思潮在世界泛起，一九二一年中國共產黨成立，一九二四年國民黨引入蘇聯專家向列寧式政黨轉型，並採取「以俄為師」和「聯俄容共」政策。這一年，王國維在一篇題為〈論政學疏〉的文章中寫道：「於是有社會主義焉，有共產主義焉。然此均產之事，將使國人共均之乎？抑委託少數人使均之乎？均產以後，將合全國之人而管理之乎？抑委託少數人使代理之乎？由前之說則萬萬無此理，由後之說則不均之事，俄頃即見矣。」要平等分配財產不可能由全國人一起去均分，而必然要由少數人代理，這少數人成為特權也就無可避免。這種特權會越演越烈，以致成為極權。

王國維又在給朋友信中說：「觀中國近況，恐以共和始，而以共產終。」其後近百年歷史證明了他的先知預言。

無人領會的「死諫」

一九二七年北伐軍即將打到北京的消息，在清華園引起兩極反應：青年學生欣喜若狂，國學院的「四大導師」卻個個憂心忡忡。六月二日，王國維往北京頤和園，於園中昆明湖自沉而死。從其衣袋中尋出一封遺書，上寫：「五十之年，只欠一死。經此世變，義無再辱。……」死時僅四十九歲。

一九二九年，陳寅恪在清華園為王國維所立之碑文上寫道：「士之讀書治學，蓋將以脫心志於俗諦之桎梏，真理因得以發揚。思想而不自由，毋寧死耳。」「先生之著述，或有時而不章；先生之學說，或有時而可商；惟此獨立之精神，自由之思想，歷千萬祀，與天壤同久，共三光而永光。」

「俗諦」是佛經中指世俗變幻的法則，有別於穩固不變之「真諦」。「三光」，是指日月星。王國維之自沉原因，數十年來眾說紛紜。但從他對當時政局之憂慮，預見到隨著民國北京政權的覆滅而容納「獨立精神、自由思想」的環境也將消失，「以共和始，以共產終」的局面將臨。他說「經此世變，義無再辱」，似預見後來附共知識人「經世變後再辱」的共同遭遇。

這是當年先知對國人的「死諫」，但幾乎無人領會。

改一下〈Vincent〉的歌詞：「中國根本配不上擁有一個美好如王國維這樣的人。」

（原文發布於二〇二一年五月十二日）

11／「中國將來國運」被定格了

講起王國維，我就想到與他同期的一位更為人熟知的作家。包括我在內，世人都只是沉迷於他的浪漫詩作，和他具爭議的感情生活，他就是詩人徐志摩。

在他只活了三十四年的短促人生中，有重要一頁幾乎被淹沒，因為掌權者控制了歷史話語權。一九二五年，民國北京時期的第一份報紙《晨報》力邀徐志摩出任《晨報副刊》主編，徐因要到歐洲遊歷，承諾歐遊回來後上任。

《晨報副刊》是中國新文化運動時期極重要的刊物。一九二一年孫伏園任主編，致力於思想啟蒙，魯迅在那裡發表小說、雜文共五十餘篇，包括〈阿Q正傳〉。一九二四年孫伏園因魯迅的一首打油詩被代理總編抽掉，憤而辭職。《晨報副刊》主編之位懸空。徐志摩有廣泛人脈，故一直是主編的第一人選。他在任內，獨具慧眼，發掘了沈從文等新晉作家。僅這貢獻，已非同小可。

泅過血海的「天堂」

十月革命後，社會主義思潮席捲全球，中國知識人包括自由派的胡適，當時對蘇聯都有所嚮往。三月，徐志摩乘火車在莫斯科停留了三天。他注意到人們神情陰沉，似乎不知道「什麼是自然的喜悅的笑容」。他去拜訪托爾斯泰的女兒，得知托爾斯泰、陀思妥耶夫斯基等俄國名作家的書已經不太能見到了，健在的重要文學家幾乎都離開了蘇俄。就憑這些直覺，徐志摩寫了一篇文章，其中有這樣一段話：「他們相信天堂是有的，可以實現的，但在現世界與那天堂的中間卻隔著一座海，一座血污海，人類洇得過這血海，才能登彼岸，他們決定先實現那血海。」

徐志摩以銳利眼光，預見到以極權統治去實現「人人平等」的「天堂」的血海代價。其後的歷史證實了他的先知預言。

歐遊回國後，十月一日，徐志摩接管《晨報副刊》編務，上任不久就發起了「赤白仇友」的大討論。當時的政治背景是：國民黨的「聯俄容共」政策使蘇俄成功主導了國民黨，國民黨也讓中共黨員加入。那個救亡的時代，「帝國主義」是「敵人」的標籤。但有些知識人不信任蘇俄，把蘇俄稱為「赤色帝國主義」，以別於英美日的「白色帝國主義」。因此，應把蘇聯視為「仇」？還是「友」？是大爭論的焦點。

自由派的最後一擊

反對把蘇俄稱為「赤色帝國主義」的人，認為帝國主義的特徵是擁有雄厚的資本，蘇俄資本匱乏，絕非帝國主義，因此不是敵人。支持「仇俄」的人認為，蘇聯雖不是帝國主義式的敵人，但為害中國更甚。「蘇俄名為工人專政，實則是一黨專政；名為代表勞動階級的利益，實則愚弄、壓迫勞動者；名為扶助弱小民族，實則以政治手腕侵略弱小民族」，蘇俄「利用判斷力薄弱的青年，知識寡弱的學者，和唯個人私利是圖的政客，大搗其亂」，更是我們的敵人。

作為主編，徐志摩傾向「仇俄」，他說這場討論的意義：「說狹一點，是中俄邦交問題，說大一點，是中國將來國運問題。」

大討論在十月六日展開，許多名人都有參與。討論進行了五十多天。十一月二十九日，親俄的左派在一次示威遊行中，舉著「打倒晨報」的旗幟，將晨報報館放火焚毀。徐志摩發表聲明，說「火燒不了我心頭無形的信仰」，表示「以後選稿還是原先的標準：思想的獨立與忠實……」。但關於「蘇俄仇友」的討論卻終於沒能繼續下去。

這是自由派對社會主義平等派的最後一擊，但未能扭轉大勢。知識青年紛紛奔赴在蘇俄指導下的「革命策源地」廣州，參與北伐。徐志摩說的「中國將來國運」就這樣被定格了。

（原文發布於二〇二一年五月十四日）

12／我的家世：爸爸與兩位姑姐

我出生在一九三六年農曆三月二十二日，次年七七抗戰爆發。八月底，日軍轟炸廣州。那時候，我父親作為一個香港導演，冒險帶領攝影隊到廣州拍攝日軍空襲的悲慘場景，喚起香港人支持抗戰的意識。

關於父親及其家族，是我後來從有關資料和親屬記憶中陸續知道的。

中國電影業在上世紀二、三十年代萌芽，那時父親到上海的電影公司學藝，後到廣州參加中國啟蒙戲劇家歐陽予倩的廣東戲劇研究所，後到香港從事電影事業。他原名李存棠，從影改名李化。他早期擔任導演的影片，除了上述日軍空襲廣州的紀錄片之外，還有《精忠報國》、《民族之光》，和在一九三九年的抗日經典電影《孤島天堂》中擔任演員。《孤島天堂》是眾多愛國影人不計報酬在香港共同製作的，父親參與了這個義舉，反映他年輕時的愛國救亡熱情。

我祖籍廣東省新會縣蓮塘鄉，祖父李晃雲在鄉下生下一男一女後，就到美國打工，經二、三十年積累了些財富，就回到鄉下娶了第二任妻子，生下我父親等六個子女。我大伯的兒子，即我堂兄，原名李秉權，後改名李晨風，也是粵語片時代的知名導演。李晨風的兒子李兆熊，是電影電視界的編導。

父親的妹妹廣東人叫姑姐，姐姐就叫姑媽。我的二姑姐李麗蓮跟爸爸關係最親。

上世紀二、三十年代，李麗蓮是上海有名的影星和歌星，一九三七年在上海同江青一起投奔延安。到延安一年後，江青與毛澤東結婚，李麗蓮就同共產國際派駐中共的軍事特派員德國人李德（原名 Otto Braun）結婚。李德在一九三三年曾掌中共蘇區的軍事指揮大權，紅軍第五次反「圍剿」失敗，中共後來指稱是李德指揮錯誤所致。但代表共產國際的李德在當時中共的地位仍然崇高。

李德於一九三九年奉命返蘇，姑姐與他的婚姻關係也告終了。但她在延安仍是紅人。據我後來在上海書局工作的同事、曾在延安生活過的吳藹凡說，當時大家都知道，李麗蓮常在中共領導人家中走動。她自己也告訴過我，當年常跟毛主席打麻將。抗戰爆發後，在姑姐建議下，父親把只有十多歲的一弟一妹輾轉送去延安投靠她。弟弟是我叔叔李剛，原名李存溢，他在延安魯迅藝術學院學大提琴。他說有一年過年，他整天待在老毛的窰洞裡玩。姑姐後來在延安跟戲劇

1934年1月父母結婚照，後排左二是爺爺李晃雲。

1962年初在香港的家居生活，父親抱孫女合影。

家歐陽山尊結婚。歐陽山尊是歐陽予倩的兒子。

戰後國共休戰時期，我家在上海，李麗蓮同歐陽山尊從延安來上海做文化統戰工作，他們一起演出了延安小歌劇《兄妹開荒》，每天忙著與文化人來往，晚上回家常有國民黨特務跟蹤。後來我們搬去北平，山尊姑父作為國共和談的共方小組成員有時到北平開會，他和姑姐沒有放過任何機會跟我們家的每一人宣傳共產黨，我雖然只有十一歲，也略知道中國還有一個與國民黨對立的紅色政權。

一九四九年中共建政後，姑姐長期在全國婦聯國際聯絡部任副部長，姑父任北京人民藝術劇院院長，後來二人離異。姑姐一九六五年去世。

同中共高層的密切關係，並不能保護姑姐的妹妹、被送去延安投靠她的我的三姑姐，二十二、三歲的李慧蓮。我們一直以為三姑姐在延安是病死的，直到叔叔李剛在回憶錄中透露，在延安時期中共的「搶救運動」（實際上是一次清洗運動）中，三姑姐被懷疑有歷史背景問題被慘烈鬥爭，最後雖過關，但飽受摧殘，終於病死，死時不到二十五歲。

她姐姐李麗蓮，雖遊走在中共高層，但也未能保護自己的妹妹。中共搞政治運動之風，在延安時期已經開始形成了。

（原文發布於二〇二一年五月十七日）

13／淪陷區生活

我的童年回憶，真正有點滴印象，是四、五歲從香港到了上海時開始。

一九三六年在廣州出生後兩個月就來了香港。一九三七年抗戰爆發。大約在一九四一年太平洋戰爭爆發前，父親去了桂林參與抗日文化運動。戰時的桂林，文化名人雲集，文藝創作、戲劇活動十分活躍，桂林《大公報》在報導時局和輿論監督方面，更是中國報業的圭臬。我母親就帶著姐姐和我，從香港去了上海。

剛到上海時寄居舅舅家中，生活拮据，我又患了肺病，那時沒有特效藥，我整天躺在沙發上靜養。後來我父親從桂林輾轉到了上海，不知什麼原因就富有了起來，搬進高級住宅，也開始上學。父親改名李炎林，改行做生意，做些什麼我不知道。根據後來的一些記述，當時有許多在淪陷區與國統區（國民黨政府統治區）之間倒賣物資的所謂「路路通」的商人，我猜想父親做的就是這種買賣。有歷史學家認為對「路路通」商人不必作民族主義的深責，因為倒賣物資是戰時敵對統治區相互封鎖下的交流管道。但要「路路通」就顯然要跟兩邊政府官員作利益「溝通」。不知道是否這原因，我們家曾到南京住了一年，後又回上海。

社會秩序良好

我在哪一年從香港移居上海？父母沒有確切告訴我。大約是一九四〇年汪精衛在南京建立附日的所謂「偽政權」之後。向來的歷史書寫，都將汪精衛指為「大漢奸」、「賣國賊」，汪政權就是「偽政權」。但以我那幾年在上海、南京淪陷區生活的童年記憶，當時的社會秩序堪稱良好，人民經營商業活動受法律保護，經濟算繁榮。黑道、流氓好像都銷聲匿跡。小朋友唱〈義勇軍進行曲〉這樣的抗日歌曲，都沒有問題。如今回想在中國人統治之下，除了北洋政府時期我沒有經歷過之外，汪政權統治時期應該算是人民最能夠安居樂業的時候了。

一九三七年七七盧溝橋事變，中日戰爭全面展開。中國在救亡圖存的社會意識主導下，國共再次合作抗戰。但以當時中國的國力軍力，實難以抵禦日軍之進侵，而歐美等國為應付西戰線的

1942年在上海的兒時舊照。

德國納粹，也無暇東顧。因此有識之士，對抗戰的前景都很悲觀。一九三七年七月十四日，著名學者吳宓在日記中錄了他與另一學者陳寅恪的談話：「晚飯後，與陳寅恪散步。寅恪謂中國之人，下愚而上詐。此次事變，華北與中央皆無志抵抗。且抵抗必亡國，屈服乃上策。保全華南，悉心備戰；將來或可逐漸恢復，至少中國尚可偏安苟存。一戰則全域覆沒，而中國永亡矣云云。寅恪之意，蓋以勝敗繫於科學與器械軍力，而民氣士氣所補實微。況中國之人心士氣亦虛驕怯懦而極不可恃耶。」

中國古典詩詞學者葉嘉瑩在她關於汪精衛詩詞的談話中說，七七事變後，她在淪陷區念中學，上課常常要把課文整頁撕去。後來一九四〇年某一天，她伯父、母親都說廣播中有汪精衛的演講，那是汪精衛在南京建立所謂偽政權的第一次講話。她說，那時長輩們認為，如果完全在日本人的控制之下，就沒有人為自己國家的人民講幾句話，現在有汪精衛過去，總算是個代表中國的人，可以緩和一下局勢。

汪精衛的附日，可能是錯判形勢。他沒有料到在一年多後有珍珠港事變，美國捲入亞洲戰場。眼看抗日軍節節敗退，同胞在淪陷區飽受蹂躪，汪精衛與日人合作組偽政府來管治淪陷區，很難說他不是抱著「曲線救國」理念。

（原文發布於二〇二一年五月二十一日）

14／汪政權下的樂土

二〇一〇年時，清理塵封的藏書箱，找到一本封面有小蛀的線裝書《雙照樓詩詞藁》，打開有〈小休集序〉，下款是「汪兆銘精衛自序」，翻開第二頁，讀到〈被逮口占〉四首中的名句：「慷慨歌燕市，從容作楚囚，引刀成一快，不負少年頭。」

「引刀成一快」這個句子，我年輕時已看過不少人引用，但很少人說是汪精衛的詩句。至於全首詩，知道的人也不多。這是汪精衛在一九一〇年刺殺滿清攝政王不遂被捕關進死牢，自念必死，用生命寫成的句子，注滿感情，瀟灑豪邁，兼而有之。其後又讀到詩詞學名家葉嘉瑩二〇〇九年的講稿〈汪精衛詩詞之中的「精衛情結」〉，引用〈被逮口占〉四首的另一首：「啣石成痴絕，滄波萬里愁。孤飛終不倦，羞逐海鷗浮。」寫的就是精衛鳥銜石填海的孤獨、執著、不倦不悔的精神。葉嘉瑩認為汪精衛畢生的詩詞，貫串著精衛情結。不僅是烈士情結，因為烈士如文天祥，赴死也說「留取丹心照汗青」，即讓姓名、忠義永留史上。但汪精衛最後與日本人合作，背負漢奸罵名，是連身後名都犧牲了。她說被汪的詩詞感動，是因為汪的終生所貫注的，就是這種精衛情結。

詩詞中的烈士情懷

二〇一三年，香港重印了《雙照樓詩詞藁》，書前有史家余英時寫的長序，他以大量史料論證汪精衛建立附日政權，不僅不是「賣國」的「漢奸」，而且在中國科技和軍力遠落後於日本的情況下，求和正是出於避免全面潰敗的「愛國」動機。而當時主和的也不是只有汪一人，至少具民族氣節的陳寅恪也是這樣主張。而從汪的詩詞中看到，他即使在建立附日政權前夕，仍然心懷愁苦。儘管余英時不否認汪可能有個人動機，但詩言志，他的詩詞一以貫之地呈現他不變的「烈士」情懷。

為新版《雙照樓詩詞藁》校注的南開大學教授汪夢川，在看了汪精衛的詩後，深感其「強烈之犧牲情結」及「民胞物與之志意」，而寫下這樣的詩句：「忍死書生志待酬，欲當滄海止橫流，獨行那計千夫指，自污拚蒙萬世羞。」

日本投降後，汪精衛夫人陳璧君被判無期徒刑，她在法庭上說：「汪政權治下的地區，是中國的淪陷區，也就是日軍的佔領區，並無一寸之土，是由汪先生斷送的。淪陷區是淪陷了的土地，只有從敵人手中爭回權利，還有什麼國可賣？」一九五〇年，陳璧君在中共監獄中為汪精衛表心跡說：「假如說中共政權的建立，是為了為人民服務，那汪先生才是真為淪陷區哀哀無告的人民服務。」

「劫後天堂」的榮景

汪政權下，淪陷區的人民擺脫侵略軍的軍人統治，在可作緩衝的華人政權下得到喘息的空間，經濟、文化都有戰時繁榮的景象。二〇一七年，台灣中央研究院研究員巫仁恕寫了一本書《劫後天堂：抗戰淪陷後的蘇州城市生活》，引用當時的資料，講一九四〇年汪政權成立後，蘇州大量人口湧入，出現「劫後天堂」的榮景。與過去歷史書寫所講的漢奸統治下人民水深火熱，截然不同。

我記得那時候，家中有了留聲機，不斷有許多新的流行曲唱片，有的流行曲傳唱至今，如〈何日君再來〉。大批電影和影星歌星湧現，陳雲裳、周曼華、李麗華、李香蘭、周璇、劉瓊等，紅極一時，影藝事業更延續到戰後的上海，及其後的香港。文化事業是在稍有餘裕的社會才會蓬勃的。比諸當時中國廣大地區，包括廣大的國民黨統治區和中共統治的紅區，汪政權治下可算是人民的樂土也。

那時父親雖然從商，但亦有參與淪陷區的戲劇活動。這是我後來讀到一些文章，結合童年記憶，才知道的。

（原文發布於二〇二一年五月二十四日）

15／在「孤島時期」孕育的蓬勃藝文

一九三七年七七盧溝橋事變，接著是日軍與國軍的八一三會戰，十一月日軍攻陷上海。儘管上海絕大部分地區淪陷，但直到一九四一年十二月太平洋戰爭爆發前，上海的法租界、公共租界仍然是英法所統治，這四年，上海租界被稱為「孤島」。孤島時期，中國文化人雲集，在那裡發展了相當蓬勃的文化出版、電影、戲劇活動，而且貫注愛國抗戰的社會意識。

太平洋戰爭爆發後，孤島也淪陷了，但那時候汪精衛的南京政府已經成立，在汪政權下，不少文化人仍然堅守崗位，各藝文活動都在摸索附日政權的政治底線，作反控制、爭自由的文化實踐。許多作家、導演、演員在汪政權治下冒起，名聲和表現延續到抗戰勝利後，以及一九四九年後在香港和台灣發展。

奠定港台文化基礎

著名作家張愛玲，就是這時期冒起的，同一時期冒起的作家還有傅雷、鄭逸梅、柯靈等人。著名製片人張善琨長袖善舞，導演方沛霖、卜萬蒼、朱石麟，演員陳雲裳、李香蘭、李麗華、王引、高占飛等在這時期竄紅，這些人的演藝事業都延續到戰後。甚至可以說，上海淪陷區的文化活動，為戰後中國及香港、台灣的文化奠定人才的基礎。

淪陷時期最有名的雜誌叫《萬象》，它創刊於一九四一年七月，即孤島的末期，到一九四五年六月即抗戰勝利前夕停刊。由中央書店老闆平襟亞任發行人，先由陳蝶衣主編，到一九四三年五月主編改由柯靈擔任。張愛玲的小說《沉香屑・第一爐香》一九四三年五月在《紫羅蘭》雜誌刊出，柯靈讀後驚為天人。其後張愛玲的《心經》、《琉璃瓦》和《連環套》陸續在《萬象》連載。

安慰急遽慌亂的人

《萬象》定位為「時事、科學、文藝、小說」兼顧的綜合性期刊，合乎「包羅萬象」的命名，趣味與意義並重，而其目的則在於「點綴，安慰急遽慌亂的人生」。《萬象》對政治的疏離，對日常世俗生活的貼近，和對永久人性的關注，在某種程度上迎合了淪陷區通俗文學的需求，亦不違汪政權的文化政策。

陳蝶衣主編時期《萬象》主要衝破佔領者的封鎖，打開言說空間；柯靈主編時期

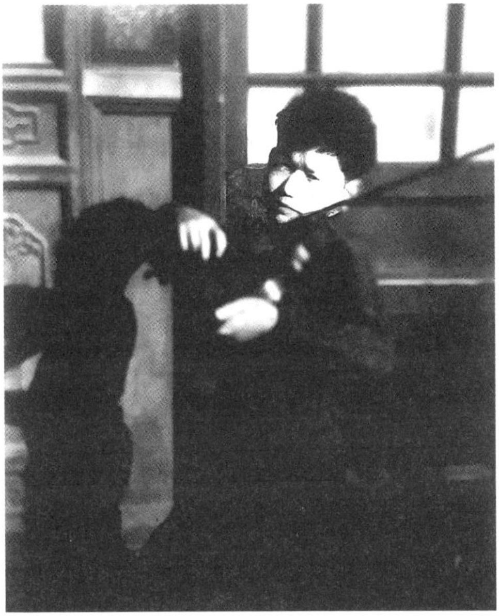

兒時學小提琴的情景。

則偏重於知識分子的言說。兩位主編的努力，使《萬象》網羅了最廣泛的作家群，並源源不斷地湧現出一批文學新人。《萬象》保持逾萬的銷量，成了「（淪陷區）非常時期的非常（文化）現象）」。

電影人的隨機求變

淪陷區的電影業，不能不提到張善琨。一九四二年在親華的日本人川喜多長政的拉攏下，他出面將十二家上海電影公司合併組成中聯公司，一年內拍了四十三部電影。他一方面表示「效忠於國家、效忠於東亞」，一方面提倡「保持電影的娛樂性」。那時大部分的電影題材都是風花雪月，卿卿我我的愛情故事。顯示出他和電影人在特殊環境下隨機求變的心態。

在他旗下，以朱石麟、卜萬蒼、岳楓、李萍倩為代表的創作群體，基本上沒有主動地拍攝為日本侵略服務的「國策電影」。即使是奉命拍攝以鴉片戰爭為背景、配合反西方的「大東亞共榮圈」國策的影片《萬世流芳》，編導也避重就輕地以林則徐的愛情生活為主線。

戰後，這些演藝人沒有被指為「漢奸」。在中共的正統電影史上，淪陷時期的上海電影皆被套上了「漢奸電影」的帽子。但香港電影資料館二〇〇〇年出版《南來香港》一書，台北電影資料館於二〇〇一年出版《童月娟（張善琨夫人）回憶錄》，對張善琨及淪陷時期電影事業基本上採取諒解態度，認為至少保住中國電影業的命脈。

電影之外，還有蓬勃的話劇演出。一些在歷史中遺失的人物，在我模糊的記憶中出現。

（原文發布於二〇二一年五月二十六日）

答讀友欄

居溫哥華的Tommy Tong，在我談淪陷區生活的文後留言：「真實見證。於廿多年前曾做印刷工作！某天早上有一老者拿了一本手寫小冊來打價，他說成品後免費派閱。我在午飯時揭閱之。內容是老者感恩汪精衛在偽滿區，生活設施充足，飲食充裕，治安完善！能令他們得以安逸生活。印此小冊感謝汪精衛並為他平反。」

我不懷疑侵華時期的日軍殘暴，但汪政權力圖在淪陷區為老百姓建立緩衝，則不能輕易否定。戰後承受漢奸罵名，不止是汪政權的頭面人物，更包括許多當時與汪政權有關連的人。他們或有利己目的，但也不排除有「曲線救國」之心。

16／父親與劇團「不光彩」的過去

淪陷時期的文學、電影，已有不少人書寫。唯獨淪陷時期的舞台戲劇活動，寫的人較少。但實際上很重要。在淪陷區，由於日本對英美宣戰，電影院沒有了西方的片源，加上拍電影投資大，國產片蕭條，電影院紛紛改為劇場，話劇就有了空前發展的空間。中國劇運在抗戰期間，無論淪陷區或國統區，對社會都有重要影響。終戰前一年，上海的重要劇團多達二十家，更有不少跑碼頭的劇團，在各地輪番演出。

戲劇工作者的去向

二〇一五年台北藝術大學戲劇系教授邱坤良發表長篇論文〈附逆與抗敵：汪精衛政權的戲劇界〉，是至今讀到較全面和不帶成見地對這時期話劇活動的論述。

這篇論文的最後段落提到：「與日軍或汪政權有關的戲劇工作者，李萍倩、張善琨、屠光啟戰後並未成為『漢奸』，至於戴策、周雨人、李六爻諸人下落不明，連他們的生平資料也隱晦不清，他們在終戰已經離開人世？隱姓埋名，平安過日子？皆值得做後續研究。」

這裡所講「生平資料隱晦不清」的一些人，在我童年記憶中，有兩人是我家的常客，與父親關係非比平常。一是戲劇家和劇評家李六爻，另一是在汪政權任高官的戴策。在邱坤良這篇長文中，我還看到我父親那時的名字——李炎林。

邱文說，「一九四二年成立的南京劇藝社（南劇），同仁不乏左翼的上海戲劇協社成員（如戴策、李炎林），算是較專業的戲劇團體，可視為汪政權的代表性劇團。」南劇社長戴策，一九四〇年汪政權成立時，在外交部長褚民誼底下擔任僑務局長，被外界視為褚的四大金剛之一。一九四二年四月，南劇演出由李炎林導演的莫里哀《偽君子》。南劇每月接受汪政權補助。南劇曾演出由重慶國民政府文化高官張道藩寫的劇本，顯示「南京與重慶意識形態的差異，並不太反映在戲劇舞台上」。

一九四三年初，南劇推出《怒吼吧，中國！》是明顯配合日軍和汪政權反英美的「大東亞共榮圈」國策的話劇，但夾帶民族意識。劇終在群眾高呼「打倒美英帝國主義，東亞民族聯合起來，中華民國萬歲，東亞民族解放萬歲！」台後齊唱〈參戰歌〉的歌聲中，結束全劇。

戰後可能隱姓埋名

劇本根據俄國劇作家特列季亞科夫的原著，由周雨人、李六爻、李炎林等人改編，李炎林導演。李六爻任主角。

戰後，汪政權被指為漢奸集團，由外交部高官戴策當社長並接受汪政權補助的南劇，特別是參與演出《怒吼吧，中國！》的主要成員，為避「反漢奸」風潮，隱姓埋名是很自然的事。我記得父親帶我看過演出，但後來父親都不再提起那時的事。顯然是當時認為「光彩」而戰後被社會普遍認為「不光彩」之故。戰後他棄用李炎林之名。李六爻改名李書唐，跟從父親到北平，後來又一起來香港。我與李伯伯交往很多，他一九六七年在香港懸樑自盡。戴策一九四九年後來過香港我家暫住，後來去哪裡，就不知道了。

（原文發布於二〇二一年四月三十日）

1938年在廣州，左一是父親，左三是母親，左四及五是戲劇家歐陽予倩和夫人劉問秋；母親前面是姐姐和兩歲的李怡。

17／李伯伯的悲劇

邱坤良論文提到在淪陷區劇運中非常活躍、卻在戰後「下落不明」的李六爻，使我從深層記憶中猛然想到那時候（我七歲）爸爸跟李伯伯在客廳興奮地講到報上的打油詩。第一句記不得了，只記得最後三個字是「李六爻」，跟著約略記得是：「身材高比電燈梢，平常愛唱張公道，導演劇評一手包。」「張公道」是什麼，我不知道。他活躍於戲劇活動兼寫劇評，是邱文提到的。

李伯伯身材高大肥胖，來我家總愛高談闊論，評點時事。戰後我家搬去北平，他那時也帶著家小跟去，仍然是我家常客，但名字已經不是李六爻了。一九四八年父親舉家從北平移居香港，李伯伯也來了，但家小留在大陸。李六爻易名李書唐，並以趙宋的藝名參加長城公司的宣傳、編劇、演員工作。他在香港的職業生涯並不得意。

女兒自縊身亡

一九六〇年，他女兒中楟從北京來香港，既是投靠也是陪伴父親。從此常見兩父女在一起進出。中楟在香港念了一兩年書，就考進邵氏的演員訓練班，改藝名李婷，與邵氏簽約，拍過《山歌戀》等影片。那時我在上海書局任編輯，邀李書唐寫一整套的「歷史小叢書」。他文筆流暢，書寫得好，賣得不錯，稿費也使他能夠勉強維持生計。後來我辦《文藝伴侶》雜誌，邀他寫小說，也寫得頗為精彩。一九六六年大陸爆發文革，香港左派出版業停止出版被大陸批判為「封建主義」的歷史書，他的小叢書就無疾而終也。

李婷在邵氏半紅不紫，也不知道受了什麼委屈，吃了什麼虧，於一九六六年八月二十八日，在邵氏宿舍自縊而死，留下一句遺言：「親愛的爸爸，您要活下去。」李伯伯沒有參加女兒喪禮。我去看他，他躺在床上長吁短嘆。大陸發動文革，他無法與北京家人聯絡。沒有工作和收入，沒有了李婷的薪資，他生計頓成問題。四個月後的一九六七年一月，李書唐也跟著女兒懸樑了。我與午馬的爸爸馮承璧伯伯一起辦了他的後事，送他下葬。我接收了他大量的沒人要的藏書。

在李婷喪禮上，作家陳蝶衣用她主演的幾部電影片名串了一幅輓聯：「一曲山歌戀，原冀芳流萬古，從此年華珍黛綠；數灣鱷魚河，緣何魂斷三更，竟將歡樂損青春？」在李書唐喪禮上，友人婁子春撰一輓聯就絕了：「父女同命，有人殺人不見血；戚友咸悲，天道籤道終須還。」婁伯伯在靈堂守護這輓聯，防止被取下。而這輓聯終於不見有報紙刊登。婁子春寫此輓聯，不知有何依據。但既無報紙登，就在此留下懸疑吧。

淹沒於大時代

李書唐飽讀詩書，熱衷戲劇，博古通今，關注時事，客廳中他往往語驚四座。他最得意是以李六爻的名字在汪政權下「導演劇評一手包」的時代，但戰後不僅未能延續他的事業，甚而還要隱瞞自己這段歷史。他在淪陷時期真做了虧心事嗎？我想他不這麼認為。然而大勢所趨，個人如何抵擋？他在香港從影、寫書也不得意，文革更切斷了他與家人、與他關懷的土地的聯繫。有學識和才華的人，落得這樣悲慘結局，在大時代中當然不止他一個。只是因為同我家的關係，在此記上一筆而已。

至於參與汪政權時期重要演出的劇運人士，是否與重慶的抗日政府暗中有聯繫？在中共地下黨領導下的文藝界有採取怎樣的自保措施？我不確知，不過隨後在我九歲那年的家庭突變，卻使我略感當年淪陷區人政治處境的複雜性。

（原文發布於二〇二一年五月三十一日）

18／九歲、逃難、餓殍、飄蕩、成長

一九四五年，太平洋戰爭日軍已呈敗象，在上海淪陷區，幾乎天天有盟軍轟炸機空襲。九歲生日剛過。一天早上醒來，發現爸爸不見了。當天晚上，跟著媽媽、姐姐，倉皇出走。在黃浦江與另一家人坐上一艘小船，黑夜沿著岸邊的蘆葦叢撐杆划行，日軍探照燈從對岸照射過來，偶有幾響機槍聲，小船若被探照燈發現就會成為機槍目標。終於溜過了日軍封鎖線，小船凌晨靠在岸邊，那裡已是中國國民軍佔據的後方了。

兩家人擠在一部破舊的汽車裡，向安徽省屯溪駛去。汽車開行不久，就看到路上衣衫襤褸的傷兵，扶老攜幼的人群，伸出來討飯吃的污黑的手，還有路邊一動不動的餓殍。我驚愕地發現了另一個世界。在淪陷區，我也知道有戰爭，知道空襲警報響了要關燈，關燈後會聽到飛機投下炸彈的轟隆聲響。但不知憂愁。父母擔心生計，我卻有書讀有飯吃。才一天過去，忽然都變了。平日顧著玩不肯吃飯，現在卻因為不夠吃而總是覺得餓。

黑夜、河灘、星星

汽車因破舊常常開不動。那時叫「拋錨」。汽車開開停停，停下來司機就修車，修不好就在附近找個可以落腳的地方過夜。記得我們曾住進一個無人的寺廟，那裡停著幾副空棺材，我們就睡在棺材蓋上面。過了一夜，汽車又再啟動。

深夜，在一個河灘上等著換乘另一艘船，鋪一塊布就一家人躺在河灘上。黝黑中河灘空蕩蕩，極目處渺無人煙，遠處依稀有一個棚架，亮著燈，刺耳的豬叫聲劃破夜空傳來。同行的大人說那是屠宰場。仰望夜空，沒有了都市燈光，星星更多更密了。我以前看星空會想的是：那些星星在哪裡？上面有生物存在嗎？星星之外還有些什麼？現在，那些思索和想像都沒有了，人世的苦難填滿了腦際，我看到戰爭、貧窮、飢餓、災難、亂序，和就在身邊的死亡。

兩天前還是無憂無慮的九歲孩子，一天之內突然長大了，開始失眠了，像成年人那樣思索了：我是什麼人？淪陷區的相對太平和敵後的紛亂是怎麼回事？為什麼我和剛見到的許多孩子要流離飄蕩？我自己的身分是什麼？這一天見到的才是真正的苦難中國嗎？

混亂、虛驚、改變

後來知道，父親突然接到通知，說和他一起在電影公司工作過的作家柯靈那一天被日本軍警逮捕了。據說他身上有父親「李炎林」的名片。當晚父親就坐船離開上海，臨走前安排另一艘船次日接載母親、姐姐和我離開。和我們同船同車的另一家人，是作家李健吾一家。柯靈和李健吾，是淪

約十一歲時在上海。

陷區話劇界較為明顯表達愛國抗日意識的人物。我家的逃亡與這二人的牽連，顯然是因為父親與他們的聯繫。那麼父親導演《怒吼吧，中國》，他與汪政權的戴策的關係，又是怎麼一回事？當時汪政權的人，與重慶政權、延安政權的人，是怎樣的關係和聯繫？我不清楚，可能你中有我，我中有你，至少不是歷史所寫的一刀切的關係。

後來得知，柯靈被捕時，乘虛把爸爸的名片吞進肚裡，所以我們的出走實是虛驚一場。柯靈在日本警備部受刑，後獲張愛玲的丈夫、在汪政權任宣傳部次長的作家胡蘭成營救出獄。

媽媽帶著姐姐和我，到屯溪不久，還沒有見到爸爸，日本就投降了。大概在屯溪停留兩個月，我們就回到上海。社會在勝利的狂喜中，一切都迅速改變。但是，我長大了，感覺到社會反不像淪陷時期那樣安寧和有序。

（原文發布於二〇二一年六月二日）

19／愚者師經驗　智者師歷史

過去幾段「回憶錄」講二戰時的淪陷區，雖有一些個人經歷，但大部分內容是根據別人的書籍、文章，結合自己童年記憶，而寫出來的。那時我年紀小，除了記憶模糊，也還沒有對人生的思考能力。九歲那年躺在河灘，開始了人生的思索，我覺得自己長大了。這以後的記事，會更多依靠自身體驗。

對於民國北京時代、汪精衛、淪陷區這一段歷史，絕大部分人長期在國共正統歷史書寫的熏陶下，形成了對「軍閥」、「漢奸」的固定觀念，尤其是中國人，在腦海中已經凝聚了「愛國」「救亡」「中國飽受欺凌」的不變意識，不會去思考事情有沒有另外一面，不會去想：現實所呈現的即或是真實，但是不是還夾帶著掌權者因應政治需要，幾十年向我們灌輸的歷史觀？

正統歷史的不全面

儘管那些是我還沒有出生或還未懂事的年代發生的事，但我就是在那樣的社會意識、社會氛圍中成長的。在抗戰後發生各樣的人與事，都擺脫不了正統歷史書寫所形成的社會意識的影響。甚至到了現在，我寫汪精衛和淪陷區的記事與觀察，仍然有讀友留言說「漢奸就是漢奸」，不能為他們辯護。可見當歷史按掌權者的意志去書寫，一旦成為固定的、沒有人提出異議的史觀時，就會內化到社會每一個人的心裡，成為不可逆的社會心理狀態。這正是人類社會的人為災難不斷發生的原因。

在一部日本拍攝的跨越時空的故事片[1]中，開頭有一句話：「愚者師經驗，智者師歷史」。人生的閱歷和經驗當然是寶貴的，許多年輕人之所以在處事上碰壁，往往是因為他們缺乏社會經驗。但是，一個人如果做什麼事都根據過去的經驗，那麼他不僅無法開創新局面，而且也會因為未能察覺社會的變遷，而無法跳脫過去的經驗以作調適。社會上有許多開創一番新事業的人士，大都不是有什麼經驗，有些甚至因為他在那一行業沒有經驗，才開創出新氣象。但繼續下去，如果他仍然囿於以往的成功經驗，他就會被經驗所困，注定走上失敗之路。倘若社會運動由這樣的人帶領，更會帶來慘痛後果。因此，經驗是好，但因循經驗的必是愚者。

進步源於批判經驗

批判精神就是科學精神。人類所有的進步，都是從批判已有的經驗而求得的；人類今天所享有的權利，都是從一些人不顧社會多數人的經驗，明知不可為而為地捨命爭取而得到的。

師歷史，很難，因為首先就要破解被掌權者扭曲的歷史，才能從真實的歷史中學習。因此，德國哲學家黑格爾說：「人類從歷史中學到的唯一教訓，就是人類沒有從歷史中吸取任何教訓。」原因不是歷史沒有提供教訓，而是為當代掌權者服務的歷史書寫，並非歷史全部，甚而不是真相，而人類因為從扭曲的歷史中形成了一些固定不移的觀念，也就永遠不會從真實的歷史中吸取教訓。

顛覆一些正統的歷史觀念，是師歷史的開始。我這一生見過太多師經驗的愚者，而我自己也不是師歷史的智者。我只是記述漫長人生中點點滴滴的個人經歷，或作為人們認識歷史真相的小小補充。因畢生事業所繫，回憶錄的記事不是重點，重點在心路歷程。而心路的起點是怎麼樣的社會意識，是首先要探索的。

接下來，就會敘述記憶較清楚的九歲後的事。

（原文發布於二〇二一年六月四日）

1 二〇一七年《本能寺大飯店》。

20／戰後，從上海到北平

抗戰末期，從上海淪陷區逃難到國民政府統治區的安徽省屯溪市。為什麼是屯溪？因為在抗戰期間，當江浙等東南各省許多大城市相繼淪陷後，位於安徽南部的古鎮屯溪，就成為一些黨政軍機關、文化團體及大中院校緊急遷往的小後方，是東南部抗日的政治、經濟和文化中心。原來只兩萬多人口的小鎮，增加到二十萬。江浙人之多，市場之繁榮，有戰時「小上海」之稱。但即使是住在這個「小上海」的旅舍，我還是第一次見識了在地上牆上爬滿蛀蟲的糞坑，並必須在那裡方便的恐怖。這似乎是我對短期寄居的屯溪，仍然記得的印象了。

沒有多久，日本投降，二戰結束。我家在屯溪大概只待了兩個月，就遷回勝利後的上海。

戰後上海亂象

到處掛滿了慶祝抗戰勝利的標語，和領袖蔣介石的肖像。市民在狂喜中，迎接重慶國民政府的回歸。重新掌權的國民政府，一方面懲治「漢奸」，另方面也出現大規模的「接收」敵偽資產行動。「接收」後來被形容為「劫收」，因為許多並非敵偽資產的公營或私營機構，也因為在淪陷時期不可避免與汪政府打交道而被「接收」。「接收」是一塊肥肉，不同級別的接收大員是大小肥差。貪污行賄瞬即氾濫，而黑社會也很快恢復活動。淪陷時期上海儘管多數人的生活艱困，但治安和社會秩序良好，黑社會絕跡，戰後似乎一切又都回來了。

回上海後住了大約半年，社會變化太多太快，來不及存入記憶中。記得的事有：當時還在國共合作時期，姑姐李麗蓮和姑丈從延安來上海做統戰工作，聯絡文化界；稱作「法幣」的貨幣開始貶值，房屋的交易用金條；很少見到父親，他在北平和東北有新的工作。大約一九四六年初，媽媽帶著姐姐和我，遷去北平。這是我第一次坐飛機，飛機很小，飛行時機身搖晃，我們都嘔吐了。

從住慣了的繁華的上海，移居到古老純樸的城市北平，對我可以說是耳目一新。那時的北平，只有一百多萬人口，是中國末代皇朝的帝都，但自一九二七年起，這裡已經不是政治中心，也自然不是經濟、文化活躍的城市了。所有的房子仍然是平房，或兩三層的小洋房，因為帝居規定，所有民居不能高過皇宮。那裡風沙和塵土飛揚，遇到下雨天，就是滿街泥濘，故有「無風三尺土，有雨一街泥」的壞名聲。

懷念迷人氛圍

但古城卻散發著美麗迷人的氣息。那裡的春夏秋冬四季分明，不像上海或南方那樣天氣變化不測。穿單衣、穿夾衣、穿棉衣，都有一定的時候。城市到處有大樹，也有許多公園，最多人去的公園，是曾經作為皇室們花園的北海。北海有全城最高的白塔。夏天從白塔望下來，全城被大樹濃蔭和湖水籠罩，一片綠色；冬天從白塔望下來，全城又被白雪覆蓋，一片銀白。冬夏都看不到屋瓦和

約十一歲時在北平。

馬路。而秋天，城中有一大片鮮紅，那是香山的紅葉。

北平的居民，純樸而幽默，街上到處都響著「勞駕，勞駕」的聲音，「勞駕」大約就是香港人說的「唔該」之意。馬路上極少路人的爭吵，講話的聲音也不大，不管哪個階層的人，都很有禮貌，相互忍讓似乎已成為人民的生活習慣。這是我在大上海所見不到的。

我不知道那時候的市政是怎樣運作的，但大概國民黨並不那麼中央集權，地方應有自治的權限。那時的北平市長是教育家何思源。

我於一九四六到一九四八年居住北平，是十歲至十二歲的少年，那時的生活，所處的社會環境和人文氛圍，一直讓我懷念。十多年後，我到北京找尋過去的感覺，卻再也找不到了。

（原文發布於二〇二一年六月七日）

21／古國風情呼喚少年記憶

「蘿蔔……賽梨……辣了換」，從百步外的胡同（巷子）傳來濃重北平口音的呼喚聲，我聽了三天，才由同住的三叔公告訴我那是賣蘿蔔的喊聲，以及那聲音是些什麼字。呼喚聲沉厚又悠長，像從古遠的地方傳來。北平那個時代仍然保留的古老傳統，從這賣蘿蔔的呼喚聲可以體味到。我到今天仍然記得那聲音。

一九四六到四八，北平兩年，從繁華喧囂的上海來到純樸的古城。街道沒有車水馬龍，沒有熙來攘往。汽車不多，三輪車、人力車是中產者的交通工具。馬路有人牽著掛鈴鐺的駱駝走過。

先住在四合院。感覺非常特別，從胡同走進一個大門，穿過一個走道，進入四面平房圍繞的一個大院。院中夏天有花，傍晚各戶人坐在院中聊天；冬天有雪，孩子在那裡堆雪人，打雪球。

遊古蹟愛麵食

隨家人去了許多名勝古蹟，故宮、北海、頤和園、天壇，在景山上「明思宗殉國處」的碑前留影，在天壇回音壁上聽姐姐從另一頭傳來的話語。留下足跡最多的地方是跟其他孩子在上面奔跑的一段段舊城牆，和後來因為肺病輟學而每天早上去學太極拳的太廟。太廟，是以前皇帝祭祀祖宗的地方，民國時期闢為公園，園裡布滿要好幾個人才能圍抱的粗高大樹。有老師傅在那裡教太極，不少人在學拳學劍和練推手。

我學會了騎單車、溜冰，夏蟬冬雪季節交替的日子裡，這是我最愛的運動。

習慣和愛上了麵食，學會了包水餃。記得有一次，李伯伯帶我去餃子店，堂倌問：來一百還是八十？意思是要點多少隻水餃，李伯伯回說，先來五十吧。北平有許多清真店，涮羊肉是傳統的地道美食。也有只吃豬的各個部位的「全豬」店。我也吃過貧窮人家吃的窩窩頭，那是以玉米麵（玉米曬乾後磨成的粉）為主要材料做的，形狀像塔形，底部有凹洞。那真的難吃。頤和園有提供據說是給西太后做的窩窩頭，很小，味道就很好啦。那是皇家體驗平民生活又不損口福之道。

聽京戲閱名著

京戲很流行，老北平人會一邊走路一邊哼著京戲的段子。我也到過聽戲的戲園子，漸漸算是喜歡和懂得欣賞京戲了，也會哼幾段。

那兩年上小學四、五年級，學了一點書法，學會國語注音符號，當過童子軍而且被選在門口站崗。大量的閱讀是在那時候開始的。剛有足夠認字能力的少年人，娛樂消遣只有看書。看《西遊記》、《水滸傳》、《三國演義》、《七俠五義》、《小五義》、《續小五義》，然後是徐訏的小說《精神病患者的悲歌》等。

一九四七年北平學生發動了「反飢餓、反內戰」的示威遊行。我姐姐那時候剛入中學，也參加了。後來證明這是中國共產黨利用一九四七年國民黨統治區的物價飛漲，而在學生中挑動的國共鬥爭的「第二戰線」（第一戰線是國共在戰場上的交鋒）。我的小學老師，補習老師，為人正直、教學認真和充滿愛心，他們都向學生灌輸反國民政府、爭取民主自由的思想。我年紀小，沒有參加示威，但嗅到社會洋溢著親共思潮。而國府對這些沒有禁制，讓共產黨坐大了輿論勢力。

父親那兩年在東北的瀋陽、長春經營電影院，在北平的時間不多。我也去過東北幾天。一九四八年初，國共在東北的戰況展開，父親的電影院辦不下去，於是闔家移居香港。

在北平兩年，給我人生留下了一個現實版的中國古老傳說。那時統治者和人民仍然祭祖、敬天，老規矩老民風還在。（現在是不是已經被一掃而空呢？）古國風情，猶如遙遠的呼喚，長留我的記憶，十多年後滲透在我「不悔少作」的兩篇散文中。

（原文發布於二〇二一年六月九日）

22／燕子來時　可惜一片江山

二十三歲時寫過兩篇以舊日北平為背景的散文，題目是〈憶楓〉和〈憶燕〉。說是散文，也像是小說。以一個小女孩子的第一人稱，寫童年故事。發表於一九五九年，幾年後收進我的第一本書《晨星及其他》中。書早絕版了。我留有一本，近日重讀這兩篇，腦際又響起古老的呼喚。林海音一九六〇年出版的《城南舊事》，也是以一個小女孩的眼睛看那時的北京，她的北京故事比我生活時早十多年，但古城風貌依然。那時代在那兒生活過的人，大概總有些「舊事」縈懷。

〈憶楓〉講一個叫小紅的女孩，與少年玩伴「楓哥」的友誼。北平秋天紅豔豔的楓樹，和拾起落在地上的楓葉，在故事中穿插。楓哥是鄰家女傭的兒子，比小紅大兩歲，人寬厚，知識廣，讓小紅佩服。楓哥因家貧而不得不輟學，要離開北平到外地當學徒。走前與小紅去了近郊的香山，那裡以滿山紅葉聞名。他們從落葉中嗅到了前所未知的香味，終明白為什麼叫香山。楓哥給小紅留下一封信，送她一片最紅最大也最完整的楓葉。小紅把它夾在她最愛的《唐詩三百首》中，帶到了香港。

折翼雌燕的嘆息

〈憶燕〉開頭寫：

北國春寒料峭，即使冰雪溶解，樹芽新綻，還不能脫下棉衣，只有當燕子在屋簷下呢喃，才可以確信大地告別了寒冷。燕子帶來春天，是希望的訊息。一雙燕子在小紅家屋簷築巢，每天雙雙飛出去覓食，有一天只有雄燕出外，媽媽說那是雌燕懷孕了。又過些時候，小紅見到兩隻幼燕張大嘴巴去迎接爸爸叼來的毛蟲。小紅與哥哥好奇，搬來梯子爬上去看，想不到把雌燕嚇得飛出燕巢，在屋簷下哀鳴著亂飛，不小心撞到屋樑，像斷線風箏似落在地上。小紅和媽媽把牠撿起，放回燕巢。其後，似乎沒事了。燕子爸媽帶領兩隻小燕飛翔。秋冬來了，沒有了呢喃聲音，燕子一家飛往南方避冬了吧？然而，一天早上，小紅又聽到呢喃聲，她到外面看，燕巢上露出那一雙大燕子的頭部，牠們沒有離去，在淒涼地鳴叫。天氣越來越冷，過年前幾天，屋外的水缸都結冰，燕子的哀鳴也停了。媽媽爬梯子去看，兩隻燕子相擁著凍僵在巢內。媽媽把牠們拿下來，發現雌燕翅膀有一根骨頭折斷了。那是牠撞到屋樑受的傷，牠自知耐不住長途飛行被迫留下來。雄燕陪著牠，一起死亡。小紅十分內疚，這是她人生第一聲嘆息。

我「不悔少作」的文章很少，這是我於今重讀仍覺心靈觸動的兩篇。寫作時，北國的風貌，漫山紅遍的楓葉，屋簷下呢喃的燕子，童年的友伴，在我離開十年後仍然盤旋腦際。其後，我再也沒有寫過這類追憶舊日風情的文章了。

重遊舊地的唏噓

一九六〇年，我結婚旅行選擇了去北京。那時我的思想左傾，很想見識新中國的這個新首都，也抱著重遊舊地的心情。

少年時在上面奔跑的舊城牆都拆掉，已無影無蹤。離開時天安門掛蔣介石像，現在掛了毛澤東像。天安門城樓前面的長安街，馬路寬闊得讓人恐懼。廣場新建了幾座蘇聯式四四方方的大型建築，那是人民大會堂、歷史博物館，加上一個「人民英雄紀念碑」，與古樸的天安門城樓相對。宏偉嗎？還是覺得中國古城樓被蘇式建築侵蝕？

我那時想，也許舊時風物在新社會要被淘汰吧。燕子僵死了，古老的呼喚，是否也要拋棄？但是接下來，就越來越顯示拋棄傳統付出的高昂社會代價了。

燕子到北國，帶來春天的希望。想到梁啟超集宋詞句而綴成的著名對聯：

「燕子來時，更能消幾番風雨；夕陽無語，最可惜一片江山。」

（原文發布於二〇二一年六月十一日）

1959年，二十三歲時，攝於廣州。

23／在左翼思潮下熾烈成長

一九四八年春，我們一家告別北平，在上海稍作停留，再坐載客輪船經數日航行到香港。之後六年，即從我十二歲到十八歲，我所接觸到的中國局勢的消息，所閱讀的中文書，包括那時候廣泛流傳的五四新文化運動以來的作家作品，中共延安時期的作家作品，艾思奇著的通俗簡明的馬克思主義基本理論讀物《大眾哲學》。我進入左派學校香島中學所接受的教育陶冶，形塑了青年時代的我，並以這樣的思想、身分、面貌走進左派文化圈。

那時候當然不知道，新文化運動以來左翼思潮的氾濫，包括文藝創作和思想理論的傳播，它的社會意識基礎，是國共兩黨在政治上的主導和鬥爭，並共同扭曲了北洋時期和汪政權南京政府時期的真相所形成的；也是在日本侵華的背景下，愛國主義的救亡意識壓倒了啟蒙、社會主義新思想壓倒了自由主義的傳播所導致的。總之，我和許多追求進步的青少年一樣，被這種左翼思想洗腦了。

「寧跳火坑以救國」

近日接到《九十年代》時的專欄作者殷惠敏的來訊，他介紹我看兩本書，一本是今年九十八歲的老記者龔選舞的回憶錄，另一本是南京曉莊學院教授邵建在台灣出版的書《倒退的時代》。殷來訊說：「汪精衛治下的上海、南京，龔選舞的回憶錄有細緻深入的描寫。一九四六年審判漢奸戰犯時期，他是剛出道的《中央日報》記者，在審判汪政權的行政院副院長周佛海時，他進入南京高院特別審判庭去聽審、採訪。據他說當時數以萬計的老百姓在庭外為周聲援，周答辯時一番為了百姓生存福祉的慷慨陳詞，也令庭內旁聽者為之動容。龔不能不承認，那是『人心思漢（奸）』。他看得心驚膽顫，當晚寫稿時，也曾閃過學洋人的新聞報導一五一十和盤托出的念頭，最後還是秉持了『春秋大義』。龔自己也承認，如果他做了如實報導，一來恐怕無法登出，二來可能提早三十年就被炒魷魚了。」

《倒退的時代》有一段講自由派學者周德偉一九三七年同汪精衛就抗戰問題談過兩次話，汪當時擔任國民黨政治會議主席，多次發表主張議和的言論，受到中共和左派的攻擊，周問他為何不稍作緘默。汪回答說：「日軍實力及裝備均遠優於國軍，故國軍每戰必敗，國際聯盟及英美只作壁上觀，……左傾分子，高唱抗戰，實欲師列寧故智，以德軍之力量消滅沙皇之俄軍，然後奪取政權。共產黨亦欲假日本軍隊之手，消滅國軍，然後奪取政權，再圖後計。……共產黨之為禍，更甚於日本。余不忍孫先生之事業毀於一旦，故余寧跳火坑以救國。」

「愛國」與「愛民」孰重

日後歷史證明了汪精衛的先見之明。中共果然成功地「師列寧故智」，而且毛澤東還因此感謝日本侵華呢。

據周德偉的兒子說，他父親抗戰後，在上海理髮，隨口問理髮師對蔣介石和汪精衛的評價。這位居住在淪陷區的理髮師說了十個字：「蔣介石愛國，汪精衛愛民。」汪政權的成立，使淪陷區人民減少了日軍的破壞和擾亂，汪政權的「保境安民」，淪陷區的人民是感受到的。

國難當頭，「愛國」與「愛民」孰重？見仁見智。中國古代典籍說：「民惟邦本，本固邦寧」，「民為貴，社稷次之，君為輕」。不重人民的權利、福祉，如何能固國興邦？

中學時代與同學合照，後排中間為李怡，右下為麗儀。

當時，我得不到這些資訊，也沒有這樣的認知。在內戰烽火熾烈燃燒的時期，一九四八年在香港每天接收的大陸資訊，都使我感到腐朽的舊中國會成為過去，充滿希望的新中國將誕生。

（原文發布於二〇二一年六月十六日）

24／一九四八樹倒猢猻散

一九四八年到了香港，起先住在佐敦，後搬去九龍城，我入讀培正中學。

那一年，中國出現了翻天覆地的變化，每天看報章都有哪裡「易手」的標題。所謂「易手」就是從國民黨統治之手落入中共統治之手。戰場上，國民黨軍節節敗退，共軍節節勝利。其中戰爭的殘酷，特別是四八年五月到十月，共軍包圍長春城一百五十天，餓死平民十六萬的慘劇，當時的新聞沒有報導。對於國民黨統治區各大城市的實況，報章則報導經濟崩潰、達官貴人紛紛逃亡的樹倒猢猻散的景象。國民黨政權在取得抗戰後，沉浸在勝利狂喜中，驕奢淫逸，貪污行賄，倒行逆施，無視中共在抗戰中已勢力壯大，尤其是在國軍和政府高層滲透了特工，在文化圈中的宣傳統戰。槍桿子加筆桿子，在這一年裡就翻轉了強弱之勢。一九四八年底，國民黨敗象已成定局。

以一九四五年抗戰勝利時的強盛之勢，實難料到兩三年就如此淪落。可見缺乏憲政基礎的政權，真是說倒就倒。

出現惡性通貨膨脹

我在一九四九年初，買了兩本書，居然收藏到現在。一本是中共當時在香港辦的報紙《華商報》資料室編纂的《一九四九年手冊》，封面上還留有我那時的簽名，並寫有「初中二信班」。一本是一九四九年十二月香港新民主出版社編印的《中華人民共和國開國文獻》。另外，一九六九年我在「反英抗暴」期間，為了抹黑「反動派」而編輯出版了一本書《二十年前》，輯錄了一九四九年一月到七月一些外國通訊社和香港報章刊登的關於中國的報導。通訊社和報章不具中共色彩。

1949年購買的《一九四九年手冊》。

《二十年前》第一篇，是美國的合眾社在一九四九年元旦發出的一九四八年中國的經濟回顧。電訊說：一九四八年在中國，掀起了最惡性的通貨膨脹，根據中國官方數字，這一年，國府貨幣的購買力跌了九百零三倍，美元的兌換率黑市跌三千倍。金圓券在八月取代了法幣，一元金圓券等於三百萬法幣，四八年底金圓券兌美元黑市價是一百二十比一，因此目前美元對國府貨幣，是一美元等於三億六千萬法幣，而一九四八年一月，只是一比十二萬而已。一九四七年十二月官方發表的生活指數是五萬八千，是一九三七年六月抗戰前生活指數的一倍，而今天的生活指數已增加到五千兩百三十五萬五千倍也。

美聯社一月八日報導，上海在七日一天之內，街頭收殮了八百具露屍，據約略估計，上海三個月內，已有五千以上乞丐死於凍餓。

其他報導則有各地招兵站強拉壯丁，南京政府官員擠飛機南逃，廣州忙於接待首都高官等等亂象。

中共《華商報》編的《一九四九年手冊》，開頭就說：「革命戰爭已經進入全面勝利的最後階段，新中國在成長，舊中國在死亡。」

接觸反國民黨詩歌

我早前還藏有廖鳳舒以廣東方言寫的舊體詩集《嬉笑集》，他在一九四九年寫的「廣州即景」詣趣而寫實：

「鹽都賣到咁多錢，無怪鹹龍跳上天。官府也收來路貨，賊公專劫落鄉船。剃刀刮耐門楣爛，賭棍扒多席面穿。禾米食完痲雀散，留番光塔伴紅棉。」

「鹹龍」是當時廣州對港幣的俗稱。由於金圓券天天貶值，廣州市民大都持鹹龍保值，但市面消費仍需用金圓券，因此假日黑市錢莊乘機壓價，這些店入門就要刮一筆，故被稱作「剃刀門楣」。廣東話「食得禾米多」是以農民曬穀時偷食的痲雀，來喻人多行不義，做盡壞事。達官貴人食得禾米多之後紛紛逃亡，是「禾米食完痲雀散」之意。光塔是廣州名勝，紅棉是廣州市花。

那一年，我也大量接觸反國民黨統治的詩詞、歌曲。過了幾十年後，這些詩歌居然仍適用於今日。因為寫得真好，我至今仍然記得一些。

（原文發布於二〇二一年六月十八日）

25／豬公狗公烏龜公

最先想到一九四八年前後在中國出現的文化產品，是過年時被市民偷偷貼在廣東某縣公安分局的對聯：

「公安怎樣公？豬公狗公烏龜公，公心何在，公理何存，每事假公圖利祿；分局什麼局？酒局肉局洋煙局，局內者歡，局外者苦，何時結局得安寧。」

上下聯分別以「公安」「分局」起頭。「豬公狗公烏龜公」，是憤慨之詞，等於現在香港粗話DLLM[1]。

在中國，無論是中共建政前或後，警察都叫「公安」。在世界所有地方，人民最常接觸的政府公務人員，就是警察。政通人和的社會，警察是維護治安、最直接幫助人民的公職，小朋友喜歡和尊敬「警察叔叔」。在掌權者視人民為糞土、為奴隸的威權社會，警察就是最直接執行恐怖統治的公職。中共建政之初，公安一度是安民的形象，但很快就變成專政統治的工具。

1 即粵語「屌你老母」。

警察，是「警察叔叔」，還是「豬公狗公烏龜公」的黑警，就看政權的本質，是尊重人權呢，還是視人民為奴、為專政對象。

講到警察，想起作家老舍一九三七年寫的小說〈我這一輩子〉，講北京一個從清末做到抗戰前的警察的一生。一九五〇年中共建政之初，著名電影人石揮自導自演拍成影片，將警察的一生擴展到中共建政前夕。他一輩子安分守己，奉公守法，經過幾次改朝換代，卻越來越守不住安分善良的底線。滿清時還能為市民排難解紛，也受市民尊重；到後來專權政治卻沒辦法不充當幫掌權者壓制學生運動的幫凶。影片加了解放軍解放全中國的光明尾巴。不過，一心靠攏的石揮卻在一九五七年被打成右派投海自殺，原著者老舍在一九六六年文革期間被批鬥毒打後到北京太明湖投湖自盡。

當年對腐敗政權諷刺最犀利的新詩，是〈馬凡陀山歌〉。馬凡陀諧音「麻煩多」，是詩人袁水拍的筆名。他諷刺自稱「公僕」的官員的那首〈主人要辭職〉，對任何時代的專權政治，都不失時效：

「我親愛的公僕大人！／蒙你賜我主人翁的名稱，／我感到了極大的惶恐，／同時也覺得你在尋開心！

明明你是高高在上的大人，／明明我是低低在下的百姓。／你發命令，我來拚命。／倒說你是公僕，我是主人？

我住馬棚，你住廳堂，／我吃骨頭，你吃蹄膀。／弄得不好，大人肝火旺，／把我出氣，遍體鱗傷！

大人自稱公僕實在冤枉，／把我叫做主人更不敢當。／我想辭職，你看怎樣？／主人翁的台銜原封奉上。／我情願名符其實地做驢子，／動物學上的驢子，倒也堂皇！

我給你騎，理所應當；／我給你踢，理所應當；／我給你打，理所應當。／不聲不響，驢子之相！

我親愛的騎師大人！／請騎吧！請不必作勢裝腔！／標語口號，概請節省，／民主，民主，何必再唱！」

〈萬稅〉一詩諷刺政府稅多，前頭幾句是「這也稅，那也稅；／東也稅，西也稅，／樣樣東西都有稅；／民國萬稅，萬萬稅！」〈詠國民黨紙幣〉一詩諷刺通貨膨脹：「走進茅房去拉屎，忽然忘記帶草紙。袋裡掏出百元鈔，擦擦屁股滿合適。」

同一個袁水拍，在中共建政後，卻不敢諷刺，成為「歌德派」（歌功頌德派）。一九七六年一月《詩刊》發表了毛澤東詩詞〈念奴嬌．鳥兒問答〉，有一句「不須放屁，試看天地翻覆」，把「放屁」入詩，不僅不雅，而且顯出縱意為之的權勢。袁水拍居然在《紅旗》雜誌稱頌毛「以屁入詩」「前無古人」，是「妙筆生花的傲視百代之作」。以「拍」為名的詩人，真是實至名歸，主人放個屁也說是香的。

「豬公狗公烏龜公」，種族至今繁衍不絕！

（原文發布於二〇二一年六月二十一日）

29／清早走進城，看見狗咬人

因回憶錄紙媒載體《蘋果日報》的終結，上週打斷了回憶的順序，寫了很可能是《失敗者回憶錄》的終章。現在再回到順序。此刻想到的是：人類的歷史不斷重複，災難也不斷重複，而人類從來沒有從歷史中吸取教訓。許多事情太相像了。寫回憶錄可能也只是對自己有意義而已。

一九四八年我到香港後，記憶中這一年中國的社會意識及出現的文化產品。其中廣泛流行的還有歌曲。向掌權政黨抗爭的著名歌曲有〈團結就是力量〉、〈跌倒算什麼〉，前者的名句有：「朝著法西斯蒂開火，讓一切不民主的制度死亡！」後一首的名句有：「跌倒算什麼，我們骨頭硬，／爬起來再前進！／生要站著生，／死也站著死！」

諷刺內容至今適用

諷刺歌曲最廣泛流行的有〈古怪歌〉，句子有：「往年古怪少，／今年古怪多，／板凳爬上牆，／燈草打破了鍋，／月亮西邊出，／太陽東邊落，／河裡的石頭滾呀滾上了坡。／半夜三更裡，／老虎闖進了門，／我問牠來幹什麼，牠說保護小綿羊。／清早走進城啊，／看見狗咬人哪，

／只許牠們汪汪叫，不許人用嘴來講話。／田裡種石頭，灶裡生青草，／人向老鼠討米吃，秀才做了強盜……」

這些句子的比喻，當時人人都知道指什麼。當時人們想不到的是，棄舊迎新大半個世紀後，歌詞的意義還在，現在不是仍常有「狗咬人」、「老虎說牠來保護小綿羊」這樣的事嗎？〈古怪歌〉在網上還可以找到五十年代新馬歌手竇金懷的演唱，可見那時候這歌曲已從大陸流行到海外。

另一首流行歌曲是〈茶館小調〉，這是以民間說唱敘事歌曲的風格，來針砭時弊。先是形容茶館的熱鬧，「有的談天，有的吵，／有的苦惱，有的笑！／有的談國事，有的就發牢騷。」接著是老闆出來勸茶客：「國事的意見千萬少發表，／談起了國事容易發牢騷，／引起了麻煩你我都糟糕，／說不定一個命令你的差事就撤掉，／我這小小的茶館貼上大封條……最好是，今天天氣哈哈哈，喝完茶回家睡一個悶頭覺。」接下來是滿堂大笑。說「悶頭覺，睡夠了，／越睡越糊塗，／越睡越苦惱。／倒不如乾脆，大家痛痛快快的談清楚，／把那些壓迫我們，剝削我們，不讓我們自由講話的混蛋，／從根鏟掉！」

這首諷罵國民黨政權的創作歌曲，在中共建政前很流行，建政後一直沒有看到有演唱。網上搜尋，近年有兩次有人唱，但瀏覽量只以百計，而且 YouTube 設定「停用留言功能」。為什麼不能留言呢？因為留言必然聯繫到現在——現在的社會不僅是茶館老闆擔心茶客議論國事惹麻煩，而是根本沒人敢議論國事，議論國事發牢騷甚至也不是丟掉差事或坐牢，而是會人間蒸發。

在毛澤東提出文藝為工農兵服務後，在抗戰時期的中共管治地區，也出現了一批政治正確的文學作品，其中農民出身的作家趙樹理的作品，給我較深印象。他的著名小說有《小二黑結婚》、《李有才板話》、《李家莊變遷》。《李有才板話》講紅區進行減租減息運動，地主閻恆元幕後操縱村政權反對，村中有一個愛編快板的李有才，被閻趕出村子，後在中共派員領導下，把李有才請回來，發動群眾，清算閻恆元。

李有才編的快板很有趣，我至今仍記得諷刺閻當村長十幾年的快板：

村長閻恆元，一手遮住天，自從有村長，一當十幾年。
年年要投票，嘴說是改選，選來又選去，還是閻恆元。
不如弄塊版，刻個大名片，每逢該投票，大家按一按，
人人省得寫，年年不用換，用他百把年，管保用不爛。

中共建政後不復見

語言大眾化，新鮮活潑，是當時讀者喜聞樂見的作品。不過這作品在中共建政後就不流行了。因為儘管舊時代有地主村長操縱選舉，村長一當十幾年，但畢竟還是有選舉，還是「年年要投票」；而且「不如弄塊版，刻個大名片」也只是嘲諷而已，閻家村並沒有實行。倒是在人民民主專政下，「刻個大名片」、「人人省得寫，年年不用換」的事，真是實現了。

趙樹理曾被中共譽為體現毛澤東的工農兵文學的典範。不過，在中共建政後，卻沒有寫出像以前那樣觸目的作品。到了文革時期的一九七〇年九月二十三日，趙樹理被造反派紅衛兵毒打而死，

這是中共引以為傲的農民作家的下場。

北京出版、戴光中著的《趙樹理傳》中寫過一件事，一九五一年中共中央開會討論農業合作化問題，毛澤東說：「一定要請樹理同志參加會議，別的人缺席一個兩個不要緊，趙樹理可千萬不能少。他最深入基層，最了解農民，最能反映農民的願望。」當時中央的與會者大都附和毛澤東，主張盡快合作化，趙樹理來後卻唱反調，說老百姓有了土地後，不願意急著交出土地，「願意一家一戶，自由自在地好好幹幾年後，再走集體化道路」。但三年後，他寫小說《三里灣》，卻對農業合作化大唱讚歌。在專權政治下，即使是掌權者的愛將，也沒辦法不扭曲自己向掌權者的倒行逆施唱讚歌，而即使這樣做也不能保平安，最後還是在革命政權的權爭運動中被虐打致死。

（原文發布於二〇二一年六月三十日）

30／確立我左傾思想的幾本書

一九四八年來香港在培正讀了兩年後，父親一九五〇年讓我轉校到中共領導的愛國學校香島中學。記得剛踏足這學校時，真是耳目一新，與在培正時同學間的嬉鬧、冷漠、孤單完全不同，這裡的同學老師親切友愛，就像大家庭一樣。在那裡四年，是我青少年成長和確立左傾價值觀與人生觀的關鍵時期。老師真心相信「只有共產黨和社會主義可以救中國」，這信念推動他們的教學熱誠，而整個校風就洋溢互愛互助精神。我認識了許多好同學，包括後來成為妻子的梁麗儀。

那時的左派機構，在香港居次等地位。愛國學校的老師薪資低，畢業生的社會出路狹窄，而且缺乏向上流動的機會。在這樣的機構工作、學習，所依恃的就是政治信念。

儘管教育的目的，是要學生「愛社會主義祖國」，但不是用硬銷的、不可違背的「洗腦」方式，而是循循善誘，老師和「幫助」你的同學都真誠相信他們說的一切，他們是希望你也「覺醒」「進步」，走上他們認為的光明大道。

當時閱讀的幾本書，對我政治信念的形成，起了關鍵作用。

哲學包裝政治宣傳

一本是我早前提及的艾思奇的《大眾哲學》。顯淺、生動，通俗的語言，通過許多具體故事和形象來講唯物論、辯證法、社會發展規律等等馬克思列寧主義的大道理。我讀時十四、五歲，讀後認為自己已經認識了這些哲學道理。艾思奇，原名李生萱，筆名是愛（艾）、馬克思（思）、伊理奇・列寧（奇）的意思。《大眾哲學》一九三四年至一九三五年在《讀書生活》半月刊連載，一九三六年出版單行本。從抗戰到中共建政的整個時期，在宣傳中共的思想意識上起了很大推動作用。許多年輕人不會看馬列的原著譯本，只看《大眾哲學》就認為自己已經掌握了真理，並以此成為他們的思想武器，引導他們走上追隨中共革命的道路。在國共鬥爭中，國民黨有學問的人很多，但沒有人以通俗語言、通過講哲學的方式寫出這樣的書。國民黨的對策是將此書列為禁書。現在看來，《大眾哲學》根本不是哲學，而是政治宣傳，是為達到當時中共的政治目的而寫的。

美國記者經典著作

一本是美國記者斯諾寫的《紅星照耀中國》，英文本在一九三七年出版。中譯本有許多

1938年初版、1949年重印的《長征25000里》（又名《西行漫記》）。

名稱，為了逃避國府的查禁，用得最多的書名是《西行漫記》。我少年時購入的版本，書名是《長征 25000 里》，是一九三八年出版，一九四九年重印的版本。美國記者斯諾，在一九三六年通過一些人的介紹、聯絡，進入中共西北根據地延安，進行了三、四個月的採訪後，寫成這本巨著。通過對毛澤東和中共高級領導人周恩來、彭德懷、朱德等的採訪，生動地講述了中共紅軍在國民黨圍剿中大逃亡的「兩萬五千里長征」，建立西北根據地的「民主政府」的面貌。其中最突出和生動的，是由毛澤東自述的「一個共產黨員的來歷」。後世有關毛澤東早年的成長和活動的資料，許多都來自這裡。

斯諾不是共產黨的信徒，他以自由記者的身分，帶著當時無法理解的關於革命、紅色政權、蘇區的文化政治經濟、共產黨人的信仰等疑問，如實報導他的所見所聞。在當時來說，在中國大部分地區，以至全世界，都彷彿撥開了中共的神祕面紗，展現了斯諾筆下的中國共產黨面貌。這本書迅速被譯成多國文字，並由暢銷書成為經典著作。在中國廣大地區，影響力尤其驚人。當時許多年輕人都是因為讀了這本書而奔赴紅色根據地，或直接間接為中共奪取政權效力。

在中共建政之初，我讀到這本書，也禁不住對中共革命者為建立新中國的努力無限敬佩，亦嚮往這種革命生涯。

斯諾所寫，是不是中共紅色根據地的真貌？毛澤東和其他幾位領導人的事蹟是否真實？

我想到的是，在美國作家塔奇曼所寫的《史迪威與美國在中國的經驗 1911-1945》一書中，記載了有關蔣介石夫人宋美齡對權力的看法。[1]已經嘗到權力滋味的蔣夫人這句睿智而感傷的話，可惜當時沒有被傳播。而在斯諾訪問延安後幾年，紅色政權在西北較為穩固，就開展了鬥爭運動，而我那年輕的小姑姐也在那次的所謂「搶救運動」中被批鬥，並抑鬱而死。

在中共建政後，好長的一段時間，這本當年鼓舞了無數青年投奔延安的《西行漫記》，居然沒有再重版，後來重版也只是因應斯諾再訪華而作「內部發行」。我對此未有深究，但相信必有中共認為不適宜在掌權後公諸於眾的原因。中共的政策此一時彼一時，沒有真正要堅持的理念，一切都以有利於掌權者權力為依歸。

《大眾哲學》和《西行漫記》兩本書，對中共在國共鬥爭中佔取社會意識的上風，大有幫助。對我年輕時的價值觀和人生觀有影響的另一本書，是一本蘇聯小說。

（原文發布於二〇二一年七月二日）

1 參考篇目09。

31／鋼鐵不是這樣煉成的

二〇一八年，第三十七屆香港電影金像獎中，導演楚原獲頒終身成就獎，他在獲獎感言說：「最後我送給大家我喜歡的幾句話：當你回首往事時，不因碌碌無為而悔恨，不因虛度年華而羞恥，那你就可以驕傲地說，你不負此生。」

他說的這幾句話，似甚熟悉。我想起讀中學時深受影響的一部蘇聯小說，其中被多番引用的主人公一段話：「人最寶貴的東西就是生命，生命屬於我們只有一次而已。人的一生是應該這樣度過的：當他回首往事時，不因虛度年華而悔恨，也不因過去的碌碌無為而羞恥，這樣，他在臨死的時候就能夠說：『我的整個生命和全部精力，都獻給了世界上最壯麗的事業——為人類的解放而鬥爭。』」

楚原長我三歲，我讀中學時，他應該在廣州中山大學讀書。那時中共建政不久，是實行向蘇聯「一面倒」政策的時期，在青年教育中，最被推崇的一部蘇聯小說，書名是《鋼鐵是怎樣煉成的》。作者奧斯特洛夫斯基是蘇聯紅軍的騎兵，一九二〇年秋在俄國內戰中負重傷，二十三歲時全身癱瘓，二十四歲時雙目失明、脊椎硬化。但他憑著口述請人記錄寫成這部基於個人經歷的小說。

據報導，這部在一九三三年寫成的小說，中譯本從一九五二年至一九九五年的四十四年間，一共印刷五十七次，發行兩百五十萬冊。中國教育部列為「中小學生必讀叢書」之一。楚原八十五歲還記得其中句子，而我也在六十多年後仍然記得，可見印象之深。

「我首先是屬於黨的」

小說還算寫得流暢易讀，有戰爭，有敵有友，有男女情仇，情節也緊湊。主人公名叫保爾·柯察金。他出生在當時歸屬俄羅斯帝國的烏克蘭，少年時做過苦工，一九一七年十月革命推翻沙皇，兩年後，保爾參加紅軍，擔任騎兵，並成為共青團員。在一次戰鬥中頭部負傷，右眼失明。此後，保爾積極參加共青團工作，與各種反對力量鬥爭，摻雜友情愛情，經歷嚴重傷病，年紀輕輕就成了全身癱瘓雙目失明的人。但他沒有放棄生命，而是以堅強意志在病痛中寫了一本戰爭小說，並獲出版。這樣，「保爾又拿起了新的武器，開始了新的生活」。

幾段愛情中，與他初戀情人冬妮婭的感情最具政治意識。信奉共產主義之後的保爾與冬妮婭的「小資產階級思想」格格不入，他說：「如果你認為，我首先應該屬於你，其次才屬於黨，那麼，我絕不會成為你的好丈夫。因為我首先是屬於黨的，其次才屬於你和其他親人。」兩人終於分手。

保爾以年輕而殘破的身軀去堅持為共產主義事業奮鬥，將黨的利益凌駕私人感情，這種追求理想的人生觀，總括成「人最寶貴的東西就是生命」這段讓年輕人刻骨銘心的話，對年輕人影響具感性而深邃。

碌碌無為也是人生

年輕時感情衝動，容易受「英雄」榜樣所影響，對激動人心的話語照單全收。但在人生旅途上，當遇到真正的愛情時，就知道除了自由，就沒有什麼東西可以置於真愛之上。經歷漫長的人生歷程之後，就會想到，生命只是一個過程，碌碌無為也是人生，為什麼要「羞恥」？年華終會消逝，何謂「虛度」或「不虛度」？什麼是「人類的解放」？誰付託你、授權你去「解放」？強加於他人的「解放事業」為什麼是「世界上最壯麗的事業」？而這種為人類解放而鬥爭的事業，在過去一百多年的歷史中，就是徐志摩當年預測的在不斷「製造血污海」。

小說《鋼鐵是怎樣煉成的》在蘇聯出版之初，受到評論界的冷遇。因為十九世紀俄國文學傑作甚多，這本作品與那些殿堂級作品放在一起，顯得膚淺而庸俗。後來是蘇聯通過政治力量催谷[1]，才聲名鵲起。中國在文革之後的一段思想解放時期，對這本作品也有了異議聲音。南京大學俄國文學教授余一中在一九九八年說，《鋼鐵是怎樣煉成的》對讀者來說「就像受鈷-60的照射，使昆蟲喪失生育能力一樣能使讀者失去獨立思考，喪失正常戀愛、交友、與友人相處和做有益工作的能力」；「我們的譯者、出版者不要再製造、販賣裹著糖衣、使人心靈失常的毒藥了」。

在冷漠了一個時期之後，二〇二一年中國又力推這部小說，人民網稱之為「經典流芳」，網上不收費提供全文閱讀。

歌手何韻詩在二〇一〇年推出一首歌，歌名也叫〈鋼鐵是怎樣煉成的〉，歌詞作者黃偉文，第一句是：「從頭溶掉我多災的信仰／鑄造更光更亮」。與小說同名的歌曲，卻是新時代否定前者的覺醒時代的聲音。小說真是帶來中國無數人「多災的信仰」，這「多災的信仰」也影響我二、三十年的生命，其後我努力去「從頭溶掉」它，不敢說「鑄造更光更亮」，但至少恢復了正常生活的能力，展現真正的我。

（原文發布於二〇二一年七月五日）

1952年參加校際戲劇比賽，演出話劇《白茶》（中坐者）。

1 促進增長。

32／最可愛的人即最可笑的人

一九八一年，儒學大師徐復觀教授在接受我訪問時，談到「愛國」，他說：「黨有功有過，國無功無過，一切的罪惡不能說是國家的罪惡，一切的錯誤不能說是國家的錯誤。不論國家怎麼樣，我愛國是問心無愧的。國家越困窮我越愛。」

最後這句，很可能是舊時代許多人「愛國」的感情基礎，因為國家困窮，因為受外敵欺凌，因為在國難中見到人民受苦，因為在內亂中見到人民顛沛流離，因而「愛國」之情油然而生。我小時生活在淪陷區，又在逃難時見到人們潦倒、窮困、流徙、無依，甚或死在路邊。常想起艾青的詩句：「為什麼我眼裡常含淚水／因為我對這土地愛得深沉。」

一九四八年來香港之前經過上海，見到許多市民因為瘋狂的通貨膨脹而無助。在香港閱報又知悉國民黨在大陸垮台前的亂象。一九四九年十月，中共解放軍進佔廣州，晚上士兵們都就地在馬路上睡覺，不侵擾任何民居。於是，愛國感情又與對中共新政權的期待融合在一起了。

黨國不分的教育

無論是從《大眾哲學》中學到的社會主義的基本思想，還是受《鋼鐵是怎樣煉成的》所激勵的人生觀，其實基礎都是出自從小就產生的愛國感情。而這感情亦由當時的時勢和我見到的種種現象，使我和許多人一樣，將「只有社會主義可以救中國」的意識，與共產黨的領導連結起來，變成黨國不分，愛國就等於要愛黨也。

除了個人成長經歷和形勢之外，愛中共領導的新中國，也與我和同學們當時的個人前途有關。我們讀「愛國學校」，大家都認同最光明的出路，就是回到「祖國」升大學，在大學畢業後被分配到全國各個崗位，為建設祖國貢獻自己的青春和生命。沒有什麼比這個理想更清楚、更光明、更現實了。

一九五一年〈歌唱祖國〉這首歌出現時，愛國學校各班級就都熱情地唱了起來。

談共產主義、社會主義的理論，談哲學，大概許多人都會覺得高深莫測，但從血緣出發，從鄉土出發，從文化傳統出發，很容易讓同一種族的人找到共同點。因此，中共在建政後，一直強調「愛國主義」，用「愛國」來爭取大多數人的支持，和統治的合法性。

我在進入愛國學校的時候，正值韓戰的後期，當時最紅的愛國文學讀物，是作家魏巍的《誰是最可愛的人》，它是作者在朝鮮戰場採訪數月後寫成的散文合集。稱道在朝鮮流血犧牲的抗美援朝志願軍戰士，是「歷史上、世界上第一流的戰士，第一流的人！他們是世界上一切偉大人民的優秀之花！——是我們最可愛的人！」其中一篇〈誰是最可愛的人〉在《人民日報》頭版發表，被毛澤東批示：「印發全軍」，以後進入朝鮮的志願軍就被冠以「最可愛的人」的雅號。

這本書煽情地歌頌「祖國」，其中被我寫進筆記本的句子是：「祖國呵，可見你是一切神聖美麗的東西的總稱！你不能不讓人樂於為你而生，勇於為你而死，為了你而奮發前進！」

怎可能相信有一樣東西是「一切神聖美麗的東西的總稱」呢？但在愛國熱情下，就囫圇吞棗地接受了。

戰俘變成「敵人」

一九八八年，中國軍事文學作家于勁在她的報告文學作品《厄運》中，真人實事地寫了一大批「最可愛的人」在朝鮮戰爭中被美軍俘虜，在戰俘營中為遣返中國或自願去台灣而展開殘酷與複雜的鬥爭。而最愛國、堅持要遣返中國的戰俘，回國後都受到審查、打壓、失業、無助、政治歧視，沒有人有好下場。在黨國體制中，為國流血的戰士，戰死是「英雄」，不死而淪為戰俘就是投降派，地位接近敵人。

作家魏巍一直是忠誠的毛派，二〇〇一年與其他左派人士聯署批評江澤民「七一講話」中提出的「允許企業家入黨」，指是「極其重大的政治錯誤」，這位熱情謳歌祖國的作家因而一度被軟禁。二〇〇一年美國讓中國進入世貿，中美關係趨密切，中國就將〈誰是最可愛的人〉排除於中學課本之外。二〇二〇年中美關係破裂，中國隆重舉行抗美援朝七十週年紀念儀式，這篇文章又收進中學課本了。已經在二〇〇八年去世的魏巍又再次被中共捧起。一切都是政治計算，沒有所謂「神聖美麗的東西」。

在黨國體制下，熱情謳歌「最可愛的人」，以及被愛國主義麻醉的青少年，都被黨國戲弄成為「最可笑的人」。

蘇聯有一個政治笑話——問：一共有多少種變態愛情？答：有虐待狂、被虐狂、人獸戀、孌童癖、雙性戀，還有對偉大社會主義祖國的愛。

英國哲學家羅素說：「愛國主義有令人酒醉的性能，不但對自己的國土危險，對世界也是危險的。」又說：「假如我們不想看到我們整個文明走向毀滅的話，一個偉大而艱難的責任有待我們來做，就是守護我們的心智，避免愛國主義的侵入。」

拋棄愛國主義思想，是我心路歷程中最大的轉變，其中經過許多理念的拷問。以後再詳談。

（原文發布於二〇二一年七月七日）

33／中學的青蔥歲月

帶著朦朧的「社會主義救中國」的理想，十四歲進入愛國學校香島中學，在嶄新的學習環境下，四年內向著中共化的政治思想一路狂奔。從一個普通同學，快速「進步」成為學生領袖，班常務（即班長），學校話劇組主要演員，一九五四年畢業時作為畢業生代表在講台上致辭。說是學校的「風頭躉」[1]也不過分。

愛國學校的老師大部分都負有對學生進行「思想教育」的使命。在上課期間，班主任可以課前約其中一個學生到教員休息室詳談整整一節課，正在上課的老師和同學也習以為常。班主任在同某同學單對單談話中，會親切地詢問某學生的家庭環境，除了同學之外有什麼朋友，正在讀什麼課外書，在交談中討論祖國、社會主義政治思想、將來往中國升學等等問題。班主任也會在整個學期中，在學生上課的時候到每一個同學家中探訪家長。除了與家長交流子女的問題之外，相信還會乘機了解學生的家庭政治傾向。

在校接受思想教育

同學中也有一些潛伏的共青團員，他們負有政治責任，去「幫助」思想落後或他們要在政治上培養的同學。其中有的同學曾經一度輟學，然後又回來繼續學業，他們不講去了哪裡，但其後知道是去了左派工會工作。梁麗儀在我升高二那年入學，她哥哥高我一班，我當時已經是學生領袖，她哥哥要我好好「幫助」妹妹，因為妹妹從奴化教育的英文書院轉過來。麗儀多年後告訴我說，其實她很不願意來這樣的學校，但她父親是中共地下黨員，哥哥是共青團員，他們不容許她繼續留在英文書院。她入校的那一年，她哥哥就輟學去了當左派工會的幹事，一生都做著工會的低薪和沒有向上流動機會的工作，直到退休。

我在培正時學習成績很差，進香島後在新環境下，有了進步要求，鞭策自己努力，成績也飛躍成為名列前茅。我還大量閱讀課外書，尤其讀了許多進步的中國文學作品。十六歲生日，父親送了我一套二十本的《魯迅全集》，我開始閱讀魯迅的小說、雜文。我的中國語文成績突出，也有口才。

那時候香島的老師來源，主要是一九四九年前在廣州的中山大學、嶺南大學讀書的左派青年，他們大都真正懷著社會主義、愛國主義理想，在做學生的思想工作時，我認為他們是真心相信的。

1 即「風雲人物」。

有幾個同學，主動與我接近，不斷在談話中對我作思想啟蒙，提出一些問題讓我思考，也告訴我一些有關蘇聯和新中國的實況。我醉心於這類我當時認為有深度的談話，也感覺到他們的身分不尋常，應該是與中共組織有關連。出於對中共領導革命的崇敬，我也想靠近「組織」，因此在他們的影響下積極地聯繫同學，也在對其他「落後」的同學做思想工作，並迅速上升為觸目的學生領袖。

總的來說，左派學校的政治氣氛很濃，學校教育的主要功能就是思想教育。

畢業致詞像在演戲

從高一開始，我就被吸收到學校的話劇組，演出話劇。那時領導話劇組也是歷次演出的導演，是畢業於耶魯大學戲劇系的張躡峰老師。他循循善誘的指導，是我對戲劇的啟蒙。

一九五四年中學畢業，我被提名做畢業生代表致詞。有人告訴我，在幾個班主任和老師討論人選時，有老師提到，代表人選不僅要有口才，更重要是背景純正。他認為應該選政治背景更為可靠的人選，也就是應該是共青團員。不過，我終於還是被選上了。我寫了講詞，但被老師大幅修改。站上講台的時候，我忽然覺得自己在演戲。

中學畢業後，絕大部分同學都一起到廣州參加全國高考。到了廣州，一個平常不起眼的同學，被當局定為我們的領袖，一切活動都由他帶領我們參加。我這個在香港同學中算是有威望的學生領袖，靠邊站了。這時候，有組織背景才被器重，這一點同學們都看到。

家庭背景有「污點」

那時中國的大專院校剛起步，招收香港學生還是新事。我的成績好，在學校的政治表現突出，我原以為我考取應該沒有什麼問題。但讓我非常意外的，是我居然不被錄取。我一直以為因我在考試前病了一場，影響考試成績，是成績使然。許多年以後，一位也是成績很好但也沒有錄取的老同學跟我聯繫時說，他相信是他在香島的檔案不佳，是政治落後分子，所以沒有錄取。我於是想到，我可能也是類似情況。表面上，我政治上很進步，但家境較富裕，不屬於中共所信賴的社會下層家庭。而我父親，雖然也是左派影圈中人，但實際上卻因為他在淪陷區及戰後的社會聯繫複雜，而在中共的檔案上有被懷疑的「污點」。這事情終於在幾年後被證實了。

我的高考落第，對我青少年人生是一大打擊。但從考上的同學的後來遭遇來看，我的不幸卻原來是人生的大幸。那位在高考時被中共當局信任的共青團員同學，在考進大學後，於一九五七年被打成右派，過了極其不幸的一生。

（原文發布於二〇二一年七月九日）

34／畢業即失業

塞翁失馬，焉知非福？塞翁得馬，焉知非禍？人生的禍與福、幸與不幸，往往受社會環境變遷的支配，不是我們自己可以掌控的。我十八歲參加中國高考的落第，從結果來看，可能是大幸，但在當時來說，卻無疑是天塌一樣的不幸。

一年前還在中學畢業班，我與同學們一起幻想著、探討著我們未來充滿期待的日子。充滿期待，在祖國的大學長知識，然後為建設祖國在各個角落各個行業貢獻力量。我們幻想在大西北尋找礦苗，在科學部門做研究，在窮鄉僻壤做老師，過著既不是「碌碌無為」也不是「虛度年華」的一生。而這一切，都因高考落第而一盆冷水澆下來。活躍的、忙碌的、總是在同學注目的焦點中的生活，一下子變得冷清。在香島中學四年，向著社會主義、愛國主義的理想一路狂奔，到這時候發現似乎被理想拋棄。第一次成為人生的失敗者。這種精神上和出路上的落差，對一個十八歲的青年的打擊，真是很大。

在參加高考的過程中，我領悟到自己原來在政治上不是那麼被信任。我曾經認為可以依賴的學校當局，在我接到落取通知書後，並沒有給予我對出路的意見或支援。幾個月後，部分落取的同學被安排去廣州入讀補習學校，準備來年再考。我沒有得到安排。我整日閒置家中，成為畢業即失業的青年。我去找畢業班的班主任，他說會替我留意有什麼工作可做。但拖了好幾個月都沒有著落。

找工作遇到的困難

那時候，我父母親已經離婚多年，媽媽在日本另有家庭，我姐姐在一九五〇年就回到廣州讀中學，一九五二年考上瀋陽的東北工學院，正在那裡讀書，我的兩個同父異母的弟妹，在上海依附他們的母親。從一九五一年開始，我就跟著爸爸過日子。一九五三年爸爸另娶。我原先在父親眼裡，是一個極為上進和讓他驕傲的孩子，自落第留在家中就成了沒有出息的多餘的人。我沒有錢花又不敢跟父親要。一個人在家中等吃飯等睡覺。感到前路茫茫。

有時候，我會早上去公共球場，同不相識的人打籃球，下午從尖沙咀住家走路到油麻地的中華書局，找些書站著看大半天，再走路回家。

那時在香港找工作不易，尤其是我們左派中文中學的畢業生，更難找事。另一方面，我仍然抱著愛國主義的理想，想要憑學校的介紹參加「愛國陣營」的工作，所以一直等待。眼看有些沒有去高考的同學，被安排留在學校任教師或職員，有的被介紹去了左派國資機構，而我仍然在等待。經過一兩個月後，我決心把個人前途問題放一邊，收拾心情去閱讀文學作品和文藝理論著作，也每天寫閱讀和生活札記。

投閒置散約半年，在廣州讀大學的同學回香港過寒假。那一天，畢業後沒有怎麼聯繫的梁麗儀，從火車站下車沒有回家，就到我家來探訪。她問我這半年怎麼過？對未來有什麼打算？以前在學校時是我關切她的「進步」，現在換了她關注我的前途。我們談了一個下午，我送她回家。從這一刻開始，我們在她這段寒假期間，有多次會面。她回廣州後，我們開始了通信。

終進入上海書局

一九五五年二月，班主任通知我，持一封介紹信去《文匯報》找一個叫廖源的人，他會安排我工作。跟我同去的，是班中一個普通同學，不是我那樣的活躍分子。廖源不是安排我們在《文匯報》工作，而是介紹到一家華僑資本的書店——上海書局。我後來猜想，根據中共對我父親檔案的研判，我在政治背景上是不配進入中共官營機構工作的。上海書局的總公司在新加坡，香港是分局，政治上屬於中共在香港的團結對象。

我進入上海書局的月薪一百港元，公司供食宿。開始在發行部工作，幾個月後，調到位於灣仔一座舊樓四樓的編輯部，任資料搜集和校對。廖源家住三樓，他和家人常到編輯部借打電話。一年後，他陪同紅線女、馬師曾訪北京，馬紅其後回國服務，廖也就被指派到左派電影界當領導，改名廖一原。成為一時影圈名人。

據後來了解，廖源是中共黨員，被派往領導中共外圍的民盟（中國民主同盟），而上海書局的負責人，也是香港民盟的成員，間接受中共領導。上海書局，不是中共資本的黨產機構，只屬中共的外圍。

不太被信任，進不了正式的國資機構，但反而使我有了自由成長的空間。在上海書局編輯部，我開始了人生的新階段。

（原文發布於二〇二一年七月十二日）

1956年往廣州探訪在華南師範學院的梁麗儀和在華師的其他香島同班同學。

35／我的父親

談談我的父親——李化。那時代他在影圈中算知名人士，而他的人生對我的影響也相當大。

自懂事以來，我就不喜歡父親。我小時候，他每天在外面奔忙，很少在家中見到他。十歲左右，母親就一直跟我和姐姐訴說父親的婚外情。在北平，和到香港頭兩年，我和姐姐幾乎每晚睡覺時都聽到他們爭吵。在北平，他把兩個非婚生的妹妹弟弟，帶到家中要我媽媽撫養。到香港後，他也毫不忌諱地與婚外情人在我媽媽面前招搖。媽媽說，他給的家用太少，不夠用，以致媽媽要做配音工作幫補家中開支。

李書唐伯伯那時說，我們兩姐弟，和家中常來往的朋友，都是我家的「妻黨」，也就是站在我媽媽立場、不認同父親所為的人。在我十四歲那年（一九五〇），姐姐去了廣州讀書，弟妹也被送回上海由他們的生母撫養。有一天，母親告訴我說，她過兩天就會瞞著父親離家出走，叫我不要說出來。我不僅為媽媽隱瞞，而且也鼓勵她離開。家變之後，在雙方朋友斡旋下，父母協議離婚。母親到日本，與一華僑再婚，生下我的同母異父弟弟。因此，連我在內，我實在有五個兄弟姐妹，但同父同母的是我和姐姐二人。

父親身旁女性不絕

十四歲之後，家中只我與父親二人。一九五三年，他再婚，娶了他公司力捧的影星白帆。一九五五年我在上海書局工作，因可以留宿，我就趁機離開父親，搬到書局去住。一年後，他又與白帆離異。不久，他與影星陳琦同居。一九六五年陳琦去世，他又跟另一影星同居，直到父親一九七五年病逝。除這些正式伴侶之外，還有不少關於他與其他女性的傳聞。我年輕時追求真愛，不能接受男女關係的「亂」，心理上跟父親疏離。後來社會經歷多了，認識到人的多面性和人與人關係的複雜，才知道我實在沒有資格去評斷父母的關係和他們的感情生活。

父親雖然很早就與母親關係破裂，但他對血緣親屬卻十分關懷愛護。他在家中排第二，卻是二房的長子，很早就離鄉工作，一直照顧所有的弟妹。他對四個兒女，也非常疼愛。姐姐和弟妹在陸續回大陸後，在香港的親子就只有我了。那時我在愛國學校學習和課外活動

1956年進入社會工作後，與父親合影。

很忙，他的電影事業也忙，我們很少談話。不過，我知道他在拍什麼戲，做什麼事，他也為我的學業和政治思想的進取而在友人面前炫耀。畢業即失業那半年，他有時會表現出對我的失望，但一直關心我的出路。一九七五年他在澳門病逝，那時中國的文革仍未結束，而我主辦的《七十年代》在左派中備受重視。在他最後給我的信中說：「我能親眼看到你有所成就，瞑目之一。能見到淑英、秉和都能自立，且都向正途邁進，瞑目之二。」他沒有提到另一女兒淑燕，是因為淑燕在文革開始時就寫信給他，批罵他反動，說割斷父女關係。這是讓他心痛的。淑燕後來也醒悟，覺得做錯了。實際上，我在大陸的姐弟，遭遇都不好。只有我在香港的事業仍有發展。一年後，文革結束，我的想法也在吸取教訓中漸有改變，爸爸遺言所說的我「有所成就」，應該不是他所想像的那樣了。

為家計而不斷謀變

許多年後，我清理東西，見到爸爸留下的一本老相簿，封面貼著一張紙片，上寫「一九二八至一九六五」。相簿其中一張照片後面，夾了一張紙，留下爸爸的字跡：

一九二八至一九六五，悠悠歲月，三十七年。一九二八由廣州去上海，二九年濟南、上海、北京，三一年再到濟南，轉而青島、天津、北京、上海，三二年結束流浪生活返廣州，三六年遷居香港，四〇年再遷上海，四一年去桂林，同年返港，四二年返上海，四四年去南京住一年又遷返上海，四六年遷居北京，我去瀋陽一年，四八年二月由北京返香港，直到一九六八年三月，整整二十年，雖曾赴外地，然不超過一個月，總算是定居了。

拿著這張紙條，聯繫到我記憶模糊的不斷遷徙的童年，在那昏亂動盪的時局中，父親作為一個從事戲劇工作的人士，既受政治衝擊，又為了我們一家的生存而不斷謀變，生活如碎片，遷徙如喪犬，真是夠漂泊、輾轉、辛勞了。而我在懂事時，為了他和媽媽的關係而對他冷漠，長大後又忙於追逐自己的事業，沒有跟他好好談過，沒有關注他的一生。對他來說，晚年孤寂，最親近的兒子少去探望他；對我來說，則是失去了補充我人生中少知道的一頁。不免有憾。

後來，我在一些書籍記載中，找到與父親相關的零光片羽。接下來，我要寫下我認為不可或缺的篇章。

（原文發布於二〇二一年七月十四日）

36／父親掙扎跌宕的一生

父親生前，我沒有聽他談他跌宕起伏多姿多彩的一生，這是我追悔莫及的遺憾。現只能從他的零星留言、有關書籍記載，和我的片斷記憶，去寫他生平。這既對我有意義，也反映了父親那一代人的掙扎。

李化，一九〇九年九月二十三日（農曆八月初十）出生，原名李存棠，廣東新會人。一九二七年十八歲時離鄉往廣州進入韋碧雲創辦的廣東電影學院就讀。那是中國電影業的萌芽期，選擇學電影的人極少。父親是電影學院第一期學員，三個月完成課程，隨即留校協助主持校務。學院第二期，我堂兄李晨風和後來的電影人盧敦就入學了。其後父親與妹妹李麗蓮（我姑姐）、李晨風、盧敦組織一個業餘劇團。一九二九年南國劇社到廣州演出，父親與姑姐隨南國劇社到上海，一九三〇年與作曲家張曙合作，在上海演出李麗蓮主演的新派歌劇《王昭君》。同年與李麗蓮加入天一公司，父親由場記升至副導演。時年二十一歲。在上海三年，據知這段時間，他也到濟南、青島、天津、北京等地流轉。有聲電影開始出現，一九三二年，影人鄺山笑在廣州成立的紫薇公司到上海租用天一公司的錄音設備拍攝《無敵情魔》的聲片部分，完成後與父親離開天一回廣州。父親在廣州助鄺山笑完成了《無》片，並留在廣州拍了幾部影片。其中較珍貴的是一九三三年的《炮轟五指山》，赴海南島取外景，拍攝了大量尚處原始社會的黎族片段。在廣州，他與當時紫薇的演員、我母親李幽慈相識，並於一九三四年結婚。母親原名李薇卿，生於一九一四年，二〇一三年在香港逝世。

一九三六年，父親來香港加入大觀聲片公司任導演，並成為華南影業協會總幹事。

曾發起粵語片救亡

二〇一四年香港出版的《粵語的政治》一書中記載一九三五年南京中央政府開始推廣國語運動，想要禁制粵語片，香港影界就發起「粵語片救亡運動」：「一九三六年十一月，在粵片界名人李化……等號召下，三百餘位粵片影人聚集於香港一酒家……發表聲明。」又記載一九三七年七月，香港華南影業協會派我父親在內的代表五人到南京請願緩禁粵語片。但隨即中日戰爭爆發，南京遭日軍進襲，禁粵片之事不了了之。

一九三七年盧溝橋事變後，日軍空襲廣州，當時父親率領一個攝影隊，冒空襲危險到廣州拍攝空襲中人民的流離，以喚起觀眾的愛國救亡意識。這段期間他也導演了宣揚民族主義的影片。父親生平極少當演員，但在一九三九年的抗日經典電影《孤島天堂》中卻擔任演員，而且不顧毀譽地飾演漢奸的反派角色。[1]這部影片現時在 YouTube 頻道還可以看到。

1 參考篇目12。

一九三七年，在上海當演員的姑姐李麗蓮，與後來當了毛澤東妻子的江青（藝名藍蘋）投奔中共根據地延安。父親一九三八年隨歐陽予倩赴桂林的廣西藝術館工作。在桂林時，父親大約是在延安的姑姐勸說下，安排居住香港我們家中的五弟李剛（原名李存溢）和三妹李慧蓮送桂林聯絡中共組織，輾轉前赴延安。

先後開拍國粵語片

一九四〇年我們全家遷上海，一九四一年父親又去桂林參與抗戰文化工作，一九四二年再返上海。一九四四年去南京一年又返上海。這段期間他改名李炎林營商和從事話劇活動的情況，一九四五年從淪陷區逃難到屯溪前文都談過。抗戰勝利後他在東北及天津經營電影院，很可能是那時候他仗著同國民黨政府的關係，在「接收敵產」中得到接管東北、天津一些電影院的機會，以此謀生。內戰烽火蔓延，一九四八年二月回香港。回港後再入影圈，首部執導影片為粵語片《有冤無路訴》（一九四九）。同年領導組織華南電影工作者聯合會（華南影聯）。

父親回港後，一開始就以親共的左派影人的面目出現。籌組華南影聯他是主要角色，會務聯絡也在我家，一九四九年七月開幕他致開幕詞。但隨後的領導權都在中共工委的操控中。接著父親擔任大觀片廠廠長，一九五三年創辦藝文公司拍國語片。金庸和梁羽生的新派武俠小說這時興起，一九五九年父親創辦峨嵋公司拍粵語武俠片，大多由他或李晨風執導，並以「林炎」之名任製片。他以大陸的少林寺、武當山、峨嵋山等地取景的幾部武俠片都賣座不差。一九六六年文革爆發，香港左派影業凋零，他的影片也無以為繼。一九六八年他為撙節開支，搬去澳門居住。一九七五年八月二十二日在澳門病逝。

在社會動盪中輾轉，在各種政治的干預和影響下掙扎求存，這就是父親的一生。

（原文發布於二〇二一年七月十六日）

1961年女兒出生後，父親與那時的太太陳琦到寶安觀瀾探望，妻子麗儀那時在觀瀾中學教書。

37／不被信任的挫傷

一九五五年，中共刊物《戲劇報》的某一期，刊登一篇批判胡風分子黃若海的文章，提到黃於一九四八年來香港時，與「漢奸、中美合作所特務李化」密切交往。我忘記是在大陸的姐姐還是某同學告訴我這件事。當時我在上海書局工作未久，編輯部有訂閱《戲劇報》，我翻到有關文章這一頁，發現「漢奸、中美合作所特務」這些字被塗黑了，但「李化」的名字還在，而且是同胡風分子勾連。顯然大陸版仍然保留這個污名發行。

我回家見到父親，他主動跟我提到有這樣一篇文章，他說他向香港有關方面詢問過，回答說這是誤會。我知道他不想我被這文章影響對他的觀感，但我看出他在思想感情上受到的挫傷。我問他要不要問問在北京當高幹的姑姐和叔叔，他不置可否。後來我伺機問了常來書局跟我們老闆聯絡的中共出版系統的領導人，他的回答是「香港版已經塗掉了。」「但內地版還有。」「內地有內地的需要。」即是說，這不是香港工作者力所能及的。我又問了介紹我工作的廖源，我那時視他為可以接近中共組織的導師，他的回答是：「一個人不能夠選擇自己的家庭出身，但可以選擇自己的道路。」這是那個時代左派書報中廣為傳播的說詞。這回答本身就是不反對《戲劇報》對父親的定性，並暗示我要與家庭「劃清界線」。

被指為中美合作特務

被批判的「胡風分子」黃若海，我是有印象的。一九四八年來香港後，他常在我家出現，說父親與他有密切交往也是事實。我印象中他是中共黨員，父親與他接近也就是與黨接近。在一九四九年父親拍的電影《有冤無路訴》和一九五〇年拍的《孽債》都是黃若海編劇。一九五〇年，黃就回大陸了，據知他在東北一部影片《遼遠的鄉村》（一九五一年首映）中當演員。以後的遭遇就沒有任何報導。他怎麼成為「胡風分子」也不得而知。

當時作為批判材料隨《文藝報》附送的胡風在一九五四年給中央政治局的〈三十萬言意見書〉，我讀後覺得都只是講文藝政策的問題，沒有什麼「反黨」意味，但隨後中共就開展了對「胡風反革命集團」的大批判，胡風和大批文化人被捕。接著，與此緊密相連，中共又發動全國各個領域（不是僅限於文藝界）的肅清暗藏的反革命分子運動。肅反運動共造成了數十萬人被逮捕、五萬三千多人的非正常死亡。

胡風被囚二十三年，到一九七八年獲平反釋放，他在一九八五年逝世。大批被指為「胡風分子」的作家文人，二十多年的創作生命都被糟蹋了。

父親在中共的反胡風運動中，被《戲劇報》指為「漢奸、中美合作所特務」，其中「漢奸」大概指他在淪陷區導演過由汪政權高官戴策領導的話劇演出。但若他真是「漢奸」，就不至於在一九四五年要逃離淪陷區了。至於「中美合作所」，據批判胡風的文章說，是國民黨政府與美國合作訓練特務的機構；實際上，那是二戰期間中國和美國為加強軍事情報合作、共同打擊日本，在一九四三年成立的機構，抗戰勝利後這機構就解散了。父親說他沒有聽過中美合作所這名稱。

大陸的家人全受牽連

我相信父親戰後確與國民政府的官員有聯繫，否則他也不可能到東北接管電影院。但這應該屬於謀生所需的交往，即使涉及利益輸送也不會是很大份額。

更何況，歷史進程到了今天，該如何評價汪政權，如何評價國民黨統治期間的政治社會民生呢？中國往後的走向，是人民更有權或更無權？社會是進步還是退步了？

《戲劇報》在香港發行時把關於父親的「污名」形容詞塗黑，但在大陸則保留，這種內外有別的處理，是中共延續至今的手法。即沒有固定的原則，一切都因地制宜、因時制宜。

《戲劇報》事件後，中共港澳工作的各級負責人照樣與父親聯絡，保持友好，中國新聞社社長張建南還同父親一起去印尼，父親一九五七年又到北京參加國慶。然而，生活在大陸的家人，則受到不同程度的衝擊。我姐姐那時在東北工學院就讀，她後來說，《戲劇報》的事使她受查，而且從此在政治上不被信任。父親在北京有一妹一弟，在廣州有一弟。北京的弟妹是高幹，他們按黨的指示跟父親保持不冷不熱的交往。我兩個同父異母的弟妹，生活在上海，年紀還小，但到文革發生時，他們都高中或讀專科了，妹妹受文革影響，要跟爸爸脫離關係，令父親傷心。北京姑姐一九六五年早逝，避過文革批鬥。文革時北京的叔叔和廣州的叔叔、嬸嬸，都受到父親的「黑背景」牽連，受審查以至批鬥。當然，所有通信都斷了，除了劃清界線的信。

父親一生愛國，親共，在香港被統戰、「團結」，但在中共的檔案中，他就留下「污點」，對他只有「利用」而不被信任。

（原文發布於二〇二一年七月十九日）

1951年元旦，與父親合影。

38／近親繁殖的政治傳承

一九五〇年代，父親參加過一個組織，據知是中共領導的民主黨派之一的中國國民黨革命委員會（民革）。在一九四九年中共為建立政權而舉行的第一屆全國政協中，有九名代表參加的中國國民黨民主促進會（民促），主席蔡廷鍇是一九三二年淞滬抗戰中擊退日軍的十九路軍軍長，成員中有其後任香港《文匯報》總編的李子誦，還有一個是共產黨員、被派到民促實際擔任領導的司馬文森。司馬一九四六年任中共港澳工委委員，領導和統戰當時的電影界。父親與司馬來往頗密切，大概也在這時參加民促。司馬一九四九年後回大陸，民促在一九四九年後合併到民革中。那時香港民革的名義領導人是李子誦，父親與他一直保持聯繫。父親也與一些電影人組成定期聚會的小組，參加的有李晨風、左几、秦劍、吳其敏等人，但有一個非影界的陌生人常來出席，不記得他姓什麼，相信是進行思想領導的共產黨員。

父親積極靠近中共，但中共旗下的電影公司，如鳳凰、長城、新聯，從來沒有找過他拍片，一直與他保持距離。父親組織藝文公司拍片，每年國慶節在家中設酒會慶祝，左派頭面人物也會來。一九五五年《戲劇報》事件發生後，中國新聞社社長不斷來找他傾談，後來又同他一起去印尼，通過他向當地僑領統戰。一九五七年父親被邀請去北京，那是他在中共建政八年後，首次去北京與他的弟妹和故舊會面。蔡廷鍇題了一幅字給他。文革開始，父親在大陸的親屬紛紛因他的關係而受到牽連、批鬥。六七暴動期間，他沒有被知會要一起參加「反英抗暴」鬥爭，事業和左派的朋友關係也完全隔絕。在孤寂中，一九六八年他就搬去澳門居住了。

每人都有一份檔案

我倒是在這期間漸漸在左派陣營中冒起。「反英抗暴」期間，我參與了出版界抗暴的文宣工作，可以說是被倚重的「健筆」。其後辦《七十年代》因為受到北京高層的關注，中共香港工委的領導人也開始跟我接觸。但講到我父親，他們都有保留。一九七五年父親病重，想到廣州檢查，我問香港的中共頭頭，若我同去是否可以介紹關係，有較好照顧。回答是：由他自己去吧，你不要同去了。

我相信這都同中共的檔案有關。中共最重視一個人的出身、背景，若有所謂「歷史污點」，就被列為「不被信任」戶。生活在大陸會經受一再批鬥。生活在香港或海外較幸運，但哪怕你多麼向中共靠攏，也只是「被使用」的對象，不會充分信任。在「被使用」者中，也將人分成好幾等。每個人都不知道自己的檔案有些什麼，但在中共掌控之處，檔案就緊隨每一個人。

我那時候，大致上領會到中共對父親的「定性」，但我沒有能力為他辯解，也沒有去了解父親的感受。思之有愧，亦有憾。

妻子梁麗儀無論在香港讀中學還是到廣州讀大學，她都單純為了讀書，沒有要靠近黨組織的傾向，但因為她父親是一九二九年就在香港入黨的地下黨員，她哥哥也是黨員，根正苗紅，於是在大學時就被吸收進共青團，而其他極力想要入團的同學，無論多「進步」，也一直被懷疑。她在一九七〇年因為我的關係被隔離審查，其後獲得「解放」，雖說可能與她的倔強有關，但也不排除中共組織在了解她的出身背景之後而讓她脫難。一九七四年她以「調幹」的方式來香港，雖說是對我工作的肯定和「照顧」，但相信也與她的出身有關。

出身血統論已破產

文革時有紅衛兵提出「血統論」，在大字報貼出對聯「老子英雄兒好漢，老子反動兒混蛋」。「血統論」儘管受到文革中央領導人批評，說「這樣提不策略，不利於我們爭取可以爭取的人」。但這是指「策略」，而不是指根本精神。對敵鬥爭是中共主要的思維模式，加上像影子一樣跟隨著每一個人的檔案制度，以歷史的純正清白去要求每一個人，以出身背景來決定對一個人的信任程度，可以說是中共百年不變的傳統。因此，滋生了紅二代，權貴獲家庭傳承，掌權者在這種政治「近親繁殖」中不可免地產生愚昧化趨向。

不過，隨著幾十年中共內鬥的曝光，「歷史背景論」和

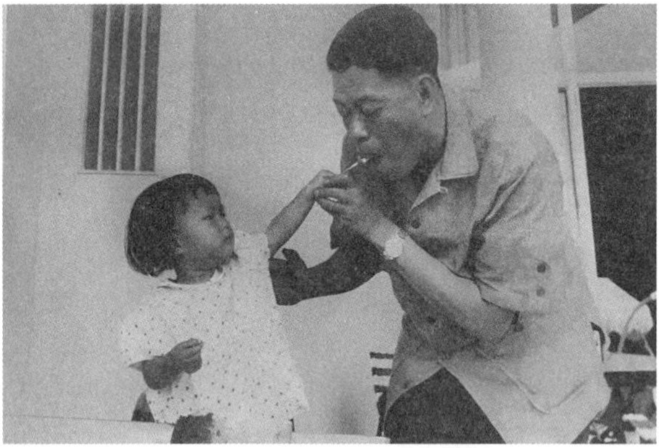

1962年，麗儀帶一歲女兒來港，孫女餵食爺爺。

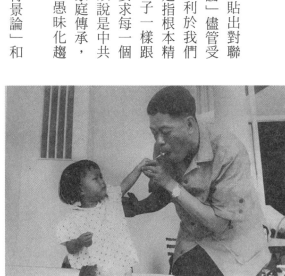

「出身血統論」實際上已宣告破產：連國家主席劉少奇，他的歷史背景都被加上「叛徒、內奸、工賊」的污名，連被黨章列為「接班人」的林彪，都被指為「陰謀家」，那麼對所有人講背景出身，講歷史污點，不是太滑稽了嗎？

由打江山而成為永續執政黨，就永續擺脫不掉對敵鬥爭的思維，在和平時期也如同置身戰爭狀態中。對內施政如此，對外關係也如此。今天自以為最被信任的人，事實上都只是「被使用」。因為政治的傳承就是近親繁殖。

（原文發布於二〇二一年七月二十一日）

39／畢生受用的禮物

一九五二年我十六歲生日那一天，父親送了一套《魯迅全集》給我作生日禮物。他那時知道我喜歡看文學著作，在學校的中文作文成績也較好。這套全集我一直保留到現在，許多本都布滿蟲蛀的痕跡，紙頁也有點脆了。

這套《魯迅全集》是中華民國二十七年六月十五日初版，民國三十七年十二月十五日三版的版本。民國二十七年是一九三八年，魯迅去世後兩年。全集二十冊，前十冊是他的著作，後十冊是他的譯作。

父親送我時，大概沒有想到，這套全集是我思想和寫作的瑰寶。我至今仍然感懷父親給我這個畢生受用的禮物。

看慣現在的白話文的青年朋友，讀魯迅的白話文書寫可能稍有扞格，但我十六歲時卻讀得津津有味。從他的小說開始讀，繼而雜文。讀魯迅，大大提升了我的中文水平和文學修養，開拓了我的視野，對社會、政治、人生有了新的思考。魯迅舊學根底深厚，又留學日本，博覽西方文學和思想論述，在他的小說和雜文中，有傳統文化的底蘊，西學的淵源，和針砭時弊的邏輯思維。離開學校進入出版界工作，我繼續讀魯迅的書。通讀了全集前十本他的著作，後十本譯作只讀了一小部分，原因是他主張忠於原著的直譯，而直譯委實讓讀者難以消化。

合群愛國自大的可哀

那時候讀到他早期著作《熱風》中的一篇〈隨感錄三十八〉：

「中國人向來有點自大。——只可惜沒有『個人的自大』，都是『合群的愛國的自大』。……『個人的自大』，就是獨異，是對庸眾宣戰。除精神病學上的誇大狂外，這種自大的人，大抵有幾分天才，也可說就是幾分狂氣……。但一切新思想，多從他們出來；政治上、宗教上、道德上的改革，也從他們發端。所以多有這『個人的自大』的國民，真是多福氣！多幸運！」「『合群的自大』，『愛國的自大』，是黨同伐異，是對少數的天才宣戰；——至於對別國文明宣戰，卻尚在其次。他們自己毫無特別才能，可以誇示於人，所以把這國拿來做個影子；他們把國裡的習慣制度抬得很高，讚美的了不得；他們的國粹，既然這樣有榮光，他們自然也有榮光了！……所以多有這『合群的愛國的自大』的國民，真是可哀，真是不幸！」

這篇發表在一九一八年十一月十八日《新青年》雜誌的文章，使我反覆思考了好久，也在筆記本中抄了下來。這段寫於一百年前的話，當時使我對「愛國主義」有了新的思考。而七十年來的中國，「個人的自大」一直被「合群的愛國的自大」所壓制，是更「可哀」、更「不幸」了。

摘錄這小段文字，就明白為什麼魯迅的雜文在今天讀來都不覺過時，也明白為什麼這位在延安時期備受毛澤東稱道的作家，他的小說、雜文近年在中國的教科書中不斷被剔除了。中國歷代的專制政權，都是植根於這種「合群的愛國的自大」中，也利用這種「自大」去凝聚民眾的奴性，經久不息，延綿至今。

1968年編集出版的魯迅語錄《魯迅論文藝》。

批判現實也批判自己

魯迅在雜文著作中，多方面多角度批判中國人的國民性，而在小說《阿Q正傳》中，就樹立了中國人劣根性的典型。在個人權利被漠視的社會，這種劣根性有時甚至不是作為負面的人性而存在。一九五七年被打成右派、被迫在農村勞動二十年的小說家高曉聲（一九二八—一九九九），在一九七九年獲平反後，有一次來港時自我嘲諷地說：「這麼多年，如果我沒有一點阿Q精神，我怎麼撐過來呀？」在座的包括我在內，都明白他這句話的苦澀含義。

文革時中共把所有的中外文化都批判為「封、資、修」，但因毛澤東曾經極力推崇，因此香港左派書店除了大量毛著之外，還有魯迅著作。我這時期又把魯迅所有的小說和雜文再讀一遍，並寫過一本叫《和青年朋友談魯迅》的書，編輯過他的語錄。魯迅晚年參加中共幕後領導的左翼作家聯盟，但他沒有被中共體制收編，反而批判左盟領導者為「拉大旗、作虎皮」的「奴隸總管」。魯迅自始至終保持獨立精神和自由思想。魯迅晚年最接近的胡風，在中共建政後的一九五五年，被打成「反革命集團」。

在我這幾十年寫的評論文章中，常會引用魯迅的語錄，也貫徹他的思想。魯迅的人道主義、否定「合群的愛國的自大」，使我在愛國主義、集體主義的侵蝕下，思想上有了抵禦的堡壘。

更使我畢生受用的是他的這句話：「我的確時時刻刻解剖別人，然而更多的是無情地解剖自己。」我後半生的思想認識的轉變，正是秉持這種批判現實也批判自己的精神而來。

（原文發布於二〇二一年七月二十三日）

40／我的文化搖籃時期

一九五五年二月，我開始了第一份工作，在香港上海書局。開始是在發行部做銷售統計和包紮書籍，兩個月後，調到位於灣仔的編輯部，做資料收集和校對。

編輯部那時人很少，總編輯趙克，編輯吳藹凡，和校對兼聯繫印刷業務的鄧耀星。我以後，又增添了兩個青年畫家：魏犼和歐陽乃霑，因為準備出版大量兒童讀物供應新馬市場，需要插圖。

我在中學時頗為自傲的廣泛閱讀和寫作能力，到了編輯部才發現自己無論知識、寫作還是閱讀層面，在這些編輯人面前，都淺薄到接近無知。趙克在香港文化圈人脈廣闊，他的學歷不知，但對中國的四書五經卻相當稔熟，人也寬容大體。吳藹凡的來歷卻真是不凡。他是畫家和小說家。抗戰前在林風眠當校長的杭州國立藝術院學繪畫。與他同在杭州藝專就讀、其後成為大畫家的有李可染、吳冠中、趙無極、朱德群等人，都是拜林風眠從法國帶回來的後印象主義和現代主義藝術流派和開放思維的影響所致。

一九三七年抗戰爆發，杭州藝專向西南轉移，林風眠離開美術教育主流，專事繪畫。吳藹凡大概在那時候奔赴延安紅色政權參加「革命」。何以後來會離開延安來香港，他諱莫如深，但據聞他不是中共「逃兵」，而是得到中共高層批准，與同在延安的妻子一起來港的。在香港也仍與中共有聯繫並獲照顧，太太被安排在中資銀行做閒職，他被安排在上海書局上半天班，其他時間就寫作。他出版過一本小說《伶仃洋恩仇記》，寫香港水上人的愛恨情仇。一九五六年李翰祥進邵氏的第一部電影，就是根據這小說改編的《海茫茫》。

開始認識現代藝術

在我那時看來，趙克和吳藹凡都知識豐厚，尤其是吳，不僅素描基礎了得，美術和美學理論也說得頭頭是道。從他那裡我獲得了許多追尋知識的入門指引，可算啟蒙老師。一九六四年香港舉行過一次「林風眠畫展」，吳藹凡邀我去看，一邊解釋林風眠的畫風，使我認識現代藝術。我跟他一直有聯繫，在主編《七十年代》之初，他以「伍繁」的筆名在我們雜誌上連載過兩個長篇小說，分別是一九七四年刊出的《水綠山青》和一九七五年的《鹽》。他為小說畫插圖，兩連載後來都出了單行本。

吳藹凡晚年移居加拿大的卡加利，幾年前我在那裡同他女兒見過面，說她父親一九九七年去世，生前畫了很多加拿大的風景畫。我一直在想，他當年放棄美術專業投奔革命是有點可惜了，否則他得到林風眠的傳承，也許會在藝術上有更大成就。後來他轉為寫作，頗有點為了生計。他在延安期間的遭遇如何不得而知，但他為人是相當膽小，對政治權力有畏懼感和保持距離，有些事比如延安生活，延安的搶救運動，他應該知道很清楚，卻從沒有說過更不用說寫出來了。

他的老師林風眠在大陸歷盡滄桑於一九七七年獲批准出國，兩年後在香港定居。那時我與林老也略有來往。一九八九年六四後，從來畫風不涉政治的林老，給了我兩幅他那時創作的題為〈噩夢〉的畫，當然不是原作而是幻燈片。我在一九八九年《九十年代》八月號刊登。這兩幅畫極為震撼。尤其想到這是出自一輩子從事現代藝術、遠離政治的九十歲老畫家之手。不過，後來所有林風眠畫冊都沒有收這兩幅畫，對他的論述也沒有人提到這兩幅畫。這兩幅可能是林風眠生平僅有的政治畫作，有點像畢加索的〈格爾尼卡〉，但就從來沒有展出過。

受惠出版旺盛時期

我進上海書局編輯部，正趕上書局為了供應新馬的需求而在香港擴大出版的時機。通過趙克的組稿，我也在編輯部接觸了許多香港作家，包括葉靈鳳、柳木下、何達、陳凡等人。後來因為投稿《文匯報・文藝版》而認識羅孚，並由他帶進左派文壇，就認識更多富才學之士了。

一九五五年前後，正是中國大陸出版業最旺盛的時候。儘管土改、三反五反、反胡適反胡風、肅反等政治運動已陸續展開，但書籍出版卻似乎不受影響。而且因為內戰停頓了好幾年，許多作家的作品和種種譯著都如雨後春筍般蓬勃湧現。此外，各種文學、歷史、哲學的刊物，所介紹的思潮和論及的問題也都新鮮和及時，文章富文采與可讀性，不似大陸後來的文章大都被政治掛帥搞到套話連篇。我因為負責收集資料，訂閱了許多大陸刊物，也不斷為資料室買大陸書籍，每天閱讀的刊物和自己想看的書，多到可說是目不暇給。

白天是為了工作而不停收集資料與閱讀，晚上就按自己的興趣繼續閱讀，然後就會給麗儀寫信，講我的閱讀心得和思想的發現與啟蒙。那幾年，是我文化知識和寫作的搖籃時期。

（原文發布於二〇二一年七月二十六日）

答讀友欄

漫長生命的重要一刻

刊出林風眠的〈噩夢〉後，《見字如見人》一書作者冼麗婷給我訊息，說看到林風眠的〈噩夢〉，感到對人的震撼，有時唯有畫作。她立刻想起畢加索的〈Guernica〉；說她在馬德里的博物館看過〈Guernica〉，應該是真跡。讀友Cecilia說，〈噩夢〉令她憤怒，顫抖。

〈噩夢〉有兩幅，當時在雜誌用跨頁刊登，中間有摺痕。想到林風眠九十高齡的畫作，逾三十年都未見有展示，沒有收進畫冊，亦沒有人再提或評論，感到應該連有摺痕的也刊登，留下歷史的一個印記。

〈Guernica〉有畢加索一脈相承的風格，但又是他受西班牙內戰中佛朗哥法西斯對西班牙共和國所轄的格爾尼卡城狂轟濫炸所刺激而畫的生平唯一的政治畫。一生畫風不涉政治現實，只以風景、動物、仕女、花卉為題材的林風眠，在〈噩夢〉中亦有他一脈相承的仕女風格，但暗黑的畫面就在他的作品中少見。

在那個時候，林風眠坐不住了，就像畢加索在格爾尼卡被濫炸後也坐不住了一樣，再怎麼與世無爭的畫家，也有這樣的一刻。在他們的漫長生命，可能這樣也只是一刻，但一刻還是要記下來，因為對他們來說，對歷史來說，這樣的一刻也許很重要。

41／情書——最早的寫作

一九五五年開始，是香港上海書局出版書籍最蓬勃的時期，主要是因應新、馬、印（印尼）的華文讀者需求。由於這些地區對中國紅色政權的防範，對中國出版物嚴格限制，以提供華文讀物為主的上海書局就要開拓書籍來源。

上海書局總局在新加坡，在馬來亞和印尼都有分局，香港分局就要負擔將大陸出版物改頭換面提供給南洋的任務。在香港的約稿和審稿，由編輯趙克和吳藹凡負責。我在編輯部起先負責收集中國的出版物，其後升任助編和編輯，主要工作就是將中國的出版物重新編輯在香港用繁體字出版。

那幾年，我編選過中國歷代詩歌、散文、小說等大部頭的選集，也編選過現代中國文學作品、西方的作家與作品集等等。因這工作，我大量閱讀中外文學作品，最令我沉醉的是中國古代詩詞，和俄國十九世紀批判現實主義小說。這些閱讀，固然給我扎下一些文化根底，也在思想上萌生了現實主義、人道主義的精神。在後來的極左思潮沖刷下，我的文學閱讀根底自自然然在思想上產生對極左的抗體，沒有完全喪失自我。

分享理想直抒胸臆

晚上我繼續閱讀，主要閱讀中國出版的許多人文雜誌，包括《人民文學》、《文藝報》、《文學評論》、《哲學研究》、《歷史研究》等刊物。不能說不受中共的文化導向所影響，但在毛澤東於一九五六年提出「百花齊放，百家爭鳴」的「雙百」方針時，「引蛇出洞」確實引出了許多真正想要通過寫作去為政治、為社會除污滌垢的作家，發表不少「干預生活」的作品。我讀到劉賓雁的《在橋樑工地上》、《本報內部消息》及續篇，和王蒙的《組織部新來的青年人》時，極感震撼，讀到一些歷史、哲學的非馬列的文章，也引發思考。我當時感到有這樣離開主流意識的批判作品和文章出現，新中國充滿希望。到一九五七年反右運動發生，我嚮往的作家、文化人被打成右派，我頓感失落，但愛國觀念令我為中共政權找藉口，覺得也許為了鞏固政權，防止思想動亂，真的需要這樣。

上世紀五十年代後半，是我密切接觸中國文化和思潮動向的時期，幾乎每天都陷入思考。另外，從五五年初開始，與麗儀頻密通信，這也可以說是我最早的寫作。

開始寫的信，不是情書，只是講些彼此生活、學習、周遭的事。我談的多是關於閱讀、文化思潮和對中國局勢的關注，而她講的是在大學的生活。她讓我知道她學習成績優秀，又是學校的體操隊員，還被吸收入共青團，成為學校重點培養的學生。慢慢我們的通信就涉及個人的理想、胸懷、情操，談思想、哲理、社會，類似幼稚版的魯迅的《兩地書》。再後來，就談到愛情，進而就是彼此的關懷愛慕。大約一年後，彼此都幾乎每天寄出一封信，就像日記一樣坦率直抒胸臆。那時寫信，跟現在發簡訊、發電郵不同，並非即時可達，而是要等幾天，從寄出一封信到獲得對這封信的回應，至少一星期以上。一星期的等待，就讓感情在期盼與思念中深化了。這樣的感情生活，是我人生中最美好的回憶。

真誠剖白予人共鳴

我後來回想這段日子，覺得我的寫作能力，在某種程度上是因寫情書而練就的。因為寫情書一定是給特定的對象看，一定要真誠，要剖白胸懷，要考慮她是否明白自己的意思，是否會引起共鳴，並估量會有何反應。所有這些，都是寫作的重要條件。許多人文章寫不好，是因為沒有考慮到讀者，往往流於自說自話。若文章只是自己懂而別人不懂，那很可能是他自己對所說的道理也未必真懂。

一日一封情書，延續到六〇年

1960年，結婚旅行於北京。

結婚。其後還有通信，但不是一日一封了。而且，變成談家事，女兒出生就講孩子。這些都不算情書了。

二〇〇八年麗儀去世後，我在悼亡文章中也提到過那些年寫情書的事。有朋友提議我拿來出版，但文革開始時她已全部燒掉。幸而燒掉，否則她一九七〇年被審查時恐怕過不了關。沒有燒的、文革開始後我給她的信，被審查她的人逐字逐句審問。但燒掉了我也覺得可惜。因為當時這些信真是寫得很用心。現在出版，說不定還會有人要看呢。

我的寫作生涯從寫情書開始，大約兩年後，於一九五七年，我向《文匯報》的「文藝周刊」投稿，並被這個有較高要求的版面取用，由此走上左派文壇。不過，經六十多年，搬幾次家後，那時的習作都失去，沒有留下來了。

（原文發布於二〇二一年七月二十八日）

42／那些年我讀的書

數年前，作家蔡瀾在一篇文章中，提到愛情小說家亦舒少女時代常愛流連在我主編的《伴侶》雜誌社，我引導她看《紅樓夢》和《魯迅全集》，《紅樓夢》「她一看數十次，背得滾瓜爛熟，看得寫了三百本愛情小說」，「但魯迅文章一看，就看壞了，別的不學，學到魯迅的罵人」。

一九六四、六五年吧，亦舒十七八歲，剛在《明報》發表《女記者手記》不久，有人介紹她給《伴侶》寫稿。她跟男朋友常來雜誌社閒聊。我沒有「引導」她，是她問我看什麼書，我就說看《魯迅全集》和《紅樓夢》。她最先找魯迅的小說看，跟我談起來，許多我沒有留意的細節她都注意到。她有沒有看魯迅雜文，我不知道，但魯迅雜文大多只針砭時弊，極少罵個人，他說過，「最高的輕蔑是無言，而且連眼珠也不轉過去」。因此，被他看得起而「有言」批評的人極少。

《魯迅全集》所含文化養分多，國學，西學，融會貫通於對人生、社會、時政的思考、評析與發現。文化界前輩、寫一手好雜文的羅孚說，他是吃魯迅奶水成長的。我想我也是，當然讀書不能照單全收，不能替代思考。

俄國文學作品的震撼

我當時的工作之一，是要根據中國出版的各種中國古代詩詞的註釋本，編選三冊《中國歷代詩選》，因此廣泛地閱讀了自《詩經》以來的中國詩歌，極為沉迷中國古代詩詞的語言、意象、情操和境界。《大公報》的前輩陳凡那時對我說，做編輯，最重要的工作之一就是起標題，而標題要起得好，讀《唐詩三百首》最有用。回看那個時代的報紙標題、電影名字，包括西片譯名，大都能瞬間吸引眼球，有好多還留下忘不了的印象，比如《亂世佳人》、《魂斷藍橋》、《劍膽琴心》等等。近二、三十年，起標題就越來越不講究甚而有點怪怪了。

閱讀中，最觸動我思想感情的，是十九世紀俄國的現實主義文學作品。其中，托爾斯泰、契訶夫、陀思妥耶夫斯基作品的人道主義、深刻反映現實，和對感情世界、對人性的解剖挖掘，都使我深感震撼。長篇小說中我讀得最仔細和寫過長篇讀後感的是托爾斯泰的《復活》。中短篇小說讀得最多的是契訶夫。一九五八年，我買了共二十七本汝龍翻譯的《契訶夫小說選集》，這套書我收藏至今。他的故事，也常被我引用到時評文章中。

醫生與沒有病的病人

比如《第六病房》。小說講的第六病房，是當年俄國收容及治療精神病人的病房。與其說是病房，不如說是監獄。陰森的鐵窗、殘酷的毒打，那些不幸的「病者」，其實就是囚徒。小說的兩個主人公，一個是「病者」格拉莫夫，另一個是醫生拉京。格拉莫夫講話既像瘋子又像正常人。他重複講人的卑鄙，踐踏真理的暴力，說第六病房的鐵窗總讓他想到強權者的愚蠢和殘酷。他被送到第六病房是因為有一次他看到一隊被押解而過的犯人，他突感恐懼和明白過來：他原來就生活在沙皇俄國這個大監獄裡，而且永遠無可逃遁。他覺得自己有一天也可能戴上手銬，被人押著送進監獄。他雖沒有什麼過失，但難道不會有人誣陷嗎？難道法院公正嗎？越想越害怕，逃避，躲閃，語無倫次，以致被人懷疑患上了妄想迫害症，送進第六病房。

另一個主人公是去治療格拉莫夫的醫生拉京。拉京剛來醫院時，想建立一種合理健全的秩序。但是他深深感到在黑暗的現實裡自己是多麼軟弱無力。於是他乾脆逃避生活，躲在家裡喝酒，看書。但是作為一個有思想的知識分子，他需要為自己的生活態度找一種解釋。久而久之，他就產生了一套對現實妥協的自欺欺人的哲學。

在病房，格拉莫夫對醫生說：「是的，我有病。可是要知道，成百上千的瘋子行動自由，因為你這蠢才分不清誰是瘋子，誰是健康人。為什麼是我和這幾個不幸的人，被關在這裡？你們醫院裡所有的壞蛋，在道德方面，比我們這裡的任何人都要卑鄙得多，為什麼我們被關起來，而不是你們呢？」

他的話使拉京受震動，他禁不住與格拉莫夫談人生、社會等話題。格拉莫夫駁斥他的「美好的時代一定會到來」是自欺欺人的人生哲學，使他也逐漸認同社會上的虛偽人群才是「瘋子」，於是他在與其他人談話中也講一些憤世嫉俗的話，他的言談被人認為是「瘋話」，最終醫院同仁指他是「瘋子」，關進第六病房，而且折磨致死。

小說告訴我們，真正有病的是病房外的人。虛構的小說所反映的才是真實的世界。

末代港督彭定康回憶他離港前視察一間精神病院，一位病者問他：「英國作為古老的民主國家，為什麼在把香港交給一個極權國家之前，沒有徵求一下香港人民的意見？」彭定康感到，精神病人問的才是「最有理性的問題」。

（原文發布於二〇二一年七月三十日）

43／在托爾斯泰中《復活》

大約一九五九年，我寫了一篇書評〈「復活」與托爾斯泰〉，在《文匯報》的「文藝周刊」刊登。文稿和剪報現在都找不到了。想起那時候真是感受很深才寫出來的。這是我難忘的一部小說。其中一些段落，我在後來寫的評論文章中，還常引用。

《復活》是托爾斯泰在他出版著名的小說《戰爭與和平》和《安娜・卡列尼娜》之後，封筆二十五年，然後於一八九九年寫成的第三部長篇小說。在這部小說中，沒有前兩部作品那麼重視細節的描畫、人物的立體，而是貫穿著托翁對社會人生的思考，是他經過長期對帝俄時代社會的觀察、對自己作為大莊園主地位和年輕時荒唐生活的反省之後，形成一套以和平、非暴力去反抗暴政和畸形社會的哲學思想。小說多層次的思想內涵，多於作為文學作品的審美價值。

被囚禁的四種人

主人公是貴族青年聶黑留道夫。他誘姦了姑媽家的侍女卡秋莎，狠心離去，而卡秋莎卻懷孕了，還被姑媽趕走，流落為妓女。後來卡秋莎涉嫌謀殺，出庭受審時，恰好聶黑留道夫是陪審員之一。卡秋莎已經認不得他了，他卻因此反省是自己害了她。卡秋莎被判刑，流放西伯利亞，聶黑留道夫出於贖罪的意念，甘願一路陪同卡秋莎流放。在漫長艱苦的流放途中，他與囚犯們密切接觸，聽他們的經歷和故事，他慢慢察覺到在自己迷人、繁華的貴族生活外，世界充滿壓迫、痛苦和野蠻，而他以前是視若無睹的。他總括當時俄國的囚犯不外是四種人：第一種是本身沒有犯罪，純然是法庭錯誤判決的犧牲者；第二種是幾乎任何人處在他們的境況下都會犯罪的人，比如面對不公平待遇而盛怒下的暴力；第三種是確實犯了罪，但相對於他犯的罪，社會對他犯的罪卻大得多；而最令人唏噓的是第四種人，他們之所以被判有罪，只不過因為他們的道德比社會上其他人高尚，這些人就是政治犯。

這樣的悲憫概括，使我讀到時相當震撼。歷史著作、法律著作都不會承認被囚的罪犯就只是這四種人，但若從人道主義的觀點看，卻不能不承認這說法確實反映了社會真實。試問有哪一種罪犯能夠離開這四種情況呢？其中的政治犯，那是所有民主國家文明國家都不存在，而只有專制政權才有的罪犯類別。政治犯不是為個人私利犯罪，而是為公眾權利發聲，或為體現公民應有權利而行動的人。在自由和人民權利受壓制的情況下，多數人啞忍，明哲保身，而政治犯選擇挺身而出。他們不僅因此遭受苦難，甚至還會受到保持沉默者的埋怨甚至攻擊。儘管政治犯的主張不是人人贊同，行為也有可議之處，人格也不無瑕疵，但他們不是為私利而犯罪，是為平民百姓的應有權利而被認為犯罪，確實如托翁所言，被治罪只是因為他們的道德在社會平均水準之上。

如果道德高尚成為被治罪的原因，那麼這個社會的走向就是道德淪喪。

開始反思無神論

接下來，托翁在小說《復活》中，用整整一章抄錄一段段的《聖經》原文，藉經文宣揚他的愛與寬恕、和平與非暴力思想。從來沒有一部小說會這樣整章抄錄《聖經》。這是小說嗎？還是一堆說教？那時年輕的我，信仰無神論，對基督教不了解也不接受，但這整章的《聖經》經文，卻深深吸引我讀下去。因為經文承接著前面鋪陳下來的故事，使人覺得只有直接訴諸關於愛與寬恕的經文，才能夠在主人公的批判現實、人道精神，和個人作為犯罪集團一員的貴族身分的悔罪找到出路。《復活》告訴我：宗教與社會、與人世的苦難緊密相連。

深沉的自省，廣闊的人道關懷，身體力行的實踐，使我讀《復活》時忍不住下淚。

托爾斯泰出生於有名的俄羅斯貴族家庭，擁有大莊園和許多農奴。年輕時酗酒、好賭、召妓、甚至感染性病，還與一名女工生了一個私生子。《復活》是他的贖罪小說。在寫這小說之前，托翁曾經說要放棄莊園主所擁有的農奴，但反而是農奴們並不情願離去。他又在白天參與農民的耕作，晚上才寫作。一九一〇年十一月十日，八十二歲高齡的托爾斯泰從自己莊園祕密離家出走，途中患肺炎，死在一個車站裡。

《復活》中他寫道：「一個是精神的人，他為自己所尋求的是對別人也是幸福的那種幸福；另一個是獸性的人，他所尋求的僅僅是自己的幸福，為此不惜犧牲世界上一切人的幸福。」

年輕時候的我，也鄙視獸性人的幸福，並追求精神人的幸福，覺得寫作就有責任批判社會的罪惡。而《復活》的宗教思想，開始使我對無神論有所反思。它可能是我精神「復活」的開始。

（原文發布於二〇二一年八月二日）

44／舊夢縈懷　不可缺的篇章

二〇〇八年十二月三十一日上午九點二十五分，她離開了。那天晚上，窗外傳來電視機發出的除夕夜的倒數聲和歡叫聲。我在房間裡只聽到一個人的啜泣。那是我自己的聲音。這以後的每年除夕，我都選擇獨留在家，去翻看照片，去懷想過去，漸漸地，從悲傷而轉化為一種享受。

那個夜晚，加另一個夜晚，我拼湊起一副對聯，置於她出殯日的靈前，聯語是：

「結緣逾半世紀情人妻子終身良朋忍令天凡永隔；

牽手近一甲子說事談心朝夕侶伴只餘舊夢縈懷。」

在我的這個長篇回憶錄中，關於她，梁麗儀，應是不可缺的篇章。

十六歲時相識

我們認識時，都是十六歲。那年她奉父兄之命，轉學到這左派學校。在開學前的迎新集會上，她穿著整齊亮麗，而不像其他女生那樣隨便。她哥哥叮囑我要好好「幫助」這個從英文書院轉學過來的妹妹。她對左派和左派學校一無所知，只是一個愛打扮的書院女。她抗拒轉校來這裡的一

與麗儀合照，1952年

個原因，是她不喜歡這裡「男不男女不女」的校服。不過她學習成績好，也願意幫助成績落後的同學，所以一年後當了班幹事。畢業後，她考進華南師範學院物理系。我留在香港。第一年春節她從廣州回港度假，下火車就直接來我家。由此，我們開始通信和交往。

他父親是一九二九年加入共產黨的香港地下黨員。麗儀回憶她小女孩時代，常有些陌生人住進她家，在痰盂中吐血，她要捧著拿去倒。她家一直經營著一家故衣店。這是現已不存在的行業，主要是從當鋪中接收一些「斷當」（即不再贖回）的舊衣物，清洗後廉價出售。這故衣店也是地下黨產，後來麗儀父親搬去廣州享高級退休待遇，這故衣鋪也就不再存在了。

麗儀哥哥在她入香島那年，就去了海員工會當幹部，也是地下黨員。在中共檔案中，她的家庭出身是最純正清白的「紅底」。

麗儀在廣州入大學後，廣東省委派人去關懷她，因此引起大學黨組織的注意。她學習成績好，又愛運動，參加學校的體操隊。在中共多次的政治運動中，她因為對政治「無知」，純粹基於中共黨組織對她的愛護，一九五六年即使黨號召「大鳴大放」，她也沒有發言去「幫黨整風」，因此沒有跌入反右的「陽謀」。

中共最喜歡這種單純、無知，一心向著黨又是紅色家庭出身的青年，幾乎是「邀請」她參加共青團，而許多從香港回去積極擁護黨、力求「進步」的同學，卻一直被拒於黨團門外。據聞中共還曾經想進一步栽培麗儀去蘇聯留學，和爭取她入黨。不過，她同我密集通信和擦出愛情火花的事，卻把她的「美好」前途耽誤了。

受「政治歧視」

那時我工作的上海書局，只算是左派「外圍」。而更重要的，那是在香港的機構，而香港，和中共境外的所有地方一樣，都屬於「海外」。中共對大陸人的「海外關係」，從敵情觀念出發，基本上不信任，政治生活中予以歧視。她有一個「海外關係」的男朋友，那就成為她的「原罪」，投下「不可靠」的暗影。

據麗儀後來告訴我，當時大學的共青團委曾經找她談過，提醒她若要有更好的前程，就應該放棄香港的男友。大學黨委又從香港左派出版界那裡找來「密報」，說我在香港正同一個出版界的女孩子密切來往，勸告麗儀「帶眼識人」，不要被感情欺騙。她一九五七年暑假回香港，她的黨員哥哥對她說：如果他是黨員，他不會同一個共青團員發展愛情關係；如果他是一個共青團員，他不會同一個「普通群眾」發展關係。

麗儀的「執迷不悟」，使她開始受到「政治歧視」，比如有些會議不讓她參加；面對大學畢業的工作分配，社會關係也成了重要考量因素。但經過多年的真誠通信，她對我已經非常了解，我的政治理念、人文思想、感情世界，她都從我的信中充分了解。她認為那些想要阻止她發展這段關係的人，絕不會比她對我更清楚。她忠於自己的感情，拒絕所有勸諭，倔強地堅持與我的關係。在畢業分配的選項中，她填下了希望到最靠近香港的寶安縣當中學教師。

所有這些政治壓力，她都輕描淡寫地在給我的信中提到，她沒有表示過她的堅持，也沒有表示過她有動搖。直到好久以後，她跟我回顧往事，才談到她那時確有過一刻的動搖，覺得她永留在大陸工作，而我在香港，兩地的政治環境如此對立，這段感情會終於很難維持。但她又立刻想到，若她放棄，這一輩子都不會快樂。而且，怎麼對得起我的付出呢？

一九五八年，她被分配到寶安觀瀾中學當老師。由這時開始，她與中共的政治漸疏離，與我就更靠近了。我們在一九六〇年結婚。

（原文發布於二〇二一年八月四日）

45／我們都覺悟得太遲了

一九五八年，麗儀分配到寶安縣觀瀾中學當老師。那時觀瀾是鄉下地方，交通不方便。香港去觀瀾，從出發到過境，再坐站站停的慢火車到「天堂圍」一站，還要走六公里的山路，大約一個多小時，才遠遠看到觀瀾中學的校址，總共需時七八個鐘頭，辛苦一整天，才能和她見面。到一九六二年，通過寶安縣統戰部長馬志民的關係，麗儀被調到深圳中學，就方便多了，但路程仍然需要三個多小時。在觀瀾，我大約一個月去一次，到了深圳，我幾乎每個星期去一次。那時公司的同事都笑我去「做禮拜」。

麗儀在大學分配工作的志願中，填上靠近香港的寶安縣，相信黨組織已經在政治上放棄她了，只因為她出身好、表現單純，我在香港也算是左派外圍，所以中共就把麗儀歸類為可以「使用」之列。雖按她的志願分配，卻是寶安縣離香港最遠的鄉下，工作上只是讓她教知識課，沒有讓她做行政工作，甚而沒有讓她當班主任。在中共機構，政治上人分幾等，傳達文件、聽上級報告、可看的「機密」資料，都有等級區別。麗儀很快知道自己處較低一級。後來她以「超齡」為由被要求離開共青團。

在政治上不求進取

在政治掛帥的社會環境中，麗儀不會有上升到管理層或調往大學深造的機會，因此她全部心血都放在教學上，學校要她教什麼，包括非專業的英文、數學甚至不在行的語文，她都自修、鑽研、傾力以赴。她口齒伶俐，語言生動，學生都喜歡她。在政治運動中，學校要求她帶學生到農村參加短期勞動，她也很負責去做，到了農村，她晚上給學生蓋被，替學生縫補破了的衣服。後來在文化大革命期間，中共號召學生向走資派當權派造反，學生在給老師的鋪天蓋地的大字報中，對梁麗儀的攻擊甚少，勉強的攻擊點是指她在農村中對學生的關懷，是「進行資產階級的反動母愛教育」。在只有「階級愛」「同志愛」的極左浪潮下，一切其他的愛包括動物世界都有的母愛，也變成是「資產階級」和「反動」了。

除做好本分的教師工作之外，麗儀在政治上不求進取，保持審慎距離。她不抗拒中共發動的政治運動，但不積極參與。文革開始，許多年輕老師都爭做「造反派」，麗儀就做當時被批評的「逍遙派」。

她極為珍愛跟我的關係，珍惜婚後的家庭，愛護女兒，是好母親。在觀瀾中學和後來在深圳中學，有好幾年的每年寒暑假，她都申請通行證來香港探親。按照中共的政策，合當批准她來港。實際上，當時申請通行證來港的人，大都不會再回去。麗儀從來沒有想過不回去。她認為「祖國」培養了她，她應該為「祖國」奉獻自己。我父親曾經在香港託人為她找到中學教席，但父親不了解，麗儀不是喜歡教書，她只是忠於自己的「愛國」信念。政治上受到一定歧視，她當然很清楚，但她覺得教好學生才最重要，而學生喜歡上她的課，她也知道。對工作，她有滿足感。每年回港兩次的情形，維持到一九六五年，期間只有約兩次受大陸政治局勢影響沒有批准她來港。一九六五年，是文革前夜的四清運動，接著文革，她再也沒有申請來港了，因為不會受理。

懷念年輕吵架時光

文革期間，學校基本停課，後來中央提出「復課鬧革命」，上的也是「革命課」，比如課堂講「革命文藝」。麗儀一直因為我這個「海外關係」而受歧視，但又抓不到她有什麼痛腳。直到一九七〇年的「一打三反」運動，大禍終於臨頭了。

一九六五年之前，每年麗儀寒暑假回港，都是我們最快樂的時日。最奇怪的是，每當寒暑假將要結束，她即將返回大陸之前，她總會藉故向我發脾氣，往往要吵一架。我起先不明所以，後來想清楚，那是她臨離開前的心情極壞所致。我讓著她，使吵架降溫。現在，我是多麼懷念年輕時吵架的體驗啊！

一九六五年以後，她不能來香港，於是我幾乎每個週末去深圳。在文革的無理性左傾思潮衝擊下，我每次回去都心情忐忑，因為不知道「革命形勢」發展到怎樣地步，不知道麗儀和兩個女兒怎樣了，甚至不知道自己在回家的兩天會有什麼遭遇。但我仍然每週回去，因為總想知道她們的情況。直到一九七〇年遇到重擊和傷痛。[1]

隔離審查結束，她獲「解放」後，她仍然用專業知識繼續在「教育革命」的縫隙中，做好教育工作。但想來香港與我團聚的意向就很強了。

那些年，我一直沒有要求她回香港定居，用中共的術語，就是沒有拖她的後腿。她如此「根正苗紅」，如此單純和愛國，對奉獻「社會主義祖國」的信念曾經如此堅持，終於在沉重打擊後想要離開，原因已很清楚。

我沒有問過她，但她一定會想到：自己覺悟得太遲了。

我不是也這樣嗎？

（原文發布於二〇二一年八月六日）

1 參考篇目01-05。

46／麗儀如何伴李怡同行

一九五八年到一九七四年，麗儀在寶安縣擔任中學教師十六年，具體工作情況我知道得很少。從她來港後仍然有幾個學生跟她密切聯繫，她離開教育工作三十多年在二〇〇八年辭世後，仍有不止一個受過她「反動母愛教育」的學生在靈堂上泣不成聲，至今仍然有讀友在我的網頁留言，說梁老師曾經教過他或她的媽媽，我相信她與學生之間的互動關係，是應該很好的。她來港後，談起教學生涯，都說每上一堂課都很大壓力，備一堂課要準備好久，這輩子不會再做教師了。由此也看出她教學非常認真。

一九七四年中共以「調職幹部」的方式，把她調來香港參加中資機構工作，實際上是讓她帶著兩個女兒來港與我團聚。為什麼會獲得這種待遇？這同我創辦《七十年代》後那幾年受到中共內部周恩來派的垂注有關，我會在以後的篇章中談到。[1] 這裡先談與麗儀生平有關的部分。

麗儀來港前，帶著兩個女兒到廣州，在一個非公開的地方，與我相聚一週，然後一起來港。到港後即擔任中資商務印書館的編輯副主任一職。對於讀物理出身、從沒有做過文字編輯工作的她來說，這職位無疑基於政治因素而不是能力因素。中共港澳工委在她來港前已經替我們一家準備了一處屬於家庭宿舍性質的居住單位，是我們付得起的廉宜租金。平日全無聯絡、也完全與出版行業無關的麗儀的黨員哥哥，就購置家具和在居處等我們入住。

政論生涯的緣起

一九七四年，是中共文革的後期，毛江的極左派力壓想挽救中國經濟崩塌的以周恩來鄧小平為首的傳統官僚派。毛江派控制著思想戰線。香港左派出版機構也籠罩著極左思潮，每天學習毛著。來自新華社的幹部常到各機構作中國革命形勢大好的報告，每天上班都要先「讀報」，指定員工只准看「正確」的《文匯》、《大公》，不准看「錯誤」的《明報》之類的「反動」報紙。在中國生活了二十年、特別經歷文革八年的麗儀，基於對大陸經濟和民生的了解，接觸到一般幹部的私下議論，使她對極左思想和政策極為抵觸。她甚至不聽新華社幹部的報告，抵制學習會和唱革命歌的集會，她向領導諷刺地問：為什麼不是只看更「正確」的《人民日報》？我們做出版工作的員工，難道可以在資訊流通的香港，關起門以為讀者都生活在大陸嗎？

她也影響我主持《七十年代》筆政的工作，告訴我中國大陸的真實情況，叫我不要只看中國自己的報導，和處於被封閉狀態的有限的境外媒體的報導。她向我指出，在《七十年代》上刊登的當時一些海外學者到中國訪問後寫的文章，是對讀者的錯誤引導。

一九七六年十月中國發生了局勢翻轉的「四人幫」被捕的消息，《七十年代》十一月號刊出

1 參考篇目67。

署名「齊辛」的〈北京事態分析〉，和十二月號的〈四人幫的上台和下台〉兩篇專文，為海外所有認同中共政權的左派讀者解除困惑。[2]這兩篇文章，實際上都是麗儀寫的初稿，我再予以修飾重寫的。這兩文，加上隨後一年以齊辛為筆名的中共局勢的分析文章，開始了我寫政論的生涯。但實際上，這些文章若不是麗儀起初稿，也是經過與她討論後的分析。署名「齊辛」，諧音「齊心」，也是「齊齊辛苦」之意。多年後，司徒華還問我，當時是否有特殊管道向我提供資訊，才寫出齊辛的文章，我對他說，真是沒有；實際上都是麗儀在大陸生活、觀察、體驗，從看到的事實中推斷其中的原委，而產生的分析。其實在大陸生活的幹部，大都看到極左派的禍害，只是不敢言而已；而香港和海外，因為與大陸隔絕，沒有真切體會，所以連司徒華，都以為我們有什麼內幕消息。

淌著彼此的心血

李怡不是我的本名，是六十多年前與麗儀談戀愛時取她名字的諧音而用的筆名，一用六十多年，已成為本名了。六十年多來，在政治運動不斷的前二十年，她受到不知多少壓力、磨難、鬥爭，迫她與我分離。但她堅持自己的選擇，對我不離不棄；後三十年麗儀伴李怡同行，對我的寫作生涯有著關鍵的影響，署名李怡或齊辛的文章也淌著麗儀的心血，有著她的支援與直接的助力。

一九七四年麗儀來港，我們一起生活了三十四年，她二〇〇八年離世。這三十四年一起生活，也同所有的夫妻一樣，有過不少的爭執。但許多人都知道，面對巨大災難，夫妻大都能夠同心，而在許多小事情上，卻往往爭吵不休，甚至彼此下不了台。而我們的情形是，一旦遇到爭執，就彼此都會想到我們的過去，覺得再怎麼不和，能夠在一起已經很難得了，可說是幾生修到的福分。這種相依相惜的關係，也許是上天對我們分離二十年再重聚的回報。

（原文發布於二〇二一年八月九日）

1961年大女兒出生，母親來寶安觀瀾家中抱孫女。

2 參考篇目82。

47／總有一把聲音說我是對的

一九七六年四月七號傍晚，我和麗儀下班回家，剛進門女兒就喊道：「鄧小平落台呀。」她是從電視上剛播出的新聞得知的。那是四五天安門事件後，毛澤東作出的「撤銷鄧小平黨內外一切職務」的決定。連小女兒都知道我們是多麼關注中國政局。因為那是對我們的工作生活有直接影響的事。

麗儀來香港頭兩年是中共的文革後期，中共黨內要求恢復舊有秩序、挽救頻臨崩潰的經濟的周恩來鄧小平的官僚派，與毛江強調要「繼續革命」和反對「復舊」的極左派，鬥爭趨尖銳化。極左派操控宣傳系統，也影響香港許多只知跟風而不知中國社會內情的左派員工。但麗儀是知道中國真實情況的。她幾乎每天都跟我談大陸政局，幫助我掌握時勢，並沒有隨著中共輿論的「批鄧」風潮起舞。

毅然放棄中資工作

一九七六年正值《七十年代》原租用的舊樓要拆，我們找到莊士敦道屬霍英東的物業，決定

1983年麗儀在日本研究所當了三個月研究員，夫妻同遊京都。

成立天地圖書公司。麗儀替我奔走集資，協助創設這個具一定規模的書店。一九七六年四人幫事件後，她投放時間精力助我分析時局，使齊辛在評論中國變局方面建立一定地位。接下來，《七十年代》的分析，漸從黨內鬥爭、反極左的層次進而探討中共整個體制的問題，尤其是批判中共的特權階層，觸怒了直接管港澳工作的北京掌權者。雜誌從受中共回朝派的歡迎轉為受壓制。而我也在海外知識人的影響下，從對中國認同，轉為「重新認識中國」的歷程。與中共反向互動的結果，就促使我帶同《七十年代》脫離左派陣營，即離開天地獨立經營。這段過程以後再細說。[1]

這裡要談的是，在這段與中共分離的認知過程中，麗儀每一步都與我同行。為此，她放棄了安

1 參考篇目84-88，100-101。

穩的中資機構的工作，中資提供的廉價居處也被收回了。這不是容易的事。我原以為麗儀會猶豫，畢竟她的家庭出身和事業基礎都源自中共黨，但實際上她很堅決。

在艱難的經濟壓力下，麗儀想依靠過去在大陸的人脈關係做生意，賺點錢協助我重建一個獨立的輿論陣地。但她的誠實使生意無成效。有一次她到北京接洽事情，還險些因我的關係被扣查。她的挫折感不比我少。

脫離中資陣營後，一向認真工作的麗儀變得有一段時間無所事事，有點落寞。一九八三年，日本亞細亞研究所同我聯繫後，邀請麗儀到日本任客座研究員三個月，其後她又在三菱總合研究所的刊物上撰寫關於中國市場的專欄。

《七十年代》一九七〇年創刊，一九八一年起獨立經營，八四年改名《九十年代》，一九九八年停刊。辦了二十八年多的政論雜誌，不用說常有些文章或採訪引起爭議。雜誌結束後我未停止過在報章上寫政論，也受過不少攻擊。在香港仍然有言論自由的保障下，不畏權勢或許不是太難，真正困難的是不畏群情：當群情洶湧地說你錯了，而你相信自己是對的，你能夠堅持嗎？

一種情感一種信任

我常想到一個故事：

在發生木馬屠城的特洛伊城遺址，考古學家發現一面古銅鏡，銅鏡後面刻了一段古怪的銘文。許多考古學家去看，卻怎麼都看不懂。古鏡就放在博物館中。二十年後，一個年輕考古學者來看銅鏡，他拿出一面普通的鏡子，照著銅鏡背後的銘文，原來只是左右倒轉寫的希臘文。鏡子一照銘文就清楚了，上面寫著：「致我最親愛的人：當所有人認為你是向左時，我知道你一直向右。」這段文字，正道出銘文何以左右倒轉的原委。

許多民族都有左卑右尊的觀念，英文的 right，既是右的意思，也是對的意思。這面銅鏡大概是美麗的海倫留給她苦命情人的，她要告訴他：儘管所有人認為他是愚蠢的，錯誤的，但她絕對相信他是對的。

這是一個杜撰的故事，卻令我想了又想。

人生的道路並非筆直順暢，挫折彎路難免。有時候是因為選擇錯，有時候是因為堅持自己的理想和是非價值而碰壁。人總要忠於自己，但忠於自己絕不等於會成功，事實上堅執己見的失敗機會更大。當輸了，失敗了，會有許多人認為你是愚蠢的，錯誤的，但若始終有一個人在你身邊說：我絕對相信你是對的。這種情感，這種信任，這種堅持，足可使人度過困乏和難關。

回顧一生的編寫生涯，受到種種批評甚至鋪天蓋地的圍剿是常有的事，但過去總有一個聲音在我身邊說，你也許不合時宜，但你是對的，也是應該這樣做的。

通常開始時這只是一個人的聲音，但這聲音太重要了。她離去後，我在困難時刻，仍然會在冥冥中聽到這聲音，於是挺起身繼續走自己的路。

（原文發布於二〇二一年八月十一日）

48／牽手近一甲子無怨無悔

文革結束後，中國右派作家獲平反，一時間湧現許多反映大陸現實陰暗面的文學作品。一九七九年我編選了一本《中國新寫實主義文藝作品選》，我在「代序」中寫了一句話：「每一個人都有更多的勇氣去忍受別人身上的痛苦。」因為人與人的感情是很難相通的，所謂「感同身受」只是趨「同」，而不可能是全「同」。寫這句話是要喚起讀者在閱讀那些故事時，有更多「設身處地」的代入感。

二〇〇八年獲知麗儀患重症至她離去，這段時間我不斷想起三十年前自己寫的這句話。讀過許多愛情悲劇，那大都是年輕人的故事，一個老者的老伴正常患病離去，算什麼悲劇？這時我才知道，儘管一向自以為理性堅強，其實也只是有勇氣忍受別人身上的痛苦，當常人都有的傷痛臨到自己身上，也會產生痛不欲生的軟弱感情。

我想起她在患重症住院初期，還有意志接受檢查治療要活下去，但當醫生都表示要放棄治療，而她身體日漸凋零以至不能站立的時候，她平靜地對我說，她想「了結」，不想再拖累我。我淌淚說千萬別這麼想，怎樣辛苦我都甘心。她真是不想成為我的負擔，但對我來說，只要她活著，就不是負擔，而是對我生存的鼓勵。

感情會在心中延續

我想起年輕跟她通信時，我們討論過我們都在看的狄更斯小說《雙城記》。故事結尾是卡頓為了他所愛的露西的幸福，甘願到獄中替換與他樣貌相似的露西的丈夫查爾斯，並代他上斷頭台。卡頓臨刑時想到的是：「我現在所做的遠比我做過的一切都美好；我將獲得的休息遠比我所知道的一切都甜蜜。」他不覺得自己為所愛的人犧牲，他上斷頭台沒有悲戚傷感，他感到的反而是美好甜蜜。那時候我們就談到，愛情是一個人的事。愛人得其人之愛，最幸福；愛人而不得其人之愛，是其次的幸福。當她受到很大壓力，要逼她選擇與我分離時，我問她，如果我們真的要分開的話，這段感情是否就終結了？她的回答是：真要分開，感情還是會在心中延續，直到永遠。

在文革期間，她受到的壓力更大，那時我們有兩個女兒，由她撫養。她不可能帶著女兒到香港，而唯一可以減少壓力的做法，就是我遷去大陸定居。我們不是沒有談過這麼做，但兩人都否定了，因為現實是我回去不知道可以做什麼，我們的生活費也無著落。她說，必要時只好在手續上離婚，等那個瘋狂的時代過去，再重新在一起。不過，這個「必要時」沒有出現，我們挺過去了。

來港後我們一起生活了三十四年，她真的相信愛情是一個人的事，對我與異性朋友來往從不過問。她說，如果一方的愛情已不存在了，為什麼還要勉強在一起呢？我問她，如果我們不是經過二十年的分離和磨難，如果一開始就生活在一起，會不會反而因許多不協調，使感情無法維持？她說，一定不會。我反躬自問，卻沒有她那麼肯定。

她離去後，在女兒居住的加拿大卡加利的墓園安葬。從二〇〇九年開始，每年春秋兩季，我都會飛越太平洋，長途跋涉，為了去她的墓前，默默懷念。若有靈魂，她的靈魂也不知飄到何處。她不可能知道我去了墓園。不過我不是為了要讓她知道才去的，我是為了自己而去的。縱使她不在，但愛仍在。這兩年因為疫情而耽擱，我一直心有戚戚然。

甘當籍籍無名的人

「愛情是一個人的事。」我寫過這樣的文章，也在電視訪問中講過。我知道許多人不認同我的看法，其實我自己也不是那麼肯定，因為世界上普遍的情形不是這樣。因愛情而犯罪遠比性犯罪更多。世上許許多多的愛恨情仇，糾纏不休，都是因為把愛情視為兩個人的事，嫉妒，要求對方以同等或更多的愛作回報，或要對方改變習慣來適應自己的習慣，這些事幾乎一定發生。我想：若是真愛，那就是一個人的事。

一九七四年她被調來香港前，中共組織曾徵求她意見，說可以把兩個女兒留在大陸，組織一定會好好照顧。她一口拒絕。

麗儀不僅協助我的事業，也愛護家庭，悉心照顧孩子，凡事她總先為我和女兒著想。她對人坦誠，雖有時過於直率和性急，但心地善良。她成就了我一定的名聲，而甘當籍籍無名的平凡人。我在此必須記下平凡人不平凡的一生。

在我們的墓碑上刻下兩行字：結緣逾半世紀不離不棄；牽手近一甲子無怨無悔。

（原文發布於二〇二一年八月十三日）

第二章

49／沒有最悲慘 只有更悲慘

我同麗儀分隔二十年的遭遇，特別是一九七〇年我們所遭受的政治重擊，現在的年輕讀者也許覺得這樣的關係既淒慘又難得，但若與許多人在大陸的遭遇相比，不但算不得什麼，而且簡直可以說是幸運了。有一位麗儀的學生留言說，一九六五年前麗儀能夠每年寒暑假來香港，是他們那時想像不到的特權。

雖然「每一個人都有更多的勇氣去忍受別人身上的痛苦」，雖然期望能夠共同生活和有完整的家庭是正常社會太普通的意願，根本談不上是什麼權利，但在專權壓力下，她的際遇，我的際遇，我們的際遇，已經算很幸運了。

一九五四年中學畢業時我們的同級同學，約有一半以上都在那一年或一年後，入讀中國的大學。他們當時都愛國熱情高漲，決心為祖國貢獻青春，但大學畢業參加工作後，都一一回香港了。留在大陸時間越久，回到香港時的失望、落寞甚至悲戚就越甚。四分一世紀後，幾乎全部投奔祖國的香港青年都回來了。回港後，在中國的學歷不被承認，基本上找不到與專業相適應的工作。有一次，我同老同學共聚，聽他們訴說那些年的遭遇，共同的結論就是作家白樺那句話：

「不是我不愛祖國，是祖國不愛我。」同學當中，越有才華的遭遇就越不堪。其中一位資質甚高的同學，我還記得他名叫丘共明，在文革時被當成現行反革命槍斃了。儘管文革後獲「平反」，但對死去的人又有什麼意義呢？

我最懷念的同學

最讓我懷念和惋惜的，是與我關係特別好的同學，他叫林秉寧。中學時他就是地下共青團員。他思想敏銳，知識廣博，引導我閱讀《大眾哲學》和其他社會科學讀物，他常跟我分析中國和世界形勢，我的思想「進步」在某程度上是由他帶動的。他沒有擔任班幹事。但在我們到廣州投考大學那兩個星期，他被中共當局任命為考生領袖，由他傳達和帶領我們參加各種活動。他的背景也就顯露了。他順利考入華南師範學院中文系。據知他一直被黨信任，積極參與政治活動。

一九五六年，毛澤東號召百花齊放百家爭鳴，黨組織要知識人「幫助黨整風」，「知無不言，言無不盡，言者無罪，聞者足戒」，林秉寧也按照黨的指示，在組織同學的討論會上，主動提出報上看到的一些「鳴放」言論，展開討論。誰料接下來是引蛇出洞的反右運動掀起，林就莫

1954年畢業典禮，身旁同學（左2）即林秉寧。

名其妙地被指他在討論會提出的話題，是右派言論，把他打成右派。跟著大學畢業，不給他分配教師的工作，而是下放農村勞動。這一去就二十多年。林的父親在美國紐約開洗衣店，在一九六〇年代已經給他辦好了移民美國的手續，但林仍然等待對他的「政策落實」，希望有一天能以他所學教育中國下一代。一九七六年四人幫倒台後，他又滿懷希望地等了兩年。到一九七九年，所有的右派都平反了，他還想爭取機會留在祖國。直至他申請到的護照和美國簽證到手，他仍然抱著最後一個希望，試探能否有做中學教師的機會。然而仍舊不得要領。終於他帶著滿頭白髮，虛度二十五年的人生最好的歲月，滿懷身心的創傷，離開了中國。在他往美國之前，我在香港與他相聚。他對過去二十多年的農村生活，隻字不提，只是不停長吁短嘆。後來，我聽說他在紐約唐人街餐館洗碟子，不懂英語，與美國社會隔離。有人說他曾被搶劫而受傷。

只剩頭顱掛骨架

除了我們那幾年，號召香港中學生回國升學之外，一九五八年大躍進時期，一些左派工會也動員香港工人回祖國參加建設，迎接社會主義建設高潮。當時我認識的一些工人也辭去香港的工作回去了。結果，同樣地，幾乎全都灰頭土臉地回香港。

二〇〇〇年《上海文學》連載、中國作家楊顯惠寫的《夾邊溝記事》，記錄了當年專門收容右派分子的甘肅夾邊溝勞改農場的悲慘故事。其中有一段記大飢荒時期一位從美國回來的右派分子：「董建義，上海人，美國哈佛大學醫學博士。一九五二年回到上海，一九五五年支援大西北到蘭州，一九五七年給領導提意見定為右派，押送夾邊溝農場勞教。一九六〇年十一月上旬餓死，時年三十五歲。記得當時他圍著被子坐在地鋪上和我說話，說他女人快到了，看來用不著我為他料理後事了。他正說著話，頭往膝蓋上一垂就死了。其妻顧曉穎（也為留美生）來後，見遺體已被割食，僅剩頭顱掛在骨架上……。」

讓人毛骨悚然！我的右派同學的遭遇與之相比，又不算什麼了。

（原文發布於二〇二一年八月十六日）

50／我的五叔

父輩的親屬中，交往較多的就是五叔李剛了。名叫李剛的人很多，五叔不是那個二〇一〇年以「我爸是李剛」的特權，在交通肇事逃逸案中所指的李剛，也不是曾任香港中聯辦副主任、其後因被指「涉嫌嚴重違紀」而被免職的李剛。五叔原名李存溢，一九二五年出生，十五歲那年從香港奔赴延安參加中共革命。在延安進入魯迅文學藝術院主修大提琴，後來成為作曲家和指揮家。四九年後在北京參加建立國家級的歌劇舞劇院，擔任行政領導工作，經歷所有的政治運動，包括受到殘酷鬥爭、虐待的文革。文革後擔任文化部藝術局局長，多次帶藝術團體到香港和外國，在文化部十二年後退休。

七二年文革期間，他被打為「黑幫」在幹校勞動，我獲邀到北京參加國慶，我提出想見五叔的要求，於是當局把他從邊遠調回北京見面。一九八〇年中國改革開放後，五叔多次來港，我們見面頗多。一九九七年他退休後，經我聯繫，在香港出版了一本回憶錄《歸處何方》。二〇〇六年我到北京在他家留連幾天。二〇〇七年一月五叔在北京病逝。

在他寫的回憶錄中，講到一九四三年在延安的「搶救運動」，他認為這場運動是由中央社會部長康生發起的。運動使不少熱血青年一夜之間成了「國民黨特務」，而他的三姐、即我的三姑姐李慧蓮被關押一年多失去自由，被輪番拷問，最後不得不被迫承認自己是「特務」。運動高潮過後，與弟弟重見，二人抱頭痛哭。不久，三姑姐就病倒了，一年後離世，死時不足二十五歲。

反右影響藝文界尤甚

從中共建政後，就不斷以運動治國來看，把「搶救運動」推到康生頭上，可能是五叔「為尊者諱」而已。他的回憶錄接著就談到了一九四九年後不斷發動的「階級鬥爭」運動。大致上說，一九五七年反右運動之後，所有的黨外知識人就鴉雀無聲了；一九五九年彭德懷上書毛澤東指出大躍進的問題和弊病，被毛發起「反右傾運動」批鬥彭德懷，牽連大批人，由此而黨內也鴉雀無聲了；到了文革在全民掀起互相揭發互相鬥爭的運動，也就使全國人民都鴉雀無聲了。

1972年訪京，與五叔五嬸和他們的女兒在他任職的中國歌劇舞劇院門前。

五叔在回憶錄中指出，歷次運動對知識分子、文學家藝術家衝擊最大的，除了文革，要算反右派鬥爭。他說他作為歌劇舞劇院的領導之一，因未能保護無辜的藝術家而深感不安。他特別提到五十年代自美回國的歌唱家張權，在反右中受到的傷害。他沒有仔細講這位歌唱家的遭遇，但提到她劃為右派後，被下放多年，晚年回到北京，住房問題也一直不能解決。她一九九三年去世，遺願是要在北京天主教堂做追思彌撒，並葬在天主教墓地。

前文談到的林秉寧、董建義，都是籍籍無名的右派分子，而鼎鼎大名的右派知識人當中，我直接認識並且作過訪談的，有三個人：電影劇本《苦戀》的作者白樺、一九五六年發表「干預生活」的作品的劉賓雁，和香港《文匯報》創辦人徐鑄成。上世紀八十年代跟這三人所作的長篇訪談，使我對中共國的認識，有很大的提升。

「這個國家愛您嗎？」

白樺在《苦戀》中寫一個歸國畫家凌晨光在中國的悲慘遭遇，他在厄運連連之後，還反對女兒隨男友出國，於是他女兒問他：「您苦苦地戀著這個國家，但是這個國家愛您嗎？」凌晨光無言以對。白樺原名陳佑華，一九三〇年出生，一九四七年即十七歲就參加了解放軍，成為軍中作家，一九五八年被打成右派，開除了軍籍。一九六四年重回軍隊。白樺被打成右派的原因，是他十五歲就左傾，十七歲就參軍，自認為出身「純潔」，不同於來自舊體制的人，他有資格真誠地、不會被人懷疑地說話。白樺在一九七九年獲平反後，仍然揭露政治生活中問題的初心不變。一九七九年發表《苦戀》，一九八一受到批判，成為文革後第一個被批判的作家，批判矛頭直指他劇本中「這個國家愛您嗎」這句話。我訪問他時，他仍然認為他的遭遇只是因為中共的政治生活處於不正常狀態，若正常就不會遇到這些事。但實際上他的遭遇，是在專權體制下正常不過的事。

跟劉和徐訪談的啟示，後文再講。[1]

五叔和三姑姐李慧蓮一九四三年回歸延安，一九五〇年代我的同級同學和其後許多香港工人回歸祖國參加建設，五叔講到的張權從美國回歸，哈佛醫學博士董建義的回歸，白樺筆下的畫家凌晨光的回歸，還有千千萬萬我們不知道的回歸，他們都是一個個具體的人，不是一堆數字，開始時或者都有一段蜜月期，隨後的遭遇是不同程度的大同小異。一九九七年香港的回歸，不僅是土地的回歸，而且是幾百萬香港市民向共產黨領導的祖國的回歸，是歷史上最大規模的一次回歸。二十四年的變遷，現在和未來的變化，前人的殷鑑正如五叔回憶錄的書名所示：歸處何方。

（原文發布於二〇二一年八月十八日）

1 參考篇目51。

51／劉賓雁的啟示

劉賓雁一九二五年出生，二〇〇五年在美國病逝。他在生命最後階段說，他作為一個自由人，生活在中國，真正做自己要做的事情不超過九年，那就是一九五六到五七那一年，和一九七九到八七那八年。

不到九年，卻用筆也用生命寫出了讓我極受影響的篇章。一九五六到五七，他寫了報告文學《在橋樑工地上》、《本報內部消息》及續篇。我讀到這些作品時是二十歲，那時我傾心文學，又受中共的「文藝必須為政治服務」所影響。劉賓雁的作品，使我認識到反映真實就是文學的靈魂，揭露和批判現實世界的不合理不公平的現象，既是文學使命，也是作家最好的「為政治服務」。《本報內部消息》中，他批評總編輯保守，不敢報導真實的社會狀況，報紙索然無味。當我正慶幸中國的文學和新聞開始可以大膽批判現實、促使社會進步時，緊接著掀起的反右運動猶如當頭一棒，我傾慕的作家劉賓雁受到鋪天蓋地的批判，而所有中國報刊，都只有片面之詞，而看不到他本人有任何回應。我相信他這時候很痛苦，厄運正降臨。

持續鞭撻中國現況

二十二年之後，文革結束兩年，我讀到劉賓雁的新作《人妖之間》，繼續鞭撻中國的官僚、特權和貪污，我在主編的《七十年代》予以全文轉載，把這篇作品推介到香港和海外，讀者的普遍反應是：中國可以發表這樣的作品，讓他們看到希望。接下來，劉賓雁又以記者身分到各地採訪，記錄許多人與事，寫下《一個人和他的影子》、《人血不是胭脂》等報告文學，而最轟動的就是《第二種忠誠》。這篇作品給劉賓雁帶來第二次厄運。他受到鄧小平點名批判，又開除黨籍。一九八八年他出國訪問，一年後發生六四事件，他也就滯留美國，沒有再回到中國去。

一九八二年，劉賓雁在美國愛荷華參加「國際寫作計畫」期間，我到美國跟他作了一次訪談。一九八八年我去洛杉磯，劉賓雁也正好在那裡訪問，於是我又同他作了一次訪談。兩次訪談都刊在我編的雜誌上。

《九十年代》1988年5月號封面。

在第一次訪談中，劉賓雁講到他的過去，被打成右派的經過和感受。他出生和成長在日本人佔領時期的哈爾濱，他記得最清楚的是，彼時彼地人們是享有言論自由的，青年作家是可以自己印書出版的。比照自己日後的「不自由」，這種印象成了他對童年生活的主要記憶。

他十四歲就接近哈爾濱的中共外圍組織，一九四四年十九歲入黨，一直在共青團工作。他也同白樺一樣，自己相信出身純正。他在一九五六年中共號召「百花齊放百家爭鳴」時，寫出批判性的報告文學，顯然他認為這是一個黨員應該盡的言責。

一九五六年發表那幾篇報告文學，廣受讀者歡迎，劉賓雁因此還獲得升級和加薪。但宣稱「陽謀」的反右運動一來，他的命運立即從天堂掉到地獄。他說他「變成一無所有。什麼都不被承認，你的革命資歷、水平、地位、貢獻……一切都不算數了」。他被開除公職，送去勞改。

在這段長達二十二年的右派分子生涯中，他感受最痛苦的是兩件事，一是你是賤民，不是一個人，誰都可以罵你，侮辱你，右派帽子摘了之後還被叫做「摘帽右派」、「改正右派」。右派分子的檔案猶如一個人的影子，如影隨形揮之不去。他認為「這種精神折磨最可怕」，像一塊石頭一直壓在心上。另一個痛苦之處，是你想做點好事，不讓你做。比如你見到一個孩子剝樹皮，你勸阻他：不能剝，樹會死的。小孩會罵你：「你管得著嗎？老右派！」二十二年的右派生涯什麼都不能做，四人幫倒台後還是被投閒置散。三十多歲到五十多歲，一生中最有用的時光，就這麼荒廢了。

報告文學的現實性

劉賓雁選擇報告文學這種形式去寫作，主要是因為在中共體制下，新聞一直是管得死死的。即使在思想最開放的八十年代，劉都說過「理論界是活了，文學界也會跟著活起來，最死的是新聞」。但劉自認是新聞記者，生平最想獻身新聞事業。在新聞管得死死的情況下，他就從文學入手，寫出既有真實背景事實，又帶文學虛構意味的故事。他寫的每一篇報告文學作品，都廣受關注，引起轟動，首先不是它的文學性，而是它的現實性。

實際上他作品的文學性很強，批判鋒芒尤其銳利。我從他的作品和生平中獲得的人生啟示，就是作為一個寫作者，一定要敢於揭發事實真相。新聞要報導真相，無法如實報導，就另闢蹊徑，從文學入手報導真相。寫評論更要基於事實真相。這世界最需要的是真相，人生最應該探求和堅持的是真相，真相就是Truth，就是真理，就是做一個真正的、忠於自己的人。

（原文發布於二〇二一年八月二十日）

52／徐鑄成的半篇文章

一九八〇年十一月，我訪問了從中國來香港的徐鑄成，其後沒有再見過他。但一次長談即記憶良久。

徐鑄成生於一九〇七年，一九九一年去世。在張季鸞、胡政之主筆政的《大公報》最輝煌時代，徐鑄成從記者做到總編輯。一九三七年上海淪陷，他到香港主持《大公報》港版業務，太平洋戰爭後從香港潛回桂林擔任《大公報》總編。戰後在上海主持《文匯報》，被國民黨查封。一九四八年到香港創辦香港《文匯報》。一九四九年中共建政，徐鑄成到北京想從事新社會的新聞事業，發現報紙不能民辦。一九五六年十月，中共中宣部力邀徐鑄成出山，讓《文匯報》復刊。但復刊不足一年，就受到毛澤東親自執筆的《人民日報》社論猛烈批判，由此掀起反右運動，徐鑄成被打成右派，當了二十二年賤民。文革結束，一九七九年平反，一九八〇年來香港為《文匯報》慶生。我的訪問就是在這段期間。

中共建政前，徐鑄成的報壇經歷可稱輝煌，他是那個時代中國新聞自由的巨擘。一九四九年以為新中國成立實現民主自由，回北京想辦報，但壯志雄心立刻「就涼了半截」。經過三十年雪藏、其中二十二年右派生涯，又不是中共黨員，我在訪問前並沒有預期他會說出超越中共允許範圍的話。然而，想不到他在沉穩中，顯露出忠實於新聞的報人本色。

專政者的花言巧語

我過去對反右的認識，以為毛澤東原意是要大鳴大放，結果鳴放的程度超過了他容忍的範圍，於是才祭起反右大旗。但據徐鑄成所說，實際情形是《文匯報》早已經收攤了，當毛號召鳴放時，經歷過「肅反」等運動，絕大多數知識人還是不敢放。這時候中共宣傳部想到《文匯報》和徐鑄成，連連找徐鑄成商量復刊，說怎樣鳴放都完全支持，徐鑄成提出十幾個骨幹名單，也全部調回來，於是一九五六年十月復刊了。復刊以後的報紙面目，徐鑄成說：「我可以狂妄一點講，是解放以後全國報紙最生動活潑的一份。」一九五七年三月，毛澤東接見新聞出版界，當面對徐鑄成說，「《文匯報》好得很，我每天首先就看《文匯報》」，「你們是琴棋書畫、花鳥蟲魚，應有盡有，辦得很好，編得也好」。接著，就組織了中國記者訪蘇團，由徐鑄成當團長。這讓徐感到受寵若驚，覺得簡直把他這個黨外人士當自己人了。

誰知從蘇聯回來，反右就來了。距離毛澤東接見他和稱讚《文匯報》不過兩個月，而這兩個月還是在徐出訪期間，實際上他沒有主持《文匯報》筆政。所以徐說，毛是五月以前就有計畫去搞反右了。目的是讓知識分子不敢講話。

徐的這段經歷，說明專政者為了不留餘地的掌握全部權力，所有的花言巧語都是預設的政治行為。過激的、矯枉過正的施政絕對不是被刺激出來的。這是第一個啟示。

第二個啟示，是我問他在國民黨時期和共產黨時期，他都因為新聞言論受害，請他比較兩個時代遭遇的異同。

他說，國民黨對知識人的迫害是餓肚皮、坐牢甚至殺害，但它在精神上沒有法子凌辱你。那時候報館被封，他回過家鄉，家鄉父老都很尊敬他，說他有骨頭。在上海里弄，居民見到他也肅然起敬。在共產黨之下，右派帽子一戴，朋友見到面趕快躲開，里弄居民不敢接近，家庭裡，除了太太，其他人包括兒子，不同程度對他都另眼相看。「這種精神上的凌辱，開始時一想起來就一身冷汗。……後來也就算了，特別文革後，連劉少奇也說是反黨，也就無所謂了。」

靠保護傘監督輿論

最後這句真夠淒涼。知識人可以窮，宋代歐陽修甚至說「文窮而後工」，但人都有尊嚴，精神凌辱使人的尊嚴沒有了底線。從被打成反黨的劉少奇來尋求個人的安慰，也許在中國真是只有靠阿Q精神才能夠活下去了。

徐老給我的第三個啟示，是對中國輿論監督的必要。他說：「中國的輿論中心，過去在上海租界。中國幾千年來專制主義形成的狀況，要比較自由一點說話，只有靠保護傘。今天中國需要輿論監督，作為一個輿論中心，暫時還只能在香港。不是看你的冷眼，而是有什麼問題也不客氣地指出來。這樣對國家是有很大好處的。」

這三點啟示，一是講權力的虛偽本質，二是講人的尊嚴，三是講輿論監督需要保護傘。三點都同我從事傳媒和寫作有關。

徐鑄成

談民辦報紙及其他

本刊記者

徐鑄成先生，一九〇七年出生，江蘇宜興人，中國著名新聞評論家。早年擔任《大公報》編輯主任、總編輯，是上海《文匯報》的開荒者和香港《文匯報》的創辦人。一九四九年九月參加開國的全國人民政協，嗣後（一九四九年底到一九五四年六月）任中共華東軍政委員會文教委員會委員及全國新聞工作者協會常務委員。一九五四年八月被選爲第一屆全國人民代表大會廣東省代表，一九五七年被打成「右派分子」，一九五八年二月被剝奪人民代表資格。一九五九年十月摘掉「右派分子」帽子。文化大革命期間繼續受到批判鬥爭，一九七六年中共宣佈撤銷文革中所加的一切罪名。一九八〇年六月中共中央正式爲之平反，發佈文件宣佈他和章乃器、龍雲、費孝通、錢偉長等二十一個「全國性影響較大的愛國人士」的「右派分子」屬於錯劃，應予改正。現任上海《文匯報》顧問，兼任上海復旦大學新聞系教授。

今年九月，徐先生來港作短期逗留。在留港期間接受本刊記者訪問，以下是根據訪問錄音整理而成。徐先生已於十一月中旬離港回內地。

□ 本刊記者問

■ 徐鑄成先生答

□ 首先請徐老先生談一談自己的辦報經歷，因為您已經默默無聞二十多年，現在二三十歲的人大都不認識您了。

■ 我起初在清華大學讀書，但沒有畢業，因為家貧轉到北京師範大學半工半讀，一邊讀書，一

·44·

《七十年代》1980年12月號。訪問徐鑄成文章。

一九八七年徐老八十壽辰，上海中共統戰部為他祝壽，統戰部長稱讚徐老「六十年新聞工作，愛國之心始終不渝」。但在一九八〇年徐老在我的訪問中卻說：「我認為我一輩子搞新聞事業，只寫了半篇文章，後面半篇被人把筆奪走了。」

一個如此剛毅、敏銳、通達和有才華的報人，半篇文章也應該珍惜。我那時想到的是，在被人把筆奪走之前，多麼艱難和風險，我也要把自己的整篇文章寫完。

（原文發布於二〇二一年八月二十三日）

53／五、六十年代的香港人

寫了許多個人成長、親屬關係，特別是與中國、與左傾思想有關的事，也許該講講香港了。

香港在中國近代史上有過重要角色：孫中山革命思想的起源，革命的醞釀，對中國歷次革命和抗日戰爭的支援，中國革命者、抗戰和戰後文化人，選擇作為避風港……香港對中國的影響和作用很大。但是，作為香港普通市民，無論是土生土長，還是大陸移民，都並不關心中國的事。關心中國的，主要是部分知識人：從大陸來的學者，從事新聞出版業的人。一般市民會關心自己在大陸的親屬，但不會關心中國的政治和社會狀況。

一九四五年香港只有五十萬人口，那時對大陸來港的移民沒有任何限制，內戰激烈的一九四八、四九年，來港移民激增，一九五〇年香港人口達兩百二十萬。那時，香港人把所有不講粵語的外省人，通稱為「上海佬」。上海佬把外省經營工商業的資金、管理、文化，帶來了香港，香港經濟開始了躍動。

一九四八年我來香港時，住九龍城，許多電影界人士都住那裡。從我家騎樓望出去，常見有人在劈木柴，那時香港還是燒柴時代。與我之前生活的上海比較，香港的硬體設施落後於上海。

我記得一九五七年，香港萬宜大廈裝自動電樓梯，許多市民還好奇跑去看，但上海戰前的百貨公司就有電樓梯了。

普遍存過客心態

來港的合法非法移民，在一九五〇年後持續增加，大約每十年香港人口增加一百萬人。大陸來港的人口，成為香港居民的主流。來港的移民與香港原居民一起，在政治平靜和法治穩定之下，過著中國人民幾千年來夢寐以求的安居樂業日子。港英提供的法律，使這裡的中國人能在基本的機會平等之下，得以各顯神通，從而創造出香港的經濟奇蹟。大陸的政治運動與社會主義均貧化對香港人沒有實在的衝擊，但領教過中共的統治強權，又看到英國對香港的統治沒有長遠計畫，因此使香港人在心理上一直存有過客心態，認為我們在香港的福氣，是「借來的地方、借來的時間」的非永久的福氣。香港是一個跳板，許多人總想著藉此跳出海外，遠離中國。

自古以來，中國人面對天災，就是逃荒；面對暴政和橫逆，就是逃亡。逃，是中國人主要的求生手段。忍無可忍的時候，中國人也極少會反抗，反抗者也極少有機會獲眾人響應，因為多數人從來就是「走為上著」。

那時的香港人享受著英國法律的保護，千方百計謀生和發展事業，但就遠離政治，既遠離中國的政治，也遠離香港的政治。港英時代市政局民選，但投票率極低。許多人都認為政治由英國人管就好，幾個華人領袖也只是做做樣子，大眾市民無謂枉自操心。五、六十年代，香港警察不但貪污嚴重，分贓規則的嚴密程度有過於警察明訂的管理規則，市民也無怨言。英國統治者大概也覺得貪污是中國人的文化，就像採取「大清律例」容許納妾一樣，都聽之由之。在英國洋大人面前，香港華人是否低一等呢？也許是的，比如在公務員升遷上不如洋人。但有什麼關係？比諸在中國人當統治者的地方，許多人還是選擇逃來香港。

報紙最反映民情

報紙是香港民情最真實的反映。

在五、六十年代，香港中文報紙數量之多，蔚為大觀。五十年代報紙售價一毫，絕大部分報紙的報頭，都以「中華民國」記年，若看到以公元紀年的，就是左報了。暢銷報紙的頭版都是港聞，極少用中國、台灣、國際新聞作頭版。那時有報壇中人概括報紙暢銷三條件：港聞不厭其詳，狗馬「生性」[1]（狗經馬經的貼士準），副刊「滋陰補腎」（各連載小說要有點鹽花，但又不過分）。

港聞最吸引市民眼球，那時沒有電視，一場醫生強姦女病人的官司，各報港聞全版詳細報導，讀者看得津津有味。頭版定大標題的編輯是搶手的人才。最經典的是報壇名人韓中旋，在一九六一年雅麗珊郡主訪港時為《明報》起的大題：「打炮廿一響，送御妹過海」，帶廣東俗語

1962年在香港，與母親、妻子和大女兒合影。

的「淫詞」，把老闆金庸嚇到去華民政務司署請罪，並即時辭退老韓。各報副刊多刊登一個個方塊的連載小說，寫手都是有才識、文筆生動、頭腦靈活又生活多姿多彩的作家，其中高雄、馮鳳三、王季友等都日寫萬字以上。他們寫稿純然為了賺稿費，不留底，不剪報，交稿就算。但實際上大都寫得很好，應有留存價值，真是可惜了。

香港報紙的面貌，正是反映了那個時代香港人的普遍心態，就是在英國法律的保護下謀生，香港話就是「搵食」。但能夠在法律保障下、無需擔憂政治災禍地「搵食」，就是百姓所求的安居樂業。不過香港人和港英政府的這種但求無災無難的心態，在一九六七年左派暴動後就改變了。

（原文發布於二〇二一年八月二十五日）

1 狗經馬經指賽狗、賽馬報刊；貼士準意為「提示準確」。

54／通俗文化的記憶

有讀友問我能不能多寫些戰後香港的事，如平日生活、物價、交通等等。

我不是寫香港歷史，也不是寫生活記事，只是寫自己記得並想記下來的事。說交通，五、六十年代港島與九龍的交通都靠渡輪，我隨父親坐汽車渡輪來往港九也不知多少次了。海底隧道和地鐵，都是七十年代才有的，相信是六七左派暴動之後，港府施政理念有改變所致。原委以後再談。[1]

物價也記不得許多了，但從報紙售價可以大體上反映當時的物價和市民生活狀況。報紙售價一毫（一角）大概維持到七十年代初。一九六三年我參與創辦的《伴侶》半月刊，每份五毫；一九七〇年我創辦《七十年代》每份七毫。

一毫子一份的報紙，那時有幾十份，可見有很多人願意投資。每間茶樓門口都有一個大報攤。許多茶客買一份報紙去嘆茶[2]，嘆一兩小時後，就在報攤補一個斗零（五分錢）去換另一份報紙帶走。

奇才寫手日產萬字

嘆報紙嘆的就是港聞、狗馬、副刊，副刊主要是追小說。因此，那個時代，副刊的小說寫手是報紙要爭奪的。副刊專欄大都是報紙老闆親自管。寫手們寫的，有偵探小說、社會言情小說，而其中，又以作家高雄在報紙寫的連載，最能反映當時的流行文化和社會思潮。高雄生於一九一八年，一九八一年去世，原名高德雄（或名高德熊），筆名有經紀拉、小生姓高、石狗公、史得等。六十年代為《明報》寫怪論用筆名三蘇，而廣為人所知。他開創了「三及第」文體，並開創以貼近時事的社會處境小說《經紀拉日記》和《石狗公自記》。在眾多為報紙寫連載的通俗作家中，高雄可說是代表人物。他寫作題材之廣、產量之多、語言風格之奇，可說無人出其右。很多市民每天閱報都為了追讀他的專欄，最多的時候，他在十多二十份報紙的副刊有連載專欄，每專欄一千字，每天寫近二萬字。每一個專欄的小說都有連續性，他的奇才是要交稿才寫，居然記得每一個專欄昨天寫到什麼情節而可以續下去。而且可以引起讀者追看。他寫稿速度極快，曾經形容是像「縫衣車」那樣，右手拿筆不動，左手將稿紙往上推，大約二十幾分鐘就「推」出一千字。比抄要快得多。一九六六年我辦《文藝伴侶》時，約過他寫連載，看過他的手稿，他字跡固然潦草，但字體大都是有古代草書所本的簡字。那時的排字工人都是辨字專家，高

1 參考篇目58-59。

2 「嘆」有「悠閒地享受」的意思，「嘆茶」是香港飲茶文化。

雄的字跡雖草但不難辨認。

另一位是著名流行曲〈今宵多珍重〉的作詞者馮鳳三，他是一九五〇年從上海來港的南來文人，以前在上海小報撰文為生，來港後成為寫稿佬[3]，他稱之為「爬格子動物」。他在《新生晚報》以馮衡的筆名寫極短（三百多字）色情小說「仕女圖」，用聊齋體的古文去寫，看不懂的人不會去看，看懂的就會津津有味，當時也吸引我去讀。他另一個寫隨筆的筆名是司明，論述見解也獨特，尤其是可以看到真正南來的上海人的觀念。他也日寫萬字，通常早上寫稿，下午就親自一家家報館去送稿。副刊稿都是二日前交，於是他在送稿的同時也順帶校閱次日要刊登的文章。

左派盡力融入社會

另一個日寫萬言的奇人叫王季友，以宋玉的筆名寫歷史人物的小說。他是寫舊體詩詞的高手，擅長以粵語入詩。他父親是舊學專家，原名陳文統的新派武俠小說家梁羽生就師承他父親，而王季友又是韓中旋學寫舊體詩的師傅。王季友以酩酊兵丁的筆名在《新晚報》每日寫兩首粵語打油詩，緊貼時事，抵死啜核[4]。我最記得一九五七年，當時結第三次婚、年方二十五歲人稱玉女的伊莉莎伯泰萊，與新婚富商米高．鐸來港，酩酊兵丁賦詩曰：「情場幾度起風波，玉女終歸變玉婆，待到美人遲暮日，能否傾倒後生哥[5]？」說「終歸」，也是事實，一時成為絕唱，玉女之名號也瞬即在媒體被玉婆代替了。

這幾個都是在金庸、倪匡之前就名聞一時的副刊寫手，而且也同時被左派報紙羅致。他們是不計左右，有稿費就寫。我當時以讀左報為主，所以對他們印象頗深。有些只跟右派報紙寫的副刊寫手，我知道他們的名字，但較少去讀。

當時的新聞界雖分左右，但中共在一九四九年已經敲定了對香港的政策是「長期打算，充分利用」，也就是為了中國的利益，願意讓英國長期在香港維持殖民統治。儘管中國大陸政治風波不絕，左派在香港的活動仍然以「團結大多數」和融入社會為主要方針。新聞之外，左派電影業和出版業，那時也盡可能融入香港社會。到六十年代中期，左派的新聞、電影、出版都較被香港市民接受，算是建立了一定的基礎，想不到一九六七年發生左派暴動，就自我毀滅了。

（原文發布於二〇二一年八月二十七日）

3 「佬」泛指男性，「寫稿佬」即以寫稿維生的人。
4 即幽默刻薄又一針見血。
5 即年輕男性。

55／左派最「香港」的短暫時光

Ann[1]推薦我去看日本電影《偶然與想像》。這部由三個短片組成的電影，其中第二部「門常開」，讓我想起了幾十年前的一段趣事。

話說六十年代有一次好幾位著名的流行作家在一起飲茶，座中有高雄、金庸、葉靈鳳等人，高雄講到寫報紙連載文章，他說，凡是寫某方面的題材寫得出色的，本人在現實中那方面一定是最不行的。寫武俠小說最好的，一定不會武打；寫愛情小說的，在愛情上大都失敗；寫色情小說的，性方面一定沒有什麼經驗；寫馬經的，賭馬輸較多；寫股經的，在股票投資上大多損手。他也自嘲寫經紀拉、寫石狗公，自己絕不懂得營商。在座作家們都笑了，具體想到每一個人，好像也真是這樣。

高雄頭腦敏銳，反應極快，對世情觀察入微。擅長寫某種題材的作家，之所以寫得天花龍鳳，正是因為現實上不在行，只略知一二，才有超越現實的想像力。讀者也愛看這種充滿幻想之作。不過超越現實卻並非沒有現實意義，相反，將現實昇華再從幻想中演繹出來的道理，可能更真實地反映人生，使讀者有所感悟。當然對流行作家來說，想像力的重要性在於吸引讀者追讀下去。

日本電影那個「門常開」故事，寫的就是一個在小說中有極露骨色情描寫的作家教授，實際上完全沒有性經驗，既在女色面前難以抑制自己，又對誘惑他的女子感到恐懼，為此而要保持「門常開」。

流行文化百花競豔

香港五、六十年代出現報紙上的流行文化百花競豔，主要原因之一是大陸風雲變幻，驅使許多具文采和頭腦敏銳之士聚集香港，為各報提供寫手；原因之二當然就是言論自由。設若有黨官來審查武俠小說的招式是否合科學，言情小說是否誨淫，社會小說會否醜化政府或公眾人物，那麼作家就無法寫，報紙也沒法辦了。

當然，更主要的原因是政治穩定。一九四九年中共就制訂了對香港「長期打算，充分利用」政策。對港英在香港的施政、管治，絕不干預。這政策由長期負責和關注香港事務的官員執掌，極少由不懂港澳的共幹調任。

一九六五年七月，我受邀參加一個出版界參訪團。這是對左派機構資深員工的獎勵活動。團員約四十人，所有交通食宿費用全由大陸招待。在北京，我們聽了幾個關於國際形勢和港澳關係的報告。我那時的印象是：報告者知識豐富、分析到位、對國際和香港有較深入了解。如果說這

1 指香港導演許鞍華。

是「洗腦」的話，以我當時的見識，是被洗了一次腦。那時作報告的人，絕不是後來一些強詞奪理、自相矛盾的為中共講話的邏輯盲可以比擬。當時負責港澳工作的最高領導者廖承志宴請了參訪團。他講廣東話，語言生動，他說代表搞港澳工作的「呢班友仔」[2]，慰問各位員工。他說對香港「長期打算，充分利用」的政策是不變的，因為要從香港取得外匯，「有利可圖」，希望大家為了祖國繼續忍受低薪的奉獻。

以當年英國在戰後的國際地位來說，如果中共對香港多所干預，英國人可能索性把香港雙手奉還，無謂背這個沒有什麼利益的包袱了。當然，後來香港人多了，香港在亞洲的地位受到重視，又當別論。據知，在一九六五年時，中國的外匯仍然有70％從香港取得。因此，無論大陸的施政怎樣多變，中共對香港的政策仍然不變，直到一九六七年。

不僅不變，中共還不斷要求香港左派機構「融入社會」。當時左派流行一個口號，叫「社會化」，要求女員工扮靚，塗口唇膏，穿花衫，要高層主管與同行打麻將交流感情。

報館電影不遺餘力

新聞界中的《新晚報》可以說是執行「社會化」的表表者。它從一九五〇年創刊以來，就依仗報館眾才子的實力，並放手向外邀稿，而暢銷一時。高雄的「石狗公自記」，葉靈鳳的「霜紅室隨筆」，酩酊兵丁的打油詩，「無牌議員」（王兆均）的怪論「橫眉語」，以及在一九五四年推出先梁羽生、後金庸的新派武俠小說，帶動各報副刊潮流。

左派電影界的長城、鳳凰、新聯，也聯合其他電影同業，不受大陸的左傾思潮干擾，拍出香

《伴侶》雜誌在1964年編輯出版《香港影星年鑑》，彙集當時全港414名影星的照片和簡歷，封面是當時四紅星：林黛、夏夢、尤敏、李麗華。

港人喜聞樂見的賣座電影，擁有一批紅星。

我那時是左報副刊的作者，與《文匯報》副刊的吳羊璧在閒談中，講到想辦一份在媚俗與一本正經之間別樹風格的年輕人刊物，取名《伴侶》，一九六三年一月一日創刊，定價五角。畫家王鷹是合夥人。我徵求左派出版界領導人的意見，他表示在印刷發行上予以支持。創刊後一紙風行。

一九六七年前，儘管大陸來港的難民潮不絕，儘管左派仍然受主流社會排擠，但左派在各行各業，大都努力融入香港社會，而香港多數人對左派也不抗拒。左派與香港人的這種關係，以後再也見不到了。

（文章發布於二〇二一年八月二十九日）

---

2 即「這班人」，用「友仔」形容同僚是有意拉近各人關係。

56／從《伴侶》到《文藝伴侶》

一九七四年，保釣運動健將、台灣作家郭松棻同他父親郭雪湖第一次到中國大陸旅行，途經香港時，我問松棻有什麼需要。他說他爸爸是畫家，想在香港找一個學畫時的老朋友，叫任大漢。我說，我認識一個畫家叫任真漢。郭先生說就是他。於是我聯絡任老，他一聽是郭雪湖，立即趕來。在灣仔帆船酒店見面，兩個老人拉著手，高興得像小朋友見面一樣。

郭雪湖是台灣知名畫家，任真漢原籍廣東花縣，二人分別是一九〇八、一九〇七年出生的同代人。任真漢原名任瑞堯，七歲時隨家人去台灣，在台灣拜畫家蔡雪溪為師習畫，賜號「雪崖」，與郭雪湖是師兄弟。後來去日本習油畫。在台灣和大陸輾轉多年，戰後落腳香港。任真漢幼時因病失聰，但能讀懂廣東話、台灣話和日本話的唇語，並能講話回應。他憑自學而擅長寫作，又懂得醫療生理知識。當時在香港難以憑畫畫糊口，於是在報上寫專欄，也是多產作家之一。其中最為人知的，是以忽庵筆名寫的歷史小說《西太后》和《武則天秘錄》；他用筆名莊綺寫少女的生理問題專欄「女兒經」和「莊綺信箱」，也受歡迎。一九六三年創刊的《伴侶》半月刊，邀他寫「新女兒經」，許多少女讀者追讀，卻不知道這位莊綺姐姐是一個五十多歲的老頭。

不知道是否因為同郭雪湖重新聚首的關係，任真漢其後又以極大精力投入繪畫生涯，而且還當起裱畫專家。他在一九九一年去世。去世前兩年，他應邀回到他的畫家生涯起點的台北大稻埕舉辦個人畫展。畫展名為「聾仙任瑞堯無聲詩畫展」。直到現在，任真漢的畫仍然在繪畫市場有價，藝術成就也得到藝評界肯定。

創辦輕文藝少女月刊

一九六三年，我與吳羊璧創辦《伴侶》，主要的寫手開始是靠我們二人，以及畫家王鷹（王綺薇）的插圖配合，其後約稿範圍擴大到舒巷城、陶融（何達）、亦舒以及新崛起的年輕寫作者。讀者對象鎖定少男少女，更以少女為主，因為那個時代香港社會開始有較多的女性就業機會，工廠妹、白領妹、學生妹，愛幻想，嚮往愛情，有感情苦惱，也有閱讀文學作品的需求。純文藝，未必能吸引眾多感情迷濛的少男少女，而較沒有深度或者可以說是「輕浮」的「文藝性」刊物，就是《伴侶》的定位。專欄作家馮鳳三說，音樂有「輕音樂」，那麼《伴侶》也可以稱為「輕文藝」了。

我在《伴侶》寫愛情小說，散文詩，也介紹一些大部頭的世界文學名著的精華，講中外名人情史。用得較多的筆名是「舒樺」。

一九六六年，在《伴侶》銷路穩定並有微利的基礎上，我們創辦純文藝的《文藝伴侶》月刊。

《文藝伴侶》刊載了舒巷城的詩與小說、史得（三蘇）連載小說《不及格的人》、盧景文畫插圖，亦舒的小說及散文、李英豪的荒誕劇介紹、何達的詩與詩評、柳木下的詩與翻譯等等。更邀得葉靈鳳主持「文學信箱」，為有志從事文藝創作的青年提供指導。《文藝伴侶》最終無法打開銷路，更因只有我是全職，一個月出三本雜誌也真是吃力，因此只出版了四期便告停刊。

伴侶出版社出版了不少單行本，包括我的小說《當他再來的時候》和《生活的陰影》等，舒巷城的《我的抒情詩》和小說集《倫敦的八月》。他說這本書是他「歷年來所寫小說中最喜愛的幾篇」。我們在一九六四年和一九六七年又編輯了兩本《香港影星年鑑》，一九六四年版列名了四百一十四位香港演員及其簡歷，一九六七年版列名的影星就有四百八十二人。為當年的影界留下一個記錄。

《伴侶》、《文藝伴侶》雜誌書影。

融合香港社會的幾年

一九六七年，左派掀起暴動。新聞、電影、出版的社會文化活動一下子變得左右分明，中性的文化很難有生存的空間。羊璧固然要全力在《文匯報》工作，而這時出版界的領導人也向我提出將《伴侶》轉讓給中共直轄的機構「青年樂園」系統經營，我回到上海書局工作。在當時的社會環境下，我們幾個創辦人也覺得經營下去不易，於是同意安排。轉讓後，我仍然為《伴侶》寫過一陣稿，大約一年後，接手的人也辦不下去了。

從一九六三到一九六七，是我在左派出版業中，最能夠與香港社會融合的幾年。算是創出成績。《伴侶》雖無疾而終，但那幾年也把我的編輯寫作能力作了很好的磨練。

五、六十年過去了，一些舊刊和舊書我也沒有留存下來。不過，近年還遇見兩個記得《伴侶》雜誌的讀友，雖未見面但有信息交往。我們都已經垂垂老矣，但能相認，就像郭雪湖在一九七四年重逢任真漢那樣高興。

（原文發布於二〇二一年九月一日）

57／揮灑年輕精力的太平日子

二〇二一年九月一日，習近平在中央黨校發表「重要講話」，《人民日報》網頁摘出重點文字，其中一句是：「總想過太平日子、不想鬥爭，是不切實際的。」

幾千年來，中國老百姓所想的，不過就是太平日子。過去數以百萬計的大陸人逃來香港，也不外想過太平日子。現在，由中國最高領導人告訴人民，想過太平日子是不切實際的。

前文講到我參與創辦《伴侶》半月刊時期的一些往事，網上留言中居然有四位讀友說曾經是《伴侶》的讀者，其中有記得他讀過的篇章，和與編輯的互動。真是像故友重逢那樣高興。

在我的人生中，一九六七年前的太平日子，是我經日夜進修、磨練寫作和開始有點成績的十來年。一九六三年一月創刊《伴侶》，到一九六七年六月，這四年多我每月編兩本、其後是三本雜誌，每月寫幾萬字文章，認識了不少文化人，從他們身上獲得實際經驗和教益。

談音樂學鋼琴

從閱讀經典名著中，我領悟到任何寫實寫情的文藝作品，最終總會觸及到哲理。讀著托爾斯泰、契訶夫的小說，都往往讓人停下來思考；所有透過情節而宣示的哲理，都發人深省。於是我在寫輕浮小說的同時，也努力去啃一些大部頭的哲學、社會科學著作，想豐富自己的知識，並將這些大部頭著作消化而寫成一本本入門的小叢書。

那幾年，我在上海書局出版的有《哲學初步》、《美學初步》、《心理學初步》、《邏輯學初步》、《經濟學初步》等共七本。每本幾萬字，因為寫得顯淺，也受年輕人歡迎。一九九一年底我應邀在馬來西亞幾個城市演講，還有讀者記得這些叢書，並向我詰難。[1]我寫這些入門書時的思想，

1 參考篇目130。

1970年代香港益羣出版的青年自學叢書，益羣是上海書局的品牌之一。

仍然是馬列主義佔主導，比如《經濟學初步》，介紹的就是馬克思的《資本論》，當然對讀者有誤導了。但像《美學初步》，卻是我讀了不同方面的著作，才綜合寫成的，花的時間較長，至今仍然不悔這本少作。寫這些入門書，無疑對我的邏輯和哲學思辨，有較好提升。

那幾年我的另一個興趣是西方古典音樂，並因此結交了藝術家盧景文、鋼琴家溫其忠等年輕朋友。溫其忠是當年我所認識的「怪人」。他從馬來西亞來香港上高中，考入港大建築系，當年這是有最好出路的科系，溫其忠卻念了一年就輟學，醉心他的音樂去了。他喜歡教鋼琴，以此為生。有出名的演奏家來香港，他事先買幾張票，臨開場前打電話叫朋友來大會堂欣賞，也不管朋友有沒有空，和夠不夠時間趕來。我就是他的朋友。有一天，他打電話告訴我，說幫我買了一座鋼琴，會送來我家。我那時只住一個小房間，左騰右移地挪出地方來放鋼琴。然後他就來教我鋼琴，我已經二十八歲，還來得及學鋼琴嗎？但他就是認定我可以學他可以教，我也真的在他的指導下半年就彈到第五級。他又教我樂理，教我聽歌劇，我也因此學會了作曲。《伴侶》雜誌還在大會堂舉行過兩次音樂會，邀請歌唱家、演奏家演出，招待讀者。還組織了合唱團。一九六五年我去大陸旅行一個月，回來發現溫其忠已經離開香港，去英國學藝了。我的音樂課就停下來，音樂細胞也不活躍了。

講文學讀小說

那四年的青年歲月，在太平日子中我們憑興趣而揮灑，不顧年齡去學鋼琴，不顧幼稚搞音樂會，幾個人經常聚在一起，聽音樂、講音樂、講文學、讀小說。現在回想起來，真是不知道那時為什麼會有這麼多精力，雖輕浮但也寫出那麼多文章，雖未經深入鑽研也出版了那麼多社會科學小叢書。也許因為年輕，因為沒有包袱，因為不知好歹，儘管收入少、稿酬低，但可以過日子就行了。做自己感興趣的事情，那感覺真好。

一九六五年我參加出版界參訪團到大陸旅行一個月，那是文革前一年，是大躍進帶來大飢荒之後由劉鄧掌權的經濟回暖和文化小陽春的最後一年。我見到的北京領導者都溫和講理，對香港政策是尊重港英管治「長期存在」。其後參訪團西行乘火車去洛陽、西安，看了碑林、半坡遺址、華清池、黃帝陵等等古蹟文物，這些古文物引發我思古幽情，也增加了對華夏的認同感。而且，似乎中共政權對文物都很珍惜愛護。接著我們乘公車去了「革命聖地」延安。在那裡被灌輸中共版的毛澤東光榮革命史；然後去上海、蘇杭等地遊山玩水後回香港。

回港後，按照我獲悉的中共對港政策，積極籌備再出版一本《文藝伴侶》月刊。但隨著大陸學毛熱潮升溫，大批判到來，言論趨於一元化。一九六六年文革爆發，那些我剛參訪過的文物遭到破壞。到一九六七年，文革病毒感染香港，一年多前在北京獲知的中共對港政策來了一個大顛覆。香港的太平日子遭到了挑戰。

（原文發布於二〇二一年九月三日）

58／六七暴動：港人身分認同的起點

一九六六年中國掀起文化大革命，使我對中國有了新的想像。一九六七年，由中國文革而引發的左派「反英」風暴，打破了我兩年前在北京所聽到極為肯定的對港政策，香港的太平日子似乎不再了。

文革剛起時，我所敬仰的香港左翼文化前輩：《文滙報》主筆政的金堯如、《大公報》的羅孚、陳凡等，都寫大篇大篇的文章為文革歡呼。主要的論述是認為，在中共自上而下的管治下，毛澤東發動學生和下層民眾，從下而上地揭發和批鬥各級管治階層的官僚主義，和隱藏在裡面的污泥濁水，是值得肯定的壯舉。紅衛兵的破壞和對當權派、文化人的過火行動，辯護者都認為是在一場大運動中無法避免的。

對這些議論，當時我半信半疑，但信多於疑。一來因為愛國主義和社會主義思想仍是我難以動搖的價值觀，二來從個人經歷和閱讀中，一向同情弱小、底層的反抗以至造反行動，三來是目睹當年港英管治的弊端。信中亦有疑，是對文革掀動的過度而極端的對毛澤東的個人崇拜，感到是情緒遠多於理智。我很難與當時的左派群眾一起叫「萬壽無疆」「萬歲萬歲萬萬歲」的口號，因為使人聯想回到了帝王時代，那是愚蠢和欺人的祝願。不問是非的「忠」，是非理性的「愚忠」。

要求出版「抗暴」文宣

一九六七年，北京負責港澳工作的官員被文革派奪了權。十多年大陸的政治運動不波及香港的情形有了根本改變。香港掀起五月風暴。大部分市民受滋擾，而左派的「社會化」太平日子也維持不下去了。《伴侶》的印刷、發行、合作者，銷售的對象，都使我們感到不容易撐。左派上級領導人要求我們轉讓給中共直接領導的「青年樂園」系統。

我回到了上海書局，應出版界領導人的要求，老闆在書局附近成立了一家由我負責的出版公司，出版「反英抗暴」的漫畫小冊。不過銷路不佳，因為紅彤彤滿是鬥爭標語的左派書店和百貨公司門可羅雀。

左派出版界的領導人把我找回來，主要不是擔任上海書局的工作，而是要我寫出版界的「抗暴」文宣。儘管左派文化界比我優秀的前輩多的是，但若不是已經到大陸去發揮（雖然後來命運多舛），就是留在左派新聞界。出版界有能力經營書店和發行業務的大不乏人，只是缺乏寫手和編輯人才。在這方面，我薄有文名，算是出版界的「秀才」。六十年代初，在《文匯報》任副總編輯的金堯如曾經想把我挖去報館工作，但被出版界拒絕。

關於文革和六七暴動，已有許多書籍文章論及，近年特別是羅恩惠的紀錄片《消失的檔案》，和程翔的書《香港六七暴動始末》的出版，對事件已有詳細描述。我這裡簡單講講記憶中的感覺和關鍵的轉變。

「最後通牒」了無意義

左派暴動從五月開始，到七、八月是抗爭高潮。那時港英在各界別逮捕了一些頭面人物，關押在摩星嶺政治拘留營。左派的抗爭獲中共高層和《人民日報》大力聲援，表示「決心給予香港愛國同胞一切支援，直到勝利為止」。中共的聲援不斷給香港左派注射雞血[1]。左報和鬥委會宣稱「港英不低頭，就要走頭[2]」。鬥爭不斷升級，以至放置真假炸彈肆無忌憚。

一九六七年八月九日，港英逮捕中共外圍報紙《香港夜報》等三報五人，勒令三報停刊。中國外交部二十日對英國發出緊急照會，要求英國必須在四十八小時內撤銷停刊令並釋放五報人。《人民日報》連續發表社論和評論員文章，表示「絕對不容許英帝國主義在香港橫行霸道」。當時，香港左派都以為中共一定會「大軍壓境」，不會讓香港「愛國同胞」在力量懸殊下抗鬥。誰料二十二日四十八小時最後通牒屆滿，中國並沒有派軍隊支援香港「愛國同胞」，而是由北京紅衛兵衝進英國代辦處，大肆破壞，火燒汽車和辦公樓。

這一個對「最後通牒」的回應，對「愛國同胞」無疑一盆冷水。非常清楚地顯示中國的「支援」毫無實際意義。二十四日，《大公報》指稱的「地下突擊隊」在路上伏擊商業電台播音員林彬，縱火燒死。「最後通牒」技止此矣。它傳遞的訊號非常清楚，就是解放軍不會越界而來了。對廣大市民來說，香港可以放心住下去。對港英來說，也因此把中共「睇死[3]」，意味著可以繼續維持治安，繼續強硬對付所有破壞社會秩序的行動。在港督戴麟趾發回倫敦的一個彙報電文中表示，他意想不到會得到香港市民如此廣泛的支持。

廣大香港市民竟然和殖民地政府站在一起，這是歷史上從未出現過的現象。

這個四十八小時最後通牒，是香港歷史的轉捩點，由此而改變了英國在香港施政方針，亦開始改變市民的身分認同。

（原文發布於二〇二一年九月六日）

1 意取「雞血療法」，即維持左派亢奮情緒。

2 即「離開」。

3 即看穿其底線。

59／福兮禍所伏的安身之所

一九六七年八月二十二日，中國以紅衛兵火燒英國駐北京代辦處，來回應英國對四十八小時「最後通牒」的置之不理，對香港「愛國同胞」打擊有多大？可以用《大公報》副總編輯陳凡其後在我面前的謂嘆，說明一切。這位資深前輩參加過二戰的前線採訪，和湘桂大撤退，觀察一向敏銳，「愛國」從不後人，「反英抗暴」開展幾個月來，他甚至帶一把刀上班，準備隨時抗英搏鬥。他那天跟我說，「反英抗暴」「玩完了」；「將軍欲以巧勝人，盤馬彎弓故不發」，弓滿不發才是致勝之道，不提最後通牒，對方不知你會怎麼出招，提了四十八小時，之後又冇料到[1]，就被人「睇死」。說明中國需要香港保持現狀，絕對多於英國需要香港。

陳老凡見多識廣，在左派意識熏陶下少見有這種政治敏感度。但英國人的政治智慧也不低。「最後通牒」無疾而終意味什麼，陳凡看得到，英國人不可能看不到。歷史性的轉變，往往就是一件小事引發。「最後通牒」就是這件小事。

無法在港引入民主

港英當局對左派暴動採取維持治安的強硬措施，並沒有預期會得到香港輿論和市民如此廣泛的支持，因為在此之前，英國幾乎毫不重視在香港的管治。二次大戰末期，以美國為首的同盟國認為，放棄殖民地是戰後的大勢所趨，美國和中華民國政府都主張戰後由中國接收香港。但英國首相邱吉爾卻斬釘截鐵地說：「中國要收回香港，除非跨過我的屍體！（Hong Kong would be removed from the British Empire over my dead body.）」在一九四三年開羅會議上，他問陪同蔣介石參加會議的宋美齡：「你以為我真的是騙子、惡棍，守住殖民地不肯放手？」宋美齡收起常見的笑容，反問道：「你又怎麼知道我有這種想法？」可見保留殖民地，在那時候不是一件光彩的事。邱吉爾要保住香港，完全出於對遠東戰略和通過香港接觸中國的高瞻遠矚。

戰後四年，中國內戰導致大陸建立共產黨政權，一開始中共就制訂了對香港「長期打算，充分利用」的政策，此外是大陸人大批湧來香港，帶來了資本、工業技術和經營手法，改變了香港的經濟局面。然而，英國雖管治香港，在香港卻無法作「長期打算」。近年解封的英國國家檔案館一些文件顯示，從上世紀五十年代開始，香港歷任總督多次尋求推行民眾選舉，但迫於中共領導人的壓力，都要放棄。主管香港事務的廖承志曾表示，如果倫敦試圖改變香港現狀，「我們將

---

1 此處指欠缺真正的、實際的回應。

毫不猶豫採取積極行動，解放香港、九龍和新界」。另一份文件顯示，周恩來總理曾對英國官員說，任何在香港引入哪怕一點點自治的嘗試，都會被視作「非常不友善的舉動」和「陰謀」。

因此，在政治上，英國無法把民主制度引入香港，只能夠在香港延續殖民地制度。殖民地管治對英國商人在香港的傳統利益或有裨益，但對英國的國家利益卻很少，而且背上殖民主義的惡名。因此，一九六七年前，在英國國會，香港從來不是議題。

滿足於自由及法治

一九六七年英國在香港的管治，的確是在英國傳統法治下的「無為而治」。香港那時仍然實行「大清律例」，即容許納妾。香港紀律部隊的貪污也「制度化」。警察、海關、消防，貪污已經成為維繫運作的必要潤滑劑。消防隊救火，明言「有水就有水，冇水就冇水」[2]。對大量中國難民湧入和建於山坡的寮屋大火，港府亦只是建造設施不全的狹窄徙置區應付需求。對於資本家盤剝、工人遭到不合理待遇，政府也沒有立法規管。在殖民地掌權者眼中，這些也許都是中國人習慣的生活方式。

在港英政府內或十里洋場中，有沒有結構性的種族不平等，肯定有。英國殖民政府的種族歧視不會明顯流露，但在就業、升職等各方面，華人受到洋人的不平等對待，是可以被看到的。

港英不作為，種族不平等，和一些管治弊端。香港人知道。但比較他們逃離的地方，這些不滿都在可以忍受的範圍內。最重要是在法治下的香港，人身安全有法律保障，不會有突然而來的政治災難。英治下不會要香港人唱國歌，敬英國旗，若非職業需要也不要求香港人講英文。比較起不滿，香港人更重視英國人帶來的自由、法治和安全感。

一九六七年的「四十八小時最後通牒」，令香港廣大市民知道：中共政權在可見將來，不會「收回香港」；港英以強硬態度對付暴動，值得支持；香港是可以作長久規畫的地方。「過客」心態漸漸讓位於對香港的認同感。

英國當局，料不到會受香港市民廣泛支持。於是，港英施政就進入一個進取的新階段。福兮禍所伏，六七左暴是禍，產生的結果卻是福。

（原文發布於二〇二一年九月八日）

2 「水」亦指金錢。

60／香港輝煌時代的開始

一九六七年八月中國外交部「四十八小時最後通牒」是六七暴動的轉捩點，也是香港歷史的轉捩點。「最後通牒」無疾而終之後，左派把抗爭延展了幾個月，手段就是發動罷工，街頭放真假炸彈，擾亂社會。但經濟下滑，最受影響的卻是左派自己。左派所有事業陷於凋敝，中共依賴香港的外匯收入暴減，給罷工工人的安家費也付不出，只好要求工人復工、轉業、改行（簡稱「復轉改」）。

北京儘管仍然是文革派掌權，但周恩來看到香港情況不妙，就向「偉大領袖」請示，獲毛澤東回應「香港還是那樣子」。雖語帶含糊，但周抓住了毛在一九五九年的一句話：「香港還是暫時不收回來好，我們不急，目前對我還有用處。」以這樣的「毛思想」去訓示執行中共政策的香港新華社負責人。十二月中旬，一夜間所有真假炸彈絕跡，「反英抗暴」全面收攤，為這場動亂獻身的左派群眾，除了事業基礎全失、生活無著之外，最悲哀的還是從意氣風發變成灰頭土臉。當然，香港共幹有一套動人說辭去說服盲眾，而盲眾聽起來也覺頭頭是道，自感安慰。

戴麟趾推行新政

六七暴動，對中共和香港左派來說，幾十年來都是曖昧難言的話題。文革結束後，中共給文革的歷史定性是「一場浩劫」，但由文革病毒而衍生的香港六七暴動，卻由於那時的積極參與者是「愛國同胞」，左傾思潮是受祖國的擁毛群眾影響，又受到港英「壓迫」，所以不好否定，卻又不好肯定。

九七後香港特首向當年的鬥委會主委楊光頒發大紫荊章，引起社會質疑，但究其實，當時鬥委會委員都只是檯面上的角色，真正指導「反英抗暴」運動的是以新華社為名的中共港澳工委。經常來指導我們工作的，都是在鬥委會名單上見不到的人。

「四十八小時」及林彬事件後，除了左報還嘴硬之外，香港的輿情和民心都「一面倒」向殖民地政府了。戴麟趾給倫敦的電文中，表達了他對這樣的殖民地民情感到「意外」。於是，十月底，港府就舉辦了「香港週」，主旨強調港人可以在法律和社會秩序下，享有不受恐懼威脅的行動自由，人權受尊重，每個人都能暢所欲言，這些都是香港市民珍視的權利。當時全港各處有多項展覽和表演活動，讓市民在本土化的娛樂中找到身分認同，香港人的身分矇矓中成形。

戴麟趾接著推行多項新政，包括修改勞工法例，改善教育和房屋等各方面的民生政策，六九年開始建造第一條海底隧道。

麥理浩大力改革

一九七一年，英國派麥理浩接任香港總督，這是首次不是由聯邦事務部而是由外交部派出的總督。麥理浩在他長達十年半的任期內，大刀闊斧地對香港進行改革。他任內推出十年建屋計畫、開發新市鎮、創立廉政公署、九年免費教育、設立郊野公園、興建地下鐵路和地方行政改革等重要的政策和建設。這些政策直接改善市民的生活水平，更為殖民地政府在市民心目中建立起正面形象。

麥理浩任內經濟增長之強勁為開埠以來所未有。香港由原本以輕工業為主導，逐步轉型以電子工業、金融業和商業為重心，一躍而成「亞洲四小龍」之一，奠定香港成為國際金融中心的重要基石。財政司郭伯偉和夏鼎基相繼提出和執行「積極不干預主義」的經濟政策，成為香港充分發揮個人自由創業的依歸。

輿論說這是香港的「麥理浩時代」，即是讓香港改頭換面的黃金時代。實際上新政在戴麟趾時代已經開始了。只是一來戴麟趾鎮壓暴動的強硬，使英國與北京關係難以轉寰，二來殖民地出身的官員多傾向保守，反而外交官對改革更少顧慮。但要問的是：英國統治香港百多年，為什麼到戴麟趾後期才開始有好好管治、建設香港的意志呢？答案就是六七暴動帶來的轉變。

左派自辯說，六七風暴的積極作用是使「港英受到群眾壓力被迫改善施政」。我看到的情況不是這樣。「反英抗暴」突然被新華社叫停，所有左派群眾都感到沮喪。那絕非「反英抗暴」的勝利，相反是「反英抗暴」的失敗，是中國底牌的自我揭穿，因而使香港市民對英治下的香港有了認同感，亦使英國管治者產生對香港的認同感，有了搞好香港的意志。

國家的組成是土地、人民、主權三元素。當掌權者、人民都對土地有認同感，就會為這地方的發展開拓出輝煌局面。

作為六七暴動的邊緣參與者，目睹所處社會的迅速轉變，我不否認當時的困惑。自許為中國人和愛國者的我，經歷奮勇、激進、沮喪、幻滅的情緒衝擊，無論思想和事業，那時都處於徬徨中。當時的確不知道，隨著暴動的收攤，卻是香港歷史上最光輝時代的開始。

（原文發布於二〇二一年九月十日）

61／我們是什麼人？我們往何處去？

一九四九年中共建政後，五十年代大批大陸人來港，其中由江浙人帶來工商業，和上海的流行文化，對社會影響最大。當時不是叫流行曲，而是叫國語時代曲，流行歌星是周璇、姚莉、白光、李香蘭和吳鶯音；到六十年代，就是台灣的流行歌星佔領香港市場，姚蘇蓉、湯蘭花、蘇芮、歐陽菲菲、翁倩玉以及一直紅到九十年代的鄧麗君。粵語流行曲不是市場主流。電影方面，五、六十年代從永華，到長城、邵氏、電懋、國泰，這些拍國語片的電影公司佔領了大影院市場，與西片互領風騷；粵語片的製作很多，但多在街坊流連的小影院放映。

一九六七年十一月，暴動剛退潮，香港第一家無線電視TVB誕生。TVB的新聞報導，和電視劇、處境劇的製作，覆蓋了香港相當大比率的人口。

到六十年代末、七十年代初，許氏兄弟的電影、特別是許冠傑的粵語流行曲冒起，風行全港，由此而帶入香港粵語流行曲、電視劇、粵語電影的新時代。香港流行文化爆發式的興旺，不但覆蓋全港，更風靡東南亞、台灣、歐美等地華人社區，以至文革後的大陸。香港歌星、影星、導演、作曲作詞者，出現好多超級奇葩，可說歷史僅見。

本土流行文化崛起

這就是香港的黃金時代。從一九六七年末開始，只有這二、三十年。短短時間，在良好管治和充分自由的空氣下，就創造出許多奇蹟，產生許多傳奇人物。在戴麟趾、麥理浩開始的大刀闊斧建設市政與革新中，最值得稱道、當時我也認為是最難得的一件事，就是創立了廉政公署。廉政公署的成功，將香港締造成一個公平社會。

本土流行文化的崛起，反映了香港人對這個英治下的地方，產生越來越強的認同感。在所有的華人地區仍然處於不同程度的不自由的狀態下，香港享有充分的言論自由，在香港可以看到所有在海峽兩岸被禁閉的消息和評論。香港人在公平的法律制度下，可以自由做任何不違法的事。香港公共事務、交通、稅制、醫療，提供的服務比任何地方都方便。七十年代之後到香港生活的人，無論從大陸、台灣還是世界其他地方來，大都認為香港是世界上最文明的地方，沒有之一。

二〇一七年，羅恩惠導演拍了六七暴動的紀錄片《消失的檔案》，引起關注。她原想將紀錄片的內容出書，並邀我寫序。我的序寫了，書卻沒有出成。

我在序中，引用法國印象派大師高更（Paul Gauguin）在一八九七年的一幅畫作中的三句問話：「我們從哪裡來？我們是什麼人？我們往何處去？」

香港人從哪裡來？不用說，絕大多數香港人來自中華大地。我們是什麼人？我想在一九六七年前絕大多數的香港華人市民都會說「我是中國人」，至於是「中華民國」還是「中華人民共和國」，就是當時社會輿論的主要左右派之分。我們往何處去？那就各有選擇了，除了在香港土生土長、有些家族生意繼承的本地人之外，一九四九年後從大陸來的人，大概那時候都不會認為香港是他們永久的家。鄰近的強權使許多人不安，他們想把香港當作跳板，藉此跳出海外，遠離中國。

趨向「我是香港人」

英國維持在香港的管治，是為了觀察和接觸中國；中國讓英國繼續管治香港，是以香港作為通向西方世界的窗口。中英雙方都沒有把香港市民當一回事。如果中英都沒有把香港當一回事、而許多香港人又把這裡視為「跳板」的話，這個「借來的地方、借來的時間」就不是香港人的永久的福氣。

當中國在極左狂潮下，用語講到要「粉碎港英統治」而結果卻是「香港還是那樣子」，就意味著這裡可以作人生的長期規畫了。儘管英國那時候已經知道一九九七年會有條約到期的問題，但在中共不干預下，全力建設一個輝煌的香港，可以使英國在國際社會的關顧下，提高與中國議價的能力。

儘管中英雙方都各有打算，但香港人就在這個歷史時空，享受到最大的自由，最方便最發達的經濟文化，最文明最公平的社會秩序。香港流行文化的奇蹟般崛起，意味香港人的身分認同已經從「我是中國人」轉為「我是香港人」，至少是「不一樣的中國人」了。這之後，身分認同的民調雖有起落，但倘若沒有先驗的政治觀念，整體趨勢就沒有什麼懸念了。以零至一百分的「身分認同指數」計算，二〇一八年民調顯示，認同自己是「香港人」的，指數破紀錄高達八十三分。

「我們往何處去」？儘管九七問題泛起，和近年政治環境大轉變，使香港人在六四後、九七前和現在，都掀移民潮，但留下來的和離去的，心中仍然追求著憧憬著那黃金時代的香港。

（原文發布於二〇二一年九月十三日）

62／非常時期　反常人格

一九六七年十月港英搞「香港週」以穩定人心，十一月無線電視啟播，十二月，一夜之間，街頭的真假炸彈突然無影無蹤，「反英抗暴」不動聲色地收攤。香港大多數市民發現「粉碎港英殖民統治」原來是虛張聲勢，而港英的堅定維持社會秩序，不受威嚇，也使市民意識到，原來香港是個可以久居和值得珍惜的地方。過客的心理，經六七暴動而有所消滅。

暴動之後給香港帶來的歷史性轉變，我當時身處左派陣營是完全預計不到的。我看到的是電視、電台、絕大部分報紙所反映的社會意識，也就是香港市民的政治取向，幾乎都一面倒向港英殖民政府的政策措施。為帶風向，新華社派人到各界別宣導，左報的言論，都從「打倒港英」轉為「支持越南抗美」、「打倒美帝」、「世界革命」等等遠大目標，而淡化香港的「反英抗暴」。大多數在左派陣營的盲眾繼續興奮。可是我和陳凡等幾個朋友私下議論的是：「反英抗暴玩完了」。

我沒有看到香港接下來的盛世美景，反而為「愛國」、「社會主義」的理想受挫，和「反殖民地」鬥爭的失敗而悲哀。

當然，更感困惱的是，我們一向信任和依靠的「社會主義祖國」，其文革的走向也越來越難以理解了。

樣板戲神乎其神

中國大陸發生的事態，雖有香港非左傳媒的廣泛報導，但具體的人和事，我們在香港畢竟沒有實在的接觸。中國全國的銀幕和舞台僅可以存在的八個樣板戲，被吹捧得神乎其神，但就「神」到不符合人性的不正常境地。所有樣板戲的人物，都沒有配偶，極少有愛情，即使有也是暗示性的，或點到即止。《紅燈記》中的奶奶（祖母）不是親奶奶，爹也不是親爹，但稱為「表叔」的革命同志就「數不清」。最神奇的是李玉和從一個重傷同志身上取到的「密電碼」，沒有送出去時柏山游擊隊不見影，連李玉和被捕都不來救，一旦送出去，游擊隊就出現而殺了鳩山。這「密電碼」是什麼革命神器？這不是現實故事，而是神話。

那時江青指示，革命樣板戲要有「三突出」，即突出正面人物，正面人物中要突出英雄人物，英雄人物中要突出主要英雄人物。沒有「三突出」的所有中外文化產品就都是「封資修」（即封建主義、資本主義、修正主義）。

主要英雄人物為了革命可以不吃不睡沒有性欲，以這種非常、實際上是反常的英雄人物去要求人民，只能使全國人都口是心非，人人說謊，社會也就跌入反常狀態。

我那時在心中、腦中仍然盤旋著中外的文學名著。我所讀過的偉大文學作品，都是直接間接地揭示社會或人性的陰暗面。陀思妥耶夫斯基寫底層人物，逼視著人性的絕望，讀者彷彿聽到人物的靈魂碎裂的聲音；契訶夫寫了許多可笑的或悲慘的人物故事，他的劇本《海鷗》有兩句對白：「為什麼你總是穿著黑色的衣裳？」「因為我在為我的生活戴孝。」魯迅說：「悲劇將人生的有價值的東西毀滅給人看，喜劇將那無價值的撕破給人看。」所有中外文學創作的悲劇喜劇，無論有價值東西的毀滅，還是無價值東西的撕破，都是醜惡現實的反映。

在社會散播虛假

文學的價值，就在於揭示社會或人性的醜陋。社會不會因為這種揭示而變得更壞，反而因這種揭示而響起警鐘，提醒人類去正視、去改正自身的邪惡。一味寫正面人物，強調要發放正能量，不但無趣，而且反常，作品本身難掩虛假，亦在社會散播虛假。

文革的極左思潮，是人人都口是心非地宣揚崇高的「大道德」——解放全人類，卻把日常道德比如吐痰、排隊等丟棄了；人人都知道「大知識」——馬列毛思想，但把「食色性也」這些常識給忘了，或不是忘，而是只做不說，於是一旦改革開放，就物欲橫流。

文革的病毒，藉「反英抗暴」而在香港左派圈中流播。一年多前的一九六五年同我一起去北京的出版界中人，那時還一味講要「社會化」，避免做「紅面關公」（即隱藏紅底），這時忽然大談在香港要學解放軍「忠於毛主席」；出版界辦「毛澤東思想學習班」，一個平日正常的人，忽然哭訴在舊社會如何苦大仇深，喚起學習班的人「憶苦思甜」。在左派陣營裡，一切都變得虛假，形式化。

我這時的思想陷於矛盾、反覆與掙扎中。不斷想到日本文學評論家廚川白村所寫的「近代人的四種悲哀」，特別是其中的「二重生活的悲哀」。下一篇再談。

（原文發布於二〇二一年九月十五日）

63／二重生活的悲哀

九一三事件發生在一九七一年，正好是中共成立第五十年。林彪與妻兒乘飛機從山海關逃向西北方，在蒙古國的溫都爾汗墜毀，機上九人全部死亡。身為中共第二號人物、並在兩年前九大通過的黨章指定為毛的接班人，何以會「叛逃」？五十年來一直是謎。

這是毛澤東第二次打倒黨的第二號人物。前一次是一九六六年發動文革打倒國家主席劉少奇，再之前也打倒過中央人民政府副主席高崗。不過林彪事件太奇特，各種解釋撲朔迷離，歸根到底，就是反映了所有的政治亂局都集中一點，就是糾纏在最高權力的繼承問題。這是政局的關鍵要害。

九一三事件發生後一個月，香港和海外已經有報導林彪出事了。中共一直隱瞞事件，只在官媒上不再提「林副主席」，然後就拼湊出一個林彪謀刺毛澤東和密謀「武起義」（林的兒子以「五七一」為代號）的文件，自上而下逐級傳達。到一九七一年底，傳達到深圳中學的教職員工大會上。據妻子麗儀說，當時有一個對黨非常忠誠的年輕教師，在等候上級領導來傳達文件之前，就帶頭叫口號，繼續喊「祝林副主席身體健康，永遠健康！」還講一通林副主席當接班人對革命事業如何有保證的話。講完後，領導來傳達林彪謀叛，大家看這位老實人的臉色，一直變紅變藍變綠。

神祕的林彪事件

麗儀較早就從我口中知道消息，所以聽傳達不感奇怪。荒謬的是，她聽了傳達，還被交代不能告訴香港來的老公。其後傳達到小學，兩個女兒也被交代不能告訴來自香港的爸爸。小女兒卻不理警告，我週末回深圳，她就偷偷告訴我「林彪變灰」了。

香港報紙炒作這新聞許久，但在左派陣營中，都不公開談這件事，就像沒發生一樣。這明明是影響黨國命運的大事，而左派依附黨國而存在，可說同自己的命運相關，怎能對房間裡的大象視而不見、見而不提呢？

一九七二年我應邀去北京參加國慶，那時的接待幹部以「林賊」稱呼林彪了，但不講詳情。直到一九七三年八月底中共召開十大，政府報告中講到林彪「叛逃」，事情才公開。已事隔兩年矣！

林彪事件的奇特，和事件發生後的隱瞞，即使傳達到人所共知，卻仍然不公開，知道的也避免談論。這是非常典型的中國政治社會氛圍。

我前文講的「二重生活的悲哀」，就是指個人的思想、價值觀、人生追求，與自己所處的生活環境，周圍的人，不僅志趣相悖，而且完全相反。但為了生活，為了生存，你又不能不與所處的環境和人群融合，否則你就被孤立、被排斥，沒有話題也沒有合作空間。二重生活的一重是指個人的思想生活，另一重是與他人交往的社會生活。人在他人面前被迫過自己不情願的另一重生活。這是廚川白村所指近代人的悲哀之一。

悲哀中尋找出路

廚川白村是日本文學評論家。他生於一八八〇年，一九二三年在日本大地震中喪生。次年，魯迅從他的遺稿中翻譯了《苦悶的象徵》。我從《苦悶的象徵》中認識他，並在一九六六年編寫的《哲學與人生》中，引述他所提出的近代人在生活中的四種悲哀。儘管這是一百年前的「近代人」，但文革後那幾年，我對他的說法特別有感。

他所提的四種悲哀，第一種是「理想破滅的悲哀」。人類在對現實的不滿中，創立了各種各樣的理想社會的學說，不同的人群不斷努力去追求理想的實現，但追求的過程和實現的結果，是理想的破滅。對那時追求社會主義平等的我來說，開始感到這種悲哀。但未料到更悲哀的是，追求理想的結果，是不斷發生比原來所不滿的現實更可怕千倍的慘劇。

第二種是「由懷疑傾向而產生的悲哀」。懷疑，是指對自己信仰的懷疑。科學的進步動搖了許多人對宗教的信仰，但科學發展又使人類出現新的大問題：戰爭更殘酷，道德更墮落，科技公司和政權對個人的監控更甚。對科學的懷疑，對制度、對道德、對法律也產生懷疑。懷疑可以是人們鑽研問題、解決問題的動力，但對信仰、對道德、對價值系統的整體懷疑，卻是人生的悲哀。

第三種是「二重生活的悲哀」。上文已經談過，這是一種很普遍也延續至今的悲哀。

第四種就是在找不到出路，感到世界一片灰暗，個人完全沒有力量的情緒下，覺得不想活了，於是產生「厭世主義的悲哀」。

我在闡述廚川的「四種悲哀」時，仍然鼓勵「自學叢書」的讀者，要積極面對這四種悲哀，不要被悲哀淹沒，而應該努力實現理想，從懷疑中找出路，以及深入社會黑暗中去改變它。但那幾年，我發覺我這種樂觀說詞的虛妄。我自己也沉溺在前三種悲哀中，尤其是「二重生活的悲哀」。不過我還年輕，不想被悲觀情緒掩埋，想在當時處境下找出路。於是有了《七十年代》月刊。

（原文發布於二〇二一年九月十七日）

64／突破夾縫《七十年代》創刊

《七十年代》月刊在一九七〇年二月創刊。那時文革狂潮稍稍平靜，但極左思潮仍然籠罩著整個中國社會，文化生活只有八個樣板戲，書店只有馬列毛的著作，和兩三部樣板小說，其他古今中外名著或被燒毀或被收藏起來了。香港六七暴動已告平息，但左派的文化事業無法復元，產生不出既符合中共意識又能迎合香港市場的電影和出版品。左派陷入文化真空中，親共人士深感文化飢渴。但香港整體社會則在港英平暴與開始改良中，本土文化開始萌芽。

這是中國和香港的政治氣候，但國際氣候就是另一景況。在六十年代後期西方世界左傾思潮激盪。美國民權運動，「黑人權力」和「學生權力」結合，反越戰、反建制運動風起雲湧。法國一九六八年五月發生持續七週的學生運動，出現了總罷工、遊行、佔領大學及工廠的行動。

左派思潮在西方橫行

捷克一九六八年布拉格之春及其後遭到蘇聯的殘酷鎮壓。日本反對《美日安保條約》的大規模學運抗爭。整個西方世界的青年運動，都指向原有的民主體制，指向蘇聯對東歐的壓制權力。

左派思潮，特別是西方年輕人搞不清楚的毛澤東思想，竟然在反建制的西方學運中流行。受年輕人推崇的法國存在主義思想家沙特，和英國哲學家羅素，主持一個審判美國在越南戰爭罪行的法庭。沙特譴責蘇聯入侵捷克，支持法國學生運動，反對越南戰爭。他甚至參加了一份支持中國毛思想的左派所辦的報紙。

在中國，毛澤東的「無產階級繼續革命」製造無數悲劇。在香港，由文革病毒而衍生的左派暴動使市民厭惡。但在西方，不明真相的反現有建制的年輕人卻有不少人認為毛思想是一條出路。

六七暴動後，香港市民尤其是大專學生，開始排除了不問世事、只顧謀個人自利的心態，關心起社會、世界和人生了。對本土的文化認同固然有了開始，但對身分的認同卻不是一面倒向香港，而是有相當多人思考作為「中國人」的身分。一九六八年，大專學生發起爭取中文合法化運動，以之作為建立民族身分的象徵。年輕人在否定六七暴動的同時，亦受西方左派思潮影響。

這是一個西方和香港年輕人思想活躍但又混亂的時代。

創辦《七十年代》，是我看到了左派文化真空的時機。中共陣營的出版物，報導或討論中國大陸的政治社會事務，很難不犯禁；但報導和討論國際事務，卻有很廣闊的空間。於是，我在《七十年代》的刊名下，列出「本刊宗旨：認識世界，研究社會，了解人生」。

回想五十年前創辦這本雜誌，既有對香港形勢和世界思潮的時機判斷，亦有個人要在左派圈子中創出事業的自私目的。

想像共同體入侵生活

前文談到「二重生活的悲哀」。仔細分析一個人的「二重生活」，其實是由三樣東西支配的。一是想像共同體，二是事實共同體，三是個體。想像共同體指的是民族、國族、省籍等等的共同想像，受抽象的國家、民族、省籍觀念主導的人，渴望融入不同的想像共同體。但它只是一種想像，未必與我們的生活有真實關連。事實的共同體是指身處某種行業，在某個工作環境，或者是一個家庭的成員，形成了事實上的利益共同，話題共同，命運共同。至於個體，就是獨立於這些共同體之外的個人，個人的思想、認識、價值觀。

許多人對國家民族政黨的認同，實際上這些都只是想像中的東西。但這種想像共同體若貫徹到你的工作環境、職業、行業，尤其是家庭中，那就成為你的利益、命運、存在價值甚至安危相關的事了。想像共同體一旦融合到事實共同體之中，那就不再是想像了。個人可以接受或抗拒想像共同體，但在事實共同體中，要堅持與共同體相悖的價值觀，去獨立行事，不僅會犧牲個人利益，而且會影響家庭甚至安危。

對當時的我來說，愛國主義、社會主義曾經是我的想像共同體。但社會主義祖國的極左思潮，尤其是對毛的歌頌，已經到了違反常識的肉麻程度，我的想像共同體有些動搖了。只不過否定自己是痛苦的事，我仍然期待中國的不合理現象會改變。更重要的，是我既在左派機構工作，妻子又在大陸生活，這種想像共同體已經與事實共同體及利益共同體結合在一起。我只能在事實共同體中，尋找個人的發展空間。

創刊之前，取得左派出版界領導人的同意和支持，上海書局老闆方志勇投資。我在創刊詞中，提出「盲從太危險」的觀念。這當然是常識。但香港左派從一九六六年前的「社會化」，一下子變臉為「打倒港英」，又忽然一夜間「反英抗暴」收攤，他們怎麼沒有感覺「盲從太危險」是一個警示呢？

（原文發布於二〇二一年九月二十日）

《七十年代》1978年5月號，出版100期封面。

65／我創辦了雜誌　雜誌創造了我

六七暴動期間，港英當局除了按法律正式拘捕和起訴一些參與群眾之外，還政治拘留了一些名人或可能是各界的實際領導者，在摩星嶺政治集中營裡。出版界領導人藍先生與我相熟，他那時候常到我的辦公室兼居處度宿，認為可以躲避拘捕。是否真有作用不得而知，但我們因此晚上常會單獨傾談。

記得他曾經跟我說：「你也不是想一直做普通群眾吧？」我即時明白他的意思，就是試探我是否有意入黨。我想到入黨可能對麗儀在大陸的處境有利，但同時又想到正在發生的文革種種扭曲的事態。於是我顧左右而言他，沒有回答他的探詢。但於此，我相信這位常將創辦生活書店的鄒韜奮掛在嘴邊的黨員，基於對知識人的珍惜，又看到我創辦《伴侶》的成績，對我有一定的信任。

一九六九年底，我將所看到的香港和國際的思潮與文化現象向他分析，提出辦《七十年代》的構想，他很快就同意，並說服上海書局投資。也許是因為要辦的不是由中共直接控制的刊物，而是外圍刊物，較不需擔心與北京領導層的極左意識形態有抵觸。雜誌只我一人挑起所有編務，兩三名校對和處理發行、行政。

銷量令人喜出望外

我忘記創刊號印了多少冊，但這種探討知識的、非消閒非實用的刊物，當時印數最多不會超過一萬份，因為估計銷量不會多。但使我意外的是，雜誌發行只四天，就到處售缺而要再版了。這說明在香港和新馬一帶，左派讀者真是長期陷於文化飢渴中。創刊號的打響，使這本雜誌脫穎而出，立即確立了生存地位。

開始挑大旗的寫手，主要是《大公報》的趙澤隆，以梅之的筆名，每期寫近萬字的國際問題專欄；梁羽生寫隨筆；羅孚寫散文；舒巷城寫小說和詩，張初與吳羊璧寫報告文學和雜文。

我們的左派意識，不在宣傳中國，而是在國際舞台上，集中在反美、反越戰、反日本軍國主義的意識，以相當多篇幅報導和評論美國那時激烈的學生運動。我在三月間去日本探望媽媽，和參觀大阪博覽會，也採訪了參加反安保運動的學生，訪問了日本貧民窟。總之，美國、日本所有不好的事情都盡量予以揭發報導。

這些內容迎合了親中左派的意識，因為都是他們不知道但又想知道的事實與評論。不過除了這些國際政治內容之外，反映香港社會生活的小說、詩、報告文學和關於留學生生活的評論，現在看來還是有價值、寫得好、能夠吸引讀者的。其中，舒巷城以他自身經歷描述太平洋戰爭爆發時他在香港的生活記實《戰火下的香港，和我》，為當時的社會風貌留下珍貴的記載。有些文章還相當有趣，例如創刊號梁羽生寫的「粵語怪聯與怪詩」，他引用的粵語怪聯：「一拳打出眼火[1]；對面睇見牙煙[2]」，「有酒何妨邀月飲；無錢那得食雲吞」，「公門桃李爭榮日，法國荷蘭比利時」……，刊出時引起不少人津津樂道。

用稿採取開放態度

日本有一位讀者，每週都寄一本《週刊朝日》給我們，算是提供資料支持我們。我記得，那時的《週刊朝日》幾乎每隔一兩期，就大篇幅圖文並茂地揭發日本各地的環境污染情況，日本稱為「公害」。時值日本工業高度發展，工業廢水污染河流，損害森林，破壞人民居住環境。《週刊朝日》的報導令人驚訝。但十幾二十年後，所有去日本旅遊的人，都對日本茂林修竹、潔淨清幽自然環境印象深刻，人人都會發現日本從政府到人民對環境保護的重視。

沒有五十年前日本對污染的揭露，就不會引起重視，就不會有今天的良好環境。由此可見，揭發問題，提出弊端，那怕說得過分些，對整個社會整個國家都是好事。沒有批評，就沒有進步。所有的揭發、批評，都不能稱之為「唱衰」，因為一個國家一個社會，不可能因被「唱」而「衰」，只會被「唱」而好起來。倒是掩蓋問題、壓制批評才會使社會變「衰」。

我在編者話中提出，雜誌的讀者應該是它的作者，雜誌的作者也應是它的讀者。意思是，雜誌不是編者作者辦給讀者看的，不是要「教育」讀者，不是用固定的立場觀點去影響讀者，而是由讀者參與對世界社會人生的探討，由讀者作者共同尋求答案。我的這個宣示，表明雜誌會採取開放態度，來稿只要寫得好、有事實根據、有獨特看法，就會採用。這與中共宣傳強調的「立場、觀點、方法」三要素並以立場為要，極為不同。由於貫徹這方針，所以後來我也在來稿的影響下改變了自己的認識。我創辦了這本雜誌，這本雜誌也創造了我的後半生。

一九七〇年的開局雖好，但真正的改變卻在一年後發生：海外的保釣運動和中美關係的突破帶來雜誌發展的最大機遇。[3]

（原文發布於二〇二一年九月二十二日）

1 意取形容憤怒的粵語「眼火爆」。
2 即危險、驚險。
3 參考篇目66-67。

66／海外保釣波瀾

前文談及《七十年代》創刊，想不到還有不少讀友留言說是創刊時的讀者，有的還說一直讀到休刊號。一位讀友說，「七十年代創刊，帶動雜誌界百花齊放。」這是溢美之詞，不符合當時的情勢。

實際上，在六十年代的後期，因左派暴動的平息，港英推動對香港的認同，文革極左思潮在中國氾濫，但對西方追求社會主義平等的青年卻帶來正面幻想，這些複雜的思潮，使香港大專學生開始思索起生計以外的問題：我們活在怎樣的世界？我們是什麼人？我們往何處去？

逾百青年刊物湧現

這些話題在大專界非常活躍。中文合法化運動，對中國人的身分認同，是當時進步學生的思想傾向。逾百本青年刊物噴薄而出。一九九八年在藝術發展局贊助下，由吳萱人、何良懋主責編輯出版過一本書《七十年代青年刊物回顧專集》，收集、介紹和評述七十年代近百本青年刊物，刊登各書影，重刊各「發刊詞」。大致上說，早在五十年代出版並曾經引領風潮的《中國學生週報》，這時已有落後時代之感，終於在一九七四年停刊。代之而起的有港大的《學苑》、中大的《中大學生報》，中學生為主的眾多文社刊物，宗教機構出版物，這些刊物大都論及政治傾向與身分認同；專注於政治思想的有《盤古》、《七十年代雙週刊》、《知識分子》、《南北極》。《七十年代》只是其中一份，而且是唯一有影響力的左派背景的刊物。當時也有其他左派刊物，比如《新一代》、《學生哥》、《海洋文藝》等，但這些刊物因為走不出左派意識的局限，很快就辦不下去了。《回顧專集》認為有親中背景的《七十年代》「辦得出色」，「覷準時機，出版策略勇進」。

回想當年，真的不是我有什麼能耐，而只不過是正統左派機構的思想框框太多，一方面敵情觀念強，顧忌多；另方面背後管家多，意見多，因此遇到一些新形勢新變化，一般都寧可謹慎從事，沒有中共當局的明確表態，就不去碰比較穩當。《七十年代》早期許多文章都出自《大公報》的才子之手，但他們反而無法在自己報紙上發揮。出版界的情況也一樣，有一位在中區左派出版大樓工作的編輯人員私下說，凡是這個大樓辦的雜誌，是一定不會被市場接受的。

此外，在左派單位工作的人，在工作、生活、娛樂、休閒甚而購物、醫療等各方面都自成系統，與香港一般市民的生活有區隔，那些蜂擁而出的青年刊物，和大專學生的思潮，他們都沒有接觸，懵然不知。我那時就香港眾多新出刊物的狀況，寫了一個報告給香港的左派領導，他們的反應是嘖嘖稱奇。

一九七一年一月二十九、三十日，以台灣留美學生為主力的保衛釣魚台運動在美國六個城市爆發示威，反對一九七〇年九月美日協議在一九七二年將沖繩交還日本，其中包括一九六八年被探測到有大量油田的釣魚列島。我從留學生出版的眾多保釣刊物中得到資訊，為此我就報導這樁事情詢問過左派領導，他的回答是「慎重處理，不要被人利用」。

這回答很可笑。但也反映了在敵情觀念主導下的中共心態。撇開保釣其後的走向，當時這是發生在留學生中的一樁大事，不能視而不見，更莫說要在留學生群中爭取讀者了。因此，我果斷地作了報導，摘錄了大量留學生刊物的文章，也請一位在《大公報》資料室工作的寫手，寫了關於釣魚台的油田和主權問題的長文。這樣的文章不會在正統的《大公報》刊登。事實上，保釣運動早期在所有香港左右派報刊中都沒有報導。左派要防止「被人利用」，右派就要維護台灣國民黨政權。

一起走上探索道路

關於釣魚台歸屬問題，及日後保釣的發展，中國、台灣和海外知識人的角色，這幾十年來我已經有了不同的看法。但當時，純粹出自愛國保土的意向，認為美國將有爭議和有豐厚石油資源的領土，私相授受給日本，是應該抗議的。參與保釣的留學生，也是出自單純的動機，當然也夾雜著從封閉的台灣到了開放的美國之後的思想改變。那是台灣留美學生的左派思潮的萌芽時期，既代表覺醒，也代表誤知，但珍貴的是追求真理的精神。《七十年代》與他們契合，並共同探討國是，一起走著思想探索的道路，好多人都成了我們的作者和朋友。我對自己的認識不斷解剖，在心路上同行的作者和讀者也一樣。保釣是我們連結的開始。

《七十年代》大幅報導和評論保釣運動，使雜誌在美加歐澳各校園的銷路激增。接下來是中美關係的突破，帶來了海外知識人的親中思潮。這思潮未必由我們帶動，但無可否認《七十年代》提供了載體，至少起了推波助瀾的作用。這是後來我們認為應該檢討和改正的。

（原文發布於二〇二一年九月二十四日）

67／「非常有用的白痴」

一九七一年四月三十日，美國《生活》雜誌發表了名記者斯諾（Edgar Snow）的文章〈同毛澤東的一次談話〉，當時一位親中的大學講師對我說，不要相信斯諾這篇東西，全篇都是假的。這位老兄一面在港大任教，一面也同我們聯繫，想為愛國事業做點事。他算是對西方文化有點了解的人，但受文革的宣傳洗腦，也無法接受毛澤東所講的不那麼符合文革宣傳的話。那麼更不要說當時香港和海外的一般左派盲眾了。

斯諾所記的毛澤東說了什麼呢？他說他雖不否定有個人崇拜，但搞得過分了，「四個偉大」（偉大導師，偉大領袖，偉大統帥，偉大舵手）「令人討嫌」，那些喊「萬歲」的人，有真心實意的，有隨大流的，也有「打著紅旗反紅旗」的。他說，歡迎美國總統尼克遜來訪，中美的問題必須同尼克遜解決。他說美國科學技術、工業發展領先世界，教育普及。中國應該學習美國把責任和財富分散到五十個州那種做法。他盛讚日本侵華，說「那些日本人實在好，中國革命沒有日本人幫忙是不行的」。日本佔領大半個中國期間，「我們搞了一個百萬軍隊，佔領了一億人口的地方」。他說中國的核彈只是一個小指頭，美蘇就各是一個大拇指。一個小指頭怎麼敵得過兩個大拇指呢？但據說蘇聯對中國還是有點怕，就像房間有幾隻老鼠，還是有人會怕的。

緊貼中美關係逆轉

這些說法，今天看來不是什麼高論，但在文革極左思潮氾濫下，卻讓人難以置信。不是一直說日本侵華如何罪惡，中國如何無敵，美國如何是紙老虎，美國如何是中國不可妥協的敵人，毛澤東這樣的偉大人物千年一遇嗎？

斯諾是一九七〇年八月到中國，十月一日在天安門城樓與毛澤東站在一起，十二月十八日同毛進行五個小時談話。十二月二十五日《人民日報》刊登毛與斯諾在天安門的照片，稱斯諾為「美國友好人士」。斯諾延至七一年四月才刊出談話文章，表示「最近才能夠證實他（毛）不反對在不直接引用原話的情況下發表他的一些談話」。也就是說，斯諾的文章是在毛同意下發表的。

與此同時的七一年四月，中國邀請美國乒乓球隊來訪，這是打開中美外交僵局的第一波——乒乓外交。斯諾文章預告了中國有意與美國修好，這是第二波。七月九日，美國國家安全顧問基辛格祕密訪問中國，會見毛澤東，與周恩來詳談，決定了美國總統次年對中國的訪問，是第三波。

這些事態的急劇變化，《七十年代》都緊緊掌握機遇，作大篇幅的報導和評論。其中最精彩的，是在九月號全文譯載了美國《紐約時報》副社長、專欄作家賴斯頓（James Reston）同周恩來的談話。賴斯頓是美國一流記者，他以尖銳的詞峰，與周恩來就聯合國席位、中美關係、台灣問題、印支局勢展開舌戰。不能說周恩來的回答令賴斯頓滿意，但至少對答如流，沒有迴避問題，也沒有被難倒。重看這個訪談，只能慨嘆在五十年後的中國，已經沒有一個外交人員可以達到周那樣的水平了，更何況他當時是處於毛澤東和極左思潮的擺布下。

報導獲周恩來垂注

西方和日本關於中美關係突破的深入報導及評論文章很多，《七十年代》倚靠《大公報》的曹驥雲（陶傑父親）幫忙選擇及翻譯。當時香港左派和右派的報刊，仍然未見有這方面的大量文章，去滿足讀者急切需要了解形勢的求知欲。右派因為對台灣國府不利，少碰這話題還可以理解，但左派就可能仍然擺脫不掉極左思想框架，而不敢大膽去報導與評論中國與「美帝國主義」趨友好。就像保釣運動開始時那樣。

這一年的九月，旅美留學生的五人保釣團經香港到中國祕密訪問。我被通知去同他們見面。這個後來被稱為「保釣第零團」的五人，是李我焱、王正方、王春生、陳恆次、陳治利。五人獲周恩來接見並長談。中國也是在這時候正式肯定了保釣運動。

據後來了解，周恩來是早前在《七十年代》上看到關於保釣運動的報導和評論，從而認識保釣和《七十年代》雜誌的。保釣和《七十年代》獲中共掌權者的青睞，改變了保釣的性質，也使《七十年代》更接近中共權力。保釣在海外，向親中的「統一運動」路線發展，是從知識人對體制和權力的對抗，轉為對權力的依附。《七十年代》獲中共重視之後，就更難以獨立輿論的姿態與中共的意識形態保持距離了。

這既是《七十年代》的「成功」，也是我困惱的開始。

二〇二一年五月三日，法國《世界報》說北京正在尋找「非常有用的白痴」以成為「新時代的斯諾」來宣傳形象。我在當年，可能也是「非常有用的白痴」。

（原文發布於二〇二一年九月二十七日）

68／「白痴」的妙用

法國《世界報》以「非常有用的白痴」來形容斯諾和某些特定的中國境外人士，真是恰當和妙於形容。「白痴」是指這些人很天真，容易輕信，不過就不是懷有個人利益目的去扭曲事實。「非常有用」是因為這些人沒有明顯的中共背景，不屬於中共宣傳機器中人，故較有公信力。中共數十年來，儘管在世界各地辦了許多隱性的「外宣」，但組織上、財務上隸屬中共，都受中共意識形態束縛，不敢大膽直面事實，難取信於讀者。「非常有用」還因為報導敘事的態度坦誠、生動並有可讀性。說是「白痴」，是作者自己被中共誤導、講自己相信的事，但其實是不了解專權政治的特質和內情。

有用則取無用則棄

斯諾一九三七年的著作《紅星照耀中國》，令全世界讀者對中國共產黨改觀。抗戰開始後這本書以《西行漫記》的書名在中國風行，無數懷著愛國救亡心志的青年因讀了這本書而奔赴紅色根據地。中共以槍桿子和筆桿子兩大武器打贏內戰，建立政權，其中的筆桿子即輿論戰，得力於「非常有用的白痴」至大。但斯諾這本書在一九四九年中共建政後，在大陸長期都沒有出中文版。原因是書中所述與中共建立政權後此一時彼一時的政策不符。比如書中指中共政權是某種民族主義形態，與斯大林式社會主義不同，這不符合中共宣稱是正統社會主義，尤其建政初期「一面倒」向蘇聯的國策。書中描述的革命史和毛澤東形象，與中共的歷史記敘也有偏離。在要求「絕對正確」的宣傳方針下，這本書的中譯本，只在斯諾一九六〇年訪華時出版了「內部發行」版，目的自是要讓斯諾看到自己著作在中國出版，出自統戰需要。到二十一世紀，這本書才再在大陸發行。

從《西行漫記》在中共奪取政權之前的廣泛發行、推動閱讀，到建立政權後對此書的冷待，就可以看到，對中共來說，「非常有用的白痴」最關鍵是「用」，也就是說，所有的文化產品、歷史記述、作者的認真寫作、個人的道德尊嚴，都抵不上一個「用」字。有用則取，無用則棄。

二〇二〇年六月二十四日，時任美國國家安全事務顧問的奥布萊恩（Robert O'Brien）在一次演講中，承認幾十年來，無論是美國政界、商界、學術界，還是新聞界，都對中共有誤判，即「相信中國共產黨會變得開明，會滿足中國人日益增長的對民主的渴求」。並說「這個想法被證明是非常幼稚的。我們已經大錯特錯了。這種誤判導致了自上世紀三十年代以來美國外交政策上的最大的一次失敗」。他所說的上世紀三十年代這個時間點，正正就是斯諾的《西行漫記》出版的時候。可見這本書對美國政策、對國際局勢有多大影響。

一九七一年中美關係的突破，其國際局勢的背景，是美蘇兩個超級大國建立在核恐怖平衡上的冷戰。美國面對主要對手蘇聯，又陷入越戰泥沼，而恰好中蘇對抗在一九六九年發展到珍寶島武力衝突的階段。蘇聯甚至向美國試探，如果以核武器向中國的核子基地進行一次「外科手術」式的襲擊，美國會否保持中立，而得到的反應是美國堅決反對動用核武，不會袖手不顧，並立即向蘇聯本土一百三十四個城市、軍事要點、交通樞紐、重工業基地發出進行準備核打擊的指令。美國的反應遏制了蘇聯的盲動。而蘇聯對中國要進行核打擊的企圖，也促使美國在國際戰略上選擇與較次要的敵人聯手對抗主要敵人的策略。這是中美關係突破的時局背景。

美籍學者紛紛訪華

中國在得知美國對蘇聯核打擊的反應後，在一九七一年四月邀請美國乒乓球隊訪問，並同意斯諾發表與毛澤東的談話。美國國務院同時間宣布解除對中美往來的封鎖。於是，隨著中美關係的突破，帶來了美籍中國學者接二連三訪問中國的潮流。走在最先的是物理學家楊振寧。

他在美國解除封鎖後就到中國訪問了四星期，同周恩來進行了五小時的宴會。一九七一年九月二十一日，他在任教的紐約州立大學石溪分校作了一次「我對中華人民共和國的印象」的英文演講。《七十年代》很快地取得了談話錄音帶，並翻譯刊登在同年的十一月號。對中共的統戰來說，這個談話也真是「非常有用」。它帶頭引導了旅居外國的學者、作家、名人的訪華潮，以及紛紛在《七十年代》上發表他們在大陸被刻意安排的訪問中所得到的印象和感想。

這些學有專精的人物，不敢說他們是「白痴」，但卻肯定是在中共刻意安排引導下的見聞。在當時的風潮下，刊登這些訪問雖有新聞價值，但在中共國內局勢翻覆變遷之下，專權政治的特性暴露，我覺得應該對讀者作出認識上的糾正，才是一份負責任的雜誌應有的做法。

（原文發布於二〇二一年九月二十八日）

69／我與中調部　懷念潘靜安

在保釣運動和中美關係突破的形勢下，中文傳媒左派踟躕、右派保守，《七十年代》可以說是抓住時機，搶佔了海外和香港知識人的輿論市場，銷量激增。當時我們用薄紙印航空版，每期一出版就空運到美加歐澳各大城市，由當地的書店或留學生取貨發行。一九七一、七二年暑假，許多留學生回港，紛紛到我們雜誌社來聯繫。我輪流會見訪客，像醫生看診那樣，相當忙碌。在香港，《七十年代》也風行大專界。

那時學界掀起「認中關社」（認識中國、關心社會）的風潮。香港有保釣示威的行動派，但更多的是大學各組織的學習會、討論會，我也常被邀到各大專學校演講。大致是為中國說好話，解釋大專學界對中國的疑慮。那時有學生稱我為「青年導師」，後來我覺悟，深感愧疚，於是自嘲是「青年誤導師」。

引見中共在港高層

這段期間，我新交了許多年輕朋友，他們主動與這份左派雜誌接近，主要是在思想上尋出路，而他們也向我提供了西方和香港大專界的思想新動向，其中特別是台灣情況，台灣人的感情和自主的意識傾向。我將一些知識人的來信，或聽到的獨特看法寫成書面，反映給香港出版界的領導人知道，我的目的其實只是想讓當時對外界處於封閉狀態的中共了解些實情，免除他們隨便把我們不同意見的文章判作「敵人」。我從來對於「打小報告」的行為很敏感也不齒，我的彙報絕不表達對某個人的好惡，至於許多來信中對於中共一些做法的尖銳批評則會原文照錄。

也許是雜誌的影響力觸動了中共高層，也許是我關於西方和台港知識界的思想動向的彙報引起中共的注意，也有人說是出自周恩來的指示，總之我就被引見了中共在香港的高層，包括時任新華社副社長的祁烽。而聯繫最多也最直接的是潘靜安。他的職銜是中國銀行的副總稽核，但實際所做的事應該與中行業務完全無關。他的辦公室在舊中國銀行（那時還沒有新行）的二樓，去他辦公室常可見到左派的檯面大人物，如費彝民、王寬誠、吳康民等人。後來有人告訴我，他是中共中央調查部在港澳的負責人。我當時不知道調查部是做什麼的，但從潘靜安介紹我到大陸去聯繫的組織來看，是相當神祕和有權力的機構。我在一九七七年去北京，被安排與「部長」羅青長談話，但我不知道他是什麼部長。後來知道就是調查部，亦是對台工作負責人。人稱潘公的潘靜安，周恩來就稱之為「小潘」，關係非比尋常。也許因此而令潘公在香港的中共組織中，具一定的淩駕性。

一九七二年我被邀請參加國慶觀禮團，應我的要求，被下放到幹校的五叔，被傳回北京與我見面。他那時還沒有脫離文革的厄運，但他多年後對我說，我的到來和要求同他見面，使他的狀況有所改善。

在潘公的安排下，我妻子也在一九七四年帶同兩個女兒，以「調幹」方式來香港工作，被安排在商務印書館編輯部，並有住房。對個人生活來說，這是很大的轉變。

待人寬厚無官架子

搜尋資料得知，調查部是情報部門，那時直屬於周恩來。一九八三年這個部門整合到國家安全部。潘公原名潘柱，一九一六年出生香港，二〇〇〇年在北京去世。他一九三八年參加共產黨，在日治時期擔任中共八路軍駐港機要祕書。電影《明月幾時有》所講的轉移大批滯留香港的文化人到內地的故事，實際負責轉移工作的就是潘靜安。

潘公擅書法、篆刻，直到現在，他的書法手稿仍見之於拍賣市場。他在香港一個人獨居，沒有家屬。他待人寬厚，語言風趣，一點官架子都沒有。我那時常去他辦公室談話，麗儀調來香港後，她與潘公更多接觸。到一九七五、七六的文革後期，麗儀對中國的極左傾向不滿，常向潘公當面質疑，潘只是閉口不談。我認為他因為與周恩來、羅青長的關係，加上他國學根底深厚，對文革理所當然會有自己看法，但卻不能講出來。

一九七六年《七十年代》要搬遷，他親自去為我們謀畫地址，後來又為我們要成立的天地圖書搜集書法字體。一九八二年他調回北京，那時《七十年代》已經與左派割裂。在我決定要離開左派陣營時，他沒有找過我談話，我和麗儀也沒有問過他意見。他一生為中共效命，已寄命於黨，他不阻止我的脫離，我覺得已經很厚道和通達了。在麗儀調來香港的事情上，他是促成者，我感激和懷念他。他去世時，《大公報》前社長李俠文說：「潘靜安是共產黨幹部中的稀有品種，可以說是絕種了。」

（原文刊於二〇二一年十月一日）

70／非蠢人合做蠢事

記潘靜安文後，有網友留言說，「他上司潘漢年就慘了。他就仲得到鄧文釗起番間靜安居紀念」[1]。

靜安居位於中環伊利近街五十五號，是一座五層的樓宇，於一九七五年入伙，現在還有租售盤。它是鄧廣殷為紀念在日治時期，營救他父親鄧文釗一家離開香港到內地的中共負責人潘靜安而命名的。靜安居入伙時潘公仍然在港，我與他常見面，但未見他提起。相信因時在文革期間，他避免與資產階級置業扯上關係的緣故。

鄧文釗一九〇六年生於香港，系出名門，曾祖父是有「打石六」之稱的香港開埠初年石業鉅子鄧元昌，家族當年有很多物業。鄧文釗娶何捷書為妻，何家是香港茶葉地產商，何氏係廖承志之母何香凝的姪女。鄧由此結識中共人士，出資支持共產黨。抗戰開始後，中共中央派廖承志赴港，設八路軍辦事處，鄧文釗騰出自己的進出口莊，做中共聯絡站，接收僑胞捐贈款物，支援中共。故日佔後，鄧文釗一家也要撤離。

一九四九年中共建政後，鄧文釗於一九五一年春，在廣州創辦第一家公私合營企業，投資廣東建多間工廠。在美國禁運期間，亦私運大批軍用物資往大陸。他隨後投身祖國，一路出任各公職，最高職位是副省長。一九七一年文革期間逝世。是否在文革中受到批鬥？不得而知。但據文革鬥倒所有當權派的情勢估計，他恐怕也不能倖免，只是因為他從來都只任副職，不是居實權地位，衝擊恐怕也不大。他早期在中國的投資，早已被公私合營去了。一個熱心中共革命事業的香港人，不管貢獻多大，都會被中共在「使用」中存疑，不可能重用。

他兒子鄧廣殷一直居港，寫過一本關於鄧文釗的書，二〇一五年去世。鄧家與潘靜安關係密切，有報導在一九九〇年代，鄧廣殷還到北京醫院探望病中的潘公。

情報人員下場悲慘

至於潘靜安在抗戰期間的上司潘漢年，那是自一九三〇年就擔任中共情報工作的人物。領導地下黨組織，代表中共與國民黨談判合作抗日，又奉毛澤東命令與汪精衛談合作。一九四二年，與廖承志一起領導香港撤退大批反日人士的行動，期間是潘靜安上司，潘靜安做具體工作。

中共建政後，潘漢年任上海市副市長，一九五五年被祕密逮捕，一九六三年最高人民法院以內奸罪名判刑十五年。毛澤東批示潘漢年為叛投國民黨的人物，應當處決但是不宜處決。中共情報負責人李克農，和負責過情報系統的高層官員包括周恩來、陳毅、羅瑞卿對潘漢年被捕都意外，也提出過反對意見，認為潘漢年所做的所有與「敵人」聯絡的工作，都是奉命行事，而且也

1 語譯：他還有鄧文釗為他建靜安居作紀念。

都有彙報。他的情報對中共極為重要，立有很大功績。但毛一錘定音。一九六六年文革開始後潘漢年又重新收監，一九七六年重審被開除黨籍、判處無期徒刑，一九七七年四月逝世。中共中央一九八二年對潘漢年平反，追評為「優秀忠誠的共產黨員」。「優秀忠誠的共產黨員」在共產黨掌權的幾十年卻過著人生最悲慘的歲月。

一九五五年，潘漢年曾經說過：「凡是搞情報工作的大多數都沒有好下場，中外同行都一樣。」

潘靜安既是香港人，又被派擔任情報工作，在中共極左思潮一直揮之不去的情勢下，自然是非常小心。

英雄故事幕後真相

中共紫荊網在二〇二〇年有一篇報導，說在「反英抗暴」期間，出版界的領導人藍真接到一個任務，要求他把《毛澤東選集》和《毛主席語錄》送進赤柱監獄，給被監禁的「抗暴戰士」學習。藍與潘公商量，兩人又到赤柱監獄附近的山上觀察形勢，發現每天早上某時辰，赤柱監獄大門打開，幾輛房車駛進。於是某日藍真就坐一輛房車，在赤柱監獄開門之時混入，車停在監獄辦公室門口，藍真下車，捧著《毛澤東選集》和《毛主席語錄》，放在工作人員的辦公桌上，並且聲言：他是代表三聯書店將紅寶書送予獄中戰友供學習之用。監獄工作人員大為愕然，不明所以，可能也不知道如何分發給囚犯。第二天，香港左派報紙以頭版報導此事。

紫荊網簡直把這件事當英雄故事了。但把毛著神化的左派人士，也許不知道領袖生活工作的日常與幕後。

據老報人徐鑄成告訴我，在文革期間，上海出版局局長羅竹風被批鬥，造反派要他認錯、投降，要他朗讀毛澤東的《敦促杜聿明等投降書》。羅竹風覺得很難去讀，因為毛的這篇文章其實是內戰期間由羅竹風寫的，一九四八年以中原人民解放軍司令部名義發表。毛把羅的文章據為己有，收進《毛選》。羅事後對徐說，是我寫的文章，我怎麼能自己敦促自己投降呢？

我同潘與藍當年都有很多接觸，我不認為他們是蠢人，就人格來說，甚至是值得敬仰的人。但在黨性支配和對領袖盲目崇拜之下，合起來就會做蠢事。

（原文發布於二〇二一年十月四日）

71／接近絕對權力的亢奮

二〇二一年九月去世的美國著名新聞記者梅兆贊（Jonathan Mirsky），年輕時是激烈的反越戰分子，以「毛粉」自許，在中美關係突破的一九七二年首次訪華。到中國後不久，訪問團就被帶去見一個「典型的中國工人家庭」。那戶人家似乎很富裕，家裡布置得不錯。接待的人告訴訪問團，在中國，犯罪是不存在的。第二天早上，梅兆贊在附近散步時，碰見了來自那個「典型」家庭的父親。他邀請中國話流利的梅兆贊到他真正的家裡去，那是一間破舊的寓所，並說，事實上，他們頭天去的是中國當局專門安排給「外國友人」參觀的公寓。這名男子還解釋說，犯罪行為其實並不少見。

「我震驚不已」，梅兆贊說。在短短四十八小時裡，他從「毛粉」變成了一個幻想破滅的懷疑論者，之後，他開始「對每一個地點、每一次介紹、對每件事的說法，都持懷疑態度」。

這是中國在接待外人訪問中偶然出現的紕漏。類似事件在一九七四年美國保釣積極分子郭松棻首次訪中時也發生過。接待他的人遲了一天現身，使他看到了一些現象，而這些現象與他其後被接待所見截然不同，於是，他對中國所有的宣傳全都採取置疑態度。

接待外賓弄虛作假

但出紕漏的事情很少發生。中國對接待外賓的工作非常重視，對訪客的背景先詳細了解，接待必須投其所好。與訪客會見的人，無論是老百姓，還是不同等級的官員，都經過細心安排。我在北京任高幹的五叔有一次對我說，接待外賓的工作對各單位都是第一優先，出紕漏要追究責任。

一九七一年中美關係突破後，連續幾年是美歐人士的訪華潮，特別是華裔人士，又特別是一些學者、名人。他們回到當年離開後許多年都沒法回去過的大陸，首先就被緬懷故土的情感綁架，覺得什麼都是好的，所有不好都是可以原諒的；其次，他們都在被接待中行動，被安排所見的人、地、事，與真實境況有很大差異；其三，在訪華過程中，他們會被安排與中共領導人見面，從毛、周等最高領導人，到因應訪客專業的不同部門領導。通常會面都在夜間，有時會見到凌晨，以顯示領導人的忙碌和對訪客的重視——這麼忙、這麼晚還要接見。

這三點，是為中共製造「非常有用的白痴」[1]的殺手鐧，可以說是無往而不利。第一點，是歷史因素和主觀因素。第二點和第三點，則是刻意安排，甚至有心作假。在第一點的感情加持下，使第二點的「假」也幻作了「真」。第三點，實際上那些領導人在會見前都看了許多有關訪客的

1 參考篇目67。

資料，有祕書提供談話要點，不但使訪客因領導人了解自己而自覺不凡，而且也為領導人的博識而傾倒。比如，毛澤東見楊振寧就同他大講科學。更重要的，是掌絕對權力使中國領導人有一種光環，被接見者就會有「榮譽感」、「特殊感」，不自覺地興奮起來。我後來發明了一個用語，說這是「接近絕對權力的亢奮」，是「亢奮」不是「興奮」，因為是屬於生理性的反應。在接近絕對權力之後，往往會不自覺地美化掌權者，會不經意地侃侃而談，甚至胡言亂語，誇大其詞地寫文章。報界名人也有因此而改變輿論傾向。

這種「接近絕對權力的亢奮」感，在專家學者身上特別顯著。因為他們自命不凡，自以為可當國師，領導人的接見是對他們不凡的加持。其實，對中共領導人來說，那只是演一場戲。

誤導學者吹噓國力

那幾年，《七十年代》刊登了許多這一類的華裔學者的訪華文章。從辦刊的角度來說，這些文章有一定的新聞價值，但就影響來說，這類文章帶有很大的誤導性。一九七六年毛死後，四人幫倒台，我們終於對這種誤導作出扭轉。

麗儀說，在文革極左時期，她下放農村，那時鼓勵「貧下中農」家庭出身的農民去「憶苦思甜」，也就是回憶舊社會的苦，思想新社會的甜。但農民們講到「苦」，幾乎都說最苦是一九五八年大躍進而導致接下來三年的飢餓歲月。貧下中農沒有按中共的指揮棒講虛假故事，只是講自己的真正經歷。沒有知識的人比知識淵博者更誠實。

在絕大部分的華裔學者訪問中國的文章中，後來較受到《七十年代》讀者質疑的，一是趙浩生，另一是何炳棣。何炳棣是著名的史學家，一九七五年他訪華時正值全球石油短缺時期，訪華後他撰文吹噓〈中國是石油資源最豐富的國家〉，但沒有真實根據。他後來說當時是受中共領導者之一的姚依林所誤導。也就是說，文章是「接近絕對權力的亢奮」的產物。至於趙浩生，原是新聞記者出身，在耶魯教中文。他那幾年在中國訪問了許多文化人、學者，寫的是對話體的訪談。他多篇訪談內容講當時極左的話題「批林批孔」，是《七十年代》後來引起反感的一批文章。

（原文發布於二〇二一年十月六日）

72／貓頭鷹隻眼開隻眼閉惹禍

世故的人最善於趨利避害。趙浩生一九七三年訪問中國，除了寫個人觀感外，還寫了許多對文化名人的訪談，實際上受訪者事前都被當局安排好談話內容，是在他們本行範圍為中共說好話。

不過，最詭異的是，他的極左報導，有些竟然使當時《七十年代》觸犯了極左禁忌。自創刊以來，中共駐港領導層對《七十年代》每期內容都不會過問。尤其是一九七一年保釣後，《七十年代》獲周恩來青睞，我們更是備受中共駐港高層的肯定和有更多聯繫。但想不到從一九七四年開始，左派領導忽然對我們不再視為外圍刊物，而是每期內容密切關注，要求在正式發行前先給他們審閱。常在發行前一天，就告訴我有哪一個字眼不妥，要修改。對辦雜誌者來說，這真是一件很頭痛的事，因為雜誌已經印好了，重印除了金錢損失，還耽擱發行時間。中共領導不是我們的老闆，卻是政治的上級，上級要這麼做，也沒辦法。因此，有兩年，每期出版前兩天我都心驚膽跳。雖然雜誌仍然暢銷，但我卻感到極左的干擾不是好兆頭。

硬改雜誌訪問內容

舉例來說，有一次趙浩生引述他在北京訪問作家謝冰心，謝冰心說，周恩來曾經跟她說，「毛主席是可敬而不可學。你對他萬分敬佩，但你學不到他那樣」。這句話現在看來是大可商榷，但意思卻很清楚。但當時香港左派領導表示，我們一直在說要學習毛澤東思想，這句話說他「不可學」是明顯的政治錯誤，一定要改。我解釋說，「不可學」的意思接著已經都說得很清楚了，是「學不到」而絕非「不該學」的意思。但辯解無用，結果還是要硬改為「可敬而不可及」，儘管這已經不是謝冰心的原話。而且這麼大陣仗去審查、修改，與讀者何干？不是很無聊嗎？

我一直不知道為什麼會從一九七四年開始，對雜誌要事先審查。直至一九七六年毛死後，四人幫倒台，我在一九七七年被邀到北京，見到中調部部長羅青長，他說，出刊前審查對一本香港雜誌來說是不應該的，這是受當時國內局勢影響才有的做法。

當時中國的局勢是怎麼回事呢？後來得悉的情況是：因為我轉了一封美國留學生的信給潘靜安，潘公上傳時出了問題。一位在芝加哥大學的香港留學生，說有一個年輕的美國教授維特克（Roxane Witke）到芝大演講，說她在中國獲江青接見了七天，一共談了六十小時，江青說要維特克寫她的生平事蹟，要像斯諾寫《西行漫記》那樣讓她在世界知名。她對自己的生活、際遇、感情世界不保留地訴說，講她在上海當明星有好多男子追求，說她跟毛澤東的感情經歷和生死與共，一起轉戰陝北戰場，自比呂后武則天……。這位留學生說維特克是無名之輩，江青傾囊以授，顯然信錯人了。

被江青派系挑毛病

維特克與江青的訪談，是一九七二年的事。原本江青答應維特克把六十小時的錄音稿整理並翻譯成英文提供給維特克，但周恩來介入此事，並請示毛澤東，停止有關此事的所有工作，文稿封存，也不提供給維特克。因這件事而引致周恩來系統與江青的文革派系統的暗鬥激化。

我轉上去的這封來信，應該在周恩來處理此事之後了，但也是打擊江青的一個砝碼。於是，江青文革派所把持的宣傳系統，就向她認為屬周恩來系統的《七十年代》挑毛病了。

一九七三年十二月號《七十年代》發表了趙浩生訪問中國名畫家吳作人、李可染的文章，吳李所談到主要是與早就過世的齊白石的交往，講齊的為人、畫風，沒有什麼可以非議。但江青卻在這時候發動對「黑畫」的大批判。「黑畫」風波的起源，是黃永玉一幅貓頭鷹的畫，江青指這幅畫把貓頭鷹畫成一隻眼開一隻眼閉，是「別有用心」；接著就批判所有的山水、花鳥、動物、人物的傳統畫作，說是宣揚「封資修」意識。後來還是毛澤東開腔，說「貓頭鷹本來就是一隻眼開一隻眼閉的，這個畫家懂得這情況」。黑畫批判才告一段落。

黃永玉後來在《九十年代》寫過一篇文章，講貓頭鷹事件。

轉一封信給中共駐港領導人，怎知道會引起如此大風波？訪問吳作人、李可染、謝冰心，都是迎合中共的談話，怎知道會惹禍？一幅貓頭鷹畫怎料到會大禍臨頭？專權政治體制下，內鬥是外界無法捉摸的。在左派陣營裡做事，誰也不知道會碰觸到內鬥的什麼問題，也不知道災禍何時會降臨，出了事就像出車禍一樣不可預知。

（原文發布於二〇二一年十月八日）

黃永玉畫作〈貓頭鷹〉。彩墨紙本 96.5 x 89 cm。

第三章

73／從釣運開始反思統運

周恩來是一九七六年一月八日去世的。有關報導說他在一九七五年九月讀到一篇〈訪蔣經國舊部蔡省三〉[1]的文章，特意要將此文轉給中調部部長羅青長。他死前半個月左右，在身體極為衰弱的情況下要見羅青長，特意囑咐他：「一定不要忘記台灣的老朋友，張學良將軍和張鎮將軍。」

蔡省三的訪問在《七十年代》一九七五年九月號刊登。那時正值中共釋放一批當年被俘虜的國民黨戰犯到香港，他們表示要去台灣，而國府卻不批准入境。蔡省三是蔣經國經營贛南時期的舊部，在戰犯中較年輕，其時又正值蔣介石去世未久、蔣經國接掌權力，因而我們的訪問算抓住時機。

從周恩來臨終的關注，和羅青長與潘靜安的直屬關係，也許可以明白《七十年代》獲中共重視的原因，就是我們大篇幅報導釣運，從而接觸到許多台灣留美留歐的學生、學者，雜誌反映他們的動向和想法，這是中共需要了解的，但因為文革與世隔絕而無從知悉。這也許是我們被調查部籠絡的原因。

招募留學生出國工作

中共極為重視對台工作，但實際上他們對台灣的了解，只停留在與國民黨的舊有關係上，而且近乎訊息封閉狀態。比如周恩來臨終前囑咐不要忘記的台灣老朋友，其中的張鎮是一九四五年毛澤東到重慶與蔣介石進行國共和談時擔任保衛工作的，此人一九五〇年已在台灣病逝。周恩來懵然不知。

一九七一年保釣和中美關係突破，這一年十月聯合國通過接納中共的議案。中國自文革以來，教育基本停頓，翻譯人才絕大部分都被當作「臭老九」。所謂「臭老九」，就是文革將「敵人」劃分為地、富、反、壞、右、叛徒、特務、走資派這八種人之後，第九就是知識分子。文革中期，「臭老九」不是下放勞動，就是投閒置散。即使有翻譯人才，中共也不放心讓他們出國。為應付聯合國工作，就大量招募旅美旅歐的台灣或香港的留學生，香港也有個別人士通過我的介紹而前往聯合國。這批在聯合國工作的人，尤其是台灣去的，很多都成為《七十年代》長期作者，比如張北海，和「自由神下」專欄的殷惠敏、金延湘、余剛等。保釣為中國入聯合國準備人才，也為《七十年代》提供寫手。

釣運在一九七一年末，就告分裂。釣運的主流，將釣運轉向「中國統一運動」，也就是「統

---

1 參考篇目104。

運」，而另一部分親國民黨的學生學者，就將釣運轉向「革新保台」運動，還有一部分轉向「台灣獨立運動」及「支援台灣民主運動」。

釣運的主流派，那兩年紛紛組團訪問中國。除此之外，台灣也有保釣運動。那時台灣的一些反對派即所謂黨外人士，受國際傳媒影響，也有想到大陸去看看的。其中有個別人士通過我與中共聯絡，接受款待。

時勢造就「統一」認知

台灣當時處於戒嚴時期，島內實行黨禁報禁。一些著名的中國左翼作家的作品，在台灣都看不到，比如魯迅。台灣報紙雜誌報導中國大陸，都過度醜化，即使是事實，也因為用語而使讀者懷疑其真實性，比如「共匪」、「毛酋」等等用語。留學生出國，看到的書籍、媒體不是如台灣國民黨所宣傳的那樣，於是由懷疑台灣報導的真實性而轉向徹底否定，並因此而很容易被中共宣傳或西方「非常有用的白痴」[2]的中國見聞洗腦。

和絕大部分具中國情懷的知識人一樣，我當時主筆政的思想傾向，也是認為「統一」是不容置疑、天經地義的。一九七二年一位回港任教港大的學者寫了一篇長文講台灣問題[3]，大篇幅批判台獨；其後有一篇文章回應，講「台灣人的感情必須尊重」，但基調仍然是「統一」，只是要以尊重台灣人的愛鄉土感情，和理解台灣人長期受歧視所形成的反外省人統治的感情，去推進統一而已。

即使如此，《七十年代》還是受到海外台籍人士的關注，原因是我們揭露台灣蔣政權的苛政，符合當時台灣人的意向；我們對中國大陸的報導，也是台灣人較少看到的，可能迎合他們的想像。雜誌常被人帶入台灣，受許多人傳閱和珍惜。

那些年，台灣旅美旅歐的學生學者，在訪問中國之後，有不同的反響。我發現，外省籍人士，比較在意中國接見他的領導人的等級，比如問我廖承志是哪一級，也留意中國的政治發展；台灣本省人對大陸本身的發展不那麼關心，他們若被領導人接見，多會關注中國的對台政策，比如是否支持台灣人民爭取自主的運動等等，而所獲印象和他們的期待有很大差距。

不同的反響，使我反思對台灣問題先入為主的觀念。複雜的問題還是不設限地開放討論為好。

（原文發布於二〇二一年十月十一日）

2 參考篇目67。
3 〈台灣問題：回顧與前瞻〉，作者筆名鄭東華，於一九七二年五月號、六月號分兩期刊登，後來亦有出版單行本。

74／那年代的台灣朋友

一九七二年《七十年代》刊登了一篇〈周恩來會見台籍人士側記〉，作者[1]與幾位旅美台籍學者一起到中國訪問，並與周恩來長談四個半小時。即使釣運已向統運發展，參加保釣的台籍人士也並不抗拒「統一」，而是探尋中共對「統一」的政策。這篇文章引述一位台籍學者對大陸台籍同胞的現狀表示關切，願見中共政府啟用台籍幹部；又說台灣的本土意識不是「排外」，只是台灣人不願再做「二等國民」。周恩來回應說，若不是他坦率說出這點，他尚不知有「二等國民」的說法。

這位台籍學者提出的兩點，是當時海外台灣人對中共推動「統運」的關切所在。如果台籍人在大陸，也同當年在台灣那樣受到排擠，如果統一後台灣人仍是「二等國民」，那麼叫台灣人如何接受統一呢？

一直被外來政權統治

「二等國民」的說法，其實已經較為溫和，台灣人當年的身分意識，是作家吳濁流在一九四六年寫的《亞細亞的孤兒》。在日本殖民統治時期，不被視為日本人；個人到了中國大陸，不被視為中國人；戰後台灣人敲鑼打鼓歡迎國軍來台，結果迎來二二八事件，此後台灣人只能自稱為本島人，不能稱「台灣人」，在軍公教系統都由外省人掌權的情形下，台灣人確實是「二等國民」。而周恩來對此渾然不知。

當時台灣人的心結，是台灣在歷史上一直被外來政權所統治，從來沒有真正由台灣人當家做主，且別說民主制度了，就連自主也從未有過。滿清與日本交戰打輸了就割讓台灣給日本，二戰後戰勝國就決定把台灣交還中國，國民黨在內戰中戰敗了就把中央政府遷來台灣，並在台灣實施戒嚴，使台灣的自由和法治比日治時更不如。台灣人在漫長的歷史進程中，完全沒有自己的角色。

六十年代中期中國掀起學毛著高潮，接著是文革，西方的左傾思潮有了毛派，台灣也有追求社會主義理想的知識人。歐美的台灣留學生和學者，有不少人仰望「紅星照耀的中國」，以為可以在宣稱「人民當家做主」的中國大陸奉獻自己，甚或想促進台灣與大陸的統一。在釣運漸告平息後，一九八二年我在美國訪問了七位曾經受社會主義和愛國主義熏陶的知識人，談他們一路走來的心路歷程。其中之一是一九六六年十月在文革剛發生時，偕同妻子陳若曦從歐洲申請回中國服務的段世堯。兩夫妻在文革時的中國生活了七年，兩個兒子在中國出生，全家於一九七三年中

1 筆名蔡刊，即後來任教香港中文大學、台灣中正大學的學者李南雄。

請離開中國，到了香港，陳若曦在香港寫下了轟動一時的文革小說，蜚聲國際。其後全家移居北美。

段世堯一九五九年從台灣到美國留學，在美國讀了許多關於中國的書，最受影響的是斯諾的《紅星照耀的中國》。在約翰·霍普金斯讀博士班時，與楊振寧的弟弟楊振平同住。一九六〇年，在事先安排下，楊振寧、楊振平到瑞士，與他們的父親、從上海來的楊武之家人團聚。楊振平同段世堯講中國的事，讓他很感興奮。接著他與一些同樣嚮往中國的台灣學生組織讀書會，在相互鼓勵之下決心「回歸」中國。

七年在中國的經驗，個人的專業、能力完全無機會發揮，貢獻「幾近於零」。雖然因為是台灣同胞而沒有受到很大的政治衝擊，但眼看到的中國政治是赤裸裸的權力鬥爭，社會上無止境的批鬥生活，使他感到極度恐懼。起先還一直想說服自己留下來，但越來越覺得在這種制度下再也過不下去了。

回歸祖國沮喪離開

因《七十年代》的讀者關係，我在香港也接觸到一些台灣人，其中一對林氏夫妻，是一九六八年從日本乘船潛往中國大陸的。原因是那時一位留美學生陳玉璽因為發表親共言論被國府拒絕護照展延，他前往日本觀望，在日本因逾期居留遭遣返台灣，判刑七年。林氏夫婦是留日學生，與陳氏有牽連，他們也嚮往祖國，擔心被遣返台灣，於是選擇潛往中國。但到埗[2]後一直沒有工作，只是養著，最後遣送他們去澳門。他們在澳門無所事事。後通過我的聯繫，輾轉來香港，有工作生活才安定。一九七六年以林立的名字寫了本《台灣史話》，我們雜誌社出版。非常善良樸實的兩夫妻，當年我跟他們有較多交往。

還有兩位當年也是想投奔祖國大陸，而滯留在香港的台灣人。他們不被中共接受，又回不去台灣。台灣解嚴後，他們和林氏夫婦都能回台灣了，可是他們在台灣的聯繫中斷太久，所以也沒有在台灣留下來。也許殖民地時代的香港更適合他們。

比起我們那時代的香港人，台灣人要回歸中國大陸，面對的阻力和自己的決心都要大很多，但回歸後的遭遇卻沒有不同，而且幾乎最後都灰頭土臉離開。還是白樺那句話：你愛祖國，但祖國愛你嗎？

（原文發布於二〇二一年十月十三日）

2 抵達。

75／林孝信與郭松棻

一九八二年我訪問當年七位旅美左傾青年當中，有兩位台籍人士，一是林孝信，一是郭松棻。

我第一次訪美的一九七九年，曾在芝加哥林孝信家住了幾天，那時有台灣來的黨外人士來訪。所謂「黨外」，就是指台灣黨禁時期國民黨以外的反對派政治人士。那是我生平第一次接觸台灣的反對派。通過林孝信的聯繫，我接著在美京華盛頓又見到被稱為「黨外祖師爺」的元老郭雨新。他們那時候應該知道我有中共背景，但都坦誠與我交換意見。

林孝信原在芝加哥大學讀物理博士班，並在美國為台灣的《科學月刊》組稿及擔任聯絡工作。一九七一年他投入保釣運動，出版的《芝加哥釣魚台快訊》是保釣運動壽命最長的一份。

中共支持國民黨

一九七四年被國民黨政府吊銷護照，使他沒有了研究經費，在美國的居留也成問題，當了「黑市居民」。釣運後期主要分裂為統一和台獨兩條路線，林孝信兩邊都不參與，而是致力於推動在海外支援台灣的民主運動。他認為統一、認同中共，所追尋的，是他和台灣人都不了解的事物。台獨並不實際，而台灣民主運動卻是他們認識和可以實際致力的。他認為釣運不應導致反台獨，中共亦毋須反台獨，反台獨實際上損害多數台灣人要求作主的感情。林孝信並不反中，他和當年的許多黨外人士一樣，希望中共支持他們在台灣的民主運動。但許多黨外人士跟中共接觸及到大陸訪問以後，發現原來中共更願意支持國民黨，而真正反對的就是台灣人當家作主。

台灣實現民主之後，林孝信在一九九七年得以回台。返台後，致力推動社區大學，希望藉著知識傳播，讓社會更符合公平正義原則。他在台灣推廣通識教育，擔任多個推廣通識團體的公職，不倦地夜以繼日工作，他妻子說他常常一天當三天用。在二〇一五年十二月患癌病逝。

一九八二年訪問後，我再也沒有見過林孝信，在跟他短短的交往中，我了解到一個台灣人可以為台灣獻身到怎樣程度。

郭松棻是保釣積極分子，並最早在加州柏克萊保釣會將釣運推向中國統一運動。郭是小說作家，在留美時期，左傾思潮狂熱，他沉迷當時西方左翼追求的馬克思主義理想。他看到中國《人民畫報》上的民兵，覺得連槍都可以發給人民，這個國家的人民多麼有權。然而，當他一九七四年去中國訪問四十二天，整個經驗卻像一場噩夢，雖然被接待被引導，但他以在中國社會生活的設身處地去思考，感到人民的生存權利和自由都不被尊重。他反省自己推動統運，「不能不說是受中國宣傳品的統戰，而產生對中國的不實看法，其實那時候中國人民正陷於四人幫時代的絕境」。

一九七九年我去美國，與幾個在聯合國工作的前保釣積極分子交談，其他幾個人都還能夠諒解《七十年代》前幾年刊登許多「非常有用的白痴」的訪華文章[1]，覺得勢非得已，但郭松棻不能諒解，他說他已經「拒絕看《七十年代》」了，他當面向我表達憤怒之情，使我印象深刻，不能不深自檢視自己的過去。一九八二年訪問郭松棻時，他仍然醉心於研究馬克思主義和左翼思潮，但對中國的事情已毫不關心。一九八九年六四，旅美華人大多極為悲憤，那一年我見到郭松棻，他對這事件一言不發，彷彿與他毫無關係。從保釣時對中國的熱衷，到這時的冷漠，這是對自己的思想認識多麼忠誠、多麼認真的人，才會有的哀莫大於心死的表現呀。

郭松棻二〇〇五年七月於紐約病逝。他妻子李渝也是作家，二〇一四年在紐約自殺身亡。郭松棻之弟郭松年說，這十年，李渝一直走不出喪夫的陰影。兩夫妻是忠於自己思想的壓抑悲劇。

沒有不變的「真理」

一九七九年四月，我在香港邀約了一些學者和意見領袖，舉辦一次「中國統一前景座談會」。那時候，《七十年代》擺明是左派雜誌，許多被邀約者都拒絕參加，因為想當然會是中共的統一觀點所主導。但仍然有右派政論家徐東濱和中國問題專家金思愷參加。左派的就有《新晚報》總編輯羅孚。當時無論左右，都認為統一是天經地義的，但有幾位在中文大學任教的台籍學者，出席這座談會，並提出對當時來說頗具震撼性的說詞。其中翁松燃教授提出：談統一問題，若在中國大陸談是一個方向，在台灣談是另一個方向，都無法真正暢談，而在香港談就不一樣了，可以暢所欲言，也就是說，香港的存在，對於我們討論問題有相當的好處。這是因為香港還未統一，統一就不能了。因此他提出問題：統一是否一定好，不統一是否一定不好。

這段話，在當時香港左右派的參與者聽來，無疑相當刺耳，但又很真實。我也因這段話，而在思想認識上有了深切的反思：世界上應該沒有什麼天經地義不變的「真理」吧。

（原文發布於二〇二一年十月十五日）

1 參考篇目67。

76／台灣問題的啟蒙

有讀友說，一直都不太明白，經歷過大飢荒、逃港潮、文革、六七暴動，為什麼七十年代仍然有不少人支持統一？

意大利歷史學家克羅齊（Benedetto Croce, 1866-1952）說：「一切歷史都是當代史。」他的意思除了說歷史到了當代人手上，就會由當代人去詮釋，是否歷史真貌已無從計較之外，還因為人的思想精神都是當代的，因此我們思考過去的歷史時，也很難把自己的思想精神納入歷史的時空中。

七十年代的香港，儘管目睹了過去三十年中國大陸搞階級鬥爭的災難，但主導的社會政治意識仍然是「我是中國人」、追求「一個統一的中國」的觀念。親台的學者、報人，傾向「反攻大陸」，實現「中華民國統一」；親中共的左派當時就在文革告終的情況下，呼籲國共談判實現統一。那時候，排除統一的獨立自主意識，幾乎是不存在的。《七十年代》基於統一是熱門話題，當時就廣邀左右派學者和意見領袖一起討論。因為我們本身有左派標籤，所以實際上是邀請非左派人士。也許不少人認為舉辦這座談會是中共的「統戰」，但回想當年，在舉辦座談會前不久，我曾經被左派領導人叫停，但由於一切都準備好，而且要參加的人也確定了，因此無法取消，而《大公報》的羅孚最後也決定參加，以平衡非左派占主導的形勢。

要尊重台灣人的意見

被委託主持者是中文大學副校長鄭德坤，他開宗明義提出，在香港的中立人士，在統一運動中有什麼是可以貢獻的。參加座談會的右派政論家徐東濱說，被邀的許多人沒有出席，顯見左右派坐在一起平心靜氣地討論問題還不是時候，但他認為絕大多數中國人都是認為中國應該統一的，他提出了要以民主自由法治平等作為統一的前提。另一位提供書面意見的右派政論家繆雨，就認為國家必須統一，是天經地義、理所當然的事，制度不同不能作為反對統一的理由；自由人權民主雖眾心嚮往，但不是國家統一的先決條件。

在主持人和左右派一面倒支持統一的情況下，出席座談會的台灣本省人的意見就顯得很突出了。出席的台灣人除了中大政治行政系的翁松燃之外，還有廖光生，和以「來賓」名義出席的李弘祺。[1]

首先，他們作為台灣人，家庭聯繫和社會聯繫都在台灣，他們在香港參加一個左派雜誌主導

1 廖光生是雲林人，當時任教於中文大學政治與行政學系。李弘祺是台南人，當時任教於中文大學歷史系。

的關於中國統一的座談會，對他們來說有一定的政治風險。也因此，其中一人要匿名參加。

其次，台灣當時仍然處於戒嚴狀態，在蔣政權的威權統治之下，政治意識是中華民國乃一個中國的正統，中國必須統一在中華民國之下，是理所當然的政治正確意識。台灣人在座談會提出「統一是否一定好，不統一是否一定不好」的意見，確實是一個既不可以在大陸也不可以在台灣提出的意見。

其三，翁松燃在座談會上提出，中國統一是不是國共兩黨的問題？即使台灣人都支持統一，但是否由國共兩黨和談就解決，而不需要問過台灣人。幾位台灣學者從台灣歷史來論述，說台灣一直任人擺布，清廷敗於日本，拿台灣作犧牲品；國民黨在內戰中打敗，就把中央政府遷來台灣，並實行戒嚴；現在中共說要統一了，好像也不需要問台灣人有什麼想法。作為台灣人，他們想起來心情都不愉快。

其四，翁教授發言以香港的地位作為切入點，提到談統一或任何有關海峽兩岸的政治問題，當時無論在大陸或在台灣，都有種種政治忌諱，不能暢所欲言，而只有在香港，才能提出他們心中的真正想法。因此，香港的存在是否有它的意義？如果不存在了，統一了，是否就不能暢所欲言了呢？

香港對兩岸的重要性

對我來說，一向只以國共鬥爭的觀念去看台灣問題，因此這些意見無疑是對台灣前途問題的啟蒙。它打敗了我思想中的「統一是天經地義」的未經思考的先驗意識，使我認識到任何政治歸屬的改變，若沒有當地人參與，僅由掌權者通過談判或戰爭去決定，都缺乏合法性，也都是人民不能夠接受的，都極可能帶來災難。

更重要的意義，是使我更認識到殖民地香港的存在對兩岸的重要性。許多大陸或台灣發生的事情和政治意見，當時在兩岸都看不到，只有在香港可以傳播；兩岸許多重要的政治社會經濟問題，也只有在香港才可以充分討論。而如果我們相信「只有批評才會有進步」的話，那麼我作為一份雜誌的主筆政者的想法就是，要充分利用香港這個言論自由的條件，去促進兩岸的進步。

座談會後，我寫了一份意見書給潘公[2]，表示在兩岸關係中，不應只向國民黨招手，更要聽取台灣人特別是反對派的意見。我不知道這意見書有沒有轉到北京高層。但從其後中共的表現來看，這些意見應該是聽不進去的。

（原文發布於二〇二一年十月十八日）

2 即潘靜安。

77／台灣民主路上的特殊角色

一九七九年翁松燃說在香港談統一問題才可以暢所欲言，由此點出了殖民地香港在言論上推動兩岸進步的重要性。在那個年代，台灣問題絕非只有統一前景問題，而且那根本不是主要問題。台灣當時，是處於黨外人士爭取民主爭取言論自由的關鍵時期。立法院和國民大會代表增額補選的政治對抗，縣市選舉，特別是以自由民主法治人權為訴求的反威權政治的言論，是當時台灣向自主轉型的推動力。在言論上，香港《七十年代》扮演了一個特殊角色。

翻看《七十年代》總目錄，自一九七二年以來，台灣話題每期都佔相當篇幅。在批判蔣政權的政治壓迫和報導黨外的抗爭方面，我們幾乎對每一事件都沒有缺席。陳映真、柏楊、台大哲學系風波，雷震、余登發、陳明忠、中壢事件、美麗島事件、林義雄案、陳文成案、鄭南榕自焚……我們都大篇幅地反威權，和支持台灣人為自主權利的勇敢抗爭。

為什麼我們會有這麼多貼近現實的來稿呢？原因之一，是台灣留美歐的知識人，許多都是我們的讀者，他們既有台灣內部的信息來源，又具有較強的分析能力和寫作能力，或者早有許多洞見蘊藏胸中，《七十年代》提供他們發表的園地。原因之二是有所謂「外轉內」言論，就是台灣黨外及自由派的論政者，委託一些支持台灣民主的外國人，把他們寫好的報導與文章，帶到香港，交給《七十年代》發表，然後在台灣的黨外雜誌再以轉自《七十年代》的名義刊登，推動台灣的民主自由人權。支持台灣民主的外國人中，最重要的一人，就是長期致力於台灣人權及民主運動的美國人梅心怡（Lynn Miles, 1943-2015），他主動跟我聯絡，把許多台灣黨外人士的文章帶給《七十年代》發表。他有兩三個拍檔。

大篇幅報導當地議題

印象較深的兩次，一是《雷震回憶錄》的出版。《自由中國》負責人雷震因言致禍，十年牢獄中所撰的《回憶錄》被沒收，他出獄後重寫，但被禁制不能出版，於是他將手稿交陳菊，再輾轉送到在日本的梅心怡手上，由梅親自帶到香港交給我，七十年代雜誌社於一九七八年十二月出版了這本書。

另一次是一九七九年十二月十日，美麗島事件發生後，施明德被通緝，他的美籍太太艾琳達被強迫離境，先到日本，後來香港，由華裔英國人黃世雄（Dennis Wong）與我聯絡，於十九日接受《七十年代》的長篇訪問，詳細談「美麗島」的背景，事件經過，和她自己的經歷。這是台灣官方對美麗島事件報導之外、作為被鎮壓一方的說辭。這篇報導震動海內外，也傳回台灣。

在台灣民主運動開始活躍，並掀起一波一波浪潮的七、八十年代，為什麼在香港眾多傳媒當中，台灣的黨外人士，和支援台灣民主的梅心怡等人，要選擇供稿給《七十年代》呢？原因是香港媒體左右分明，右派的不敢得罪台灣掌權的國民黨，而左派因為摸不清黨外民主人士的底細，不是懷疑台獨，就是懷疑「外國勢力」，所以對台灣黨外的抗爭，不敢大篇幅報導，更遑論發表評論了。而香港一般市民不關心台灣政治，也使電視新聞不怎麼報導。

我當時秉持著反專制、反威權、爭民主、爭自由的意識形態，也因為長期形成的對國民黨的莫名惡感，又沒有正統左派那種怕這怕那的心態，因此在台灣黨外運動風起雲湧的時期，就抓住時機大量報導了。

批判蔣政權未見公允

台灣其後走上民主之路。我們的「外轉內」言論，是否也起過推動作用呢？我雖不願意妄自菲薄，但也必須承認，若有推動台灣民主化的功勞，這功勞也首先屬於台灣提供信息和評論的黨外人士，其次屬於支援台灣民主的外國友人，而其三，是屬於香港這個靠近海峽兩岸的自由法治的殖民地保護傘。

二〇一七年台北市長柯文哲說「香港很無聊」。現在，或許是的。但在四、五十年前，在海峽兩岸都缺乏言論自由的時代，許多台灣的知識人、黨外人士來香港，如飢似渴地到圖書館看資料，看香港報紙，買香港雜誌，對他們來說，香港不僅不無聊，而且十分有聊，甚或是全世界最有聊的地方。

現在回想起那個時期《七十年代》對台灣政治的報導和評論，固然有推動民主自由的作用，但對蔣政權的批判則未見公允，特別是只看到專權政治的一面，而沒有看到還有好的一面，如發展經濟、改善民生，以及在中共的威脅下，不得不嚴密防範滲透，而且即使在這樣的地緣環境下，仍然逐步開放人民的自由。我想，這是我那時的左派思想意識根源所導致的偏差。

（原文發布於二〇二一年十月二十日）

78／中共體制內的台灣聲音

一九七二年《七十年代》刊登的〈周恩來會見台籍人士側記〉[1]，文中提及一位台籍學者對大陸的台籍同胞表示關切，願見中共政府啟用台籍幹部。

從這個關切，或顯示這位台籍學者可能略知身在大陸的台籍人士的處境未必好。懷疑在大陸的台灣人，會否受某種程度的歧視。

因為《七十年代》關注台灣問題，一九七七年我在北京曾被招待到一位台灣人家庭參觀和談話。以當時中國的生活水平衡量，這個家庭的生活相當優渥，我相信當局事先作過刻意安排。

我又被邀請去聽當時的對台廣播，說是要徵求我的意見。那時正值「粉碎四人幫」不久，廣播說，「華主席當接班人，毛主席放心，十億人民都放心，台灣同胞更加放心」。我聽了禁不住說，這樣的廣播，台灣人聽了恐怕會反感；台灣民主運動要爭取的是人民選舉權利，反對自上而下的人治交班。他們聽了面面相覷。後來一個在對台廣播部工作的台灣人葉紀東對我說，我的意見很好，這些意見只有外來的人提出，才會有些效用。

二二八學運負責人

葉紀東是二二八事件的學生運動負責人，事件後在台灣難以容身，於是中共地下組織將他召往大陸，參加中共主導的台灣民主自治同盟，在對台廣播部工作。

八十年代他被派到香港新華社（中聯部前身），名義是記者，實際是做聯絡台灣人的工作。那時候我與他有較多接觸。我介紹了一些在港台灣人與他認識。他和台灣同鄉交上朋友，聽取他們的意見。他與中共其他對台工作的幹部不一樣，有很強的台灣意識，支持台灣民主，認同黨外的觀念。但後來他突然被急調回大陸。臨走時對我說，是香港一個極左人士向北京打報告，說葉紀東有台獨傾向。他講的這個極左人士我也認識，是一個心胸非常狹窄而懂得鑽營的人。

葉紀東生於一九二七年，於二〇〇〇年去世。維基百科有他的生平資料。他後來接受過一些台灣媒體訪問，談二二八的親歷，談作為台灣人的兩岸情結。基本上仍然擺脫不掉大中華意識，努力推銷統一，但他認為統一必須建立在台灣自治的基礎上，這些意見與中共官方的公開看法有距離。

在中國操控、大陸可以搜尋的「萬維百科」中，關於「葉紀東」這一條，已經列為「該內容涉嫌違規」，看不到了。

那時我感受到，台灣人對爭取民主，幾乎有先天性的執著。那時代的香港人真是無法比擬。因為台灣人在歷史上一直是「亞細亞孤兒」，從來都任人擺布，沒有自主過。而更重要的，是在外來政權的擺布下，沒有法律權利，沒有自由和安全保障。這跟香港的情形不同，香港沒有民主，但英國的民主保障了香港的自由法治。對一般人來說，有自由法治就夠了，沒有民主沒有什麼不好。台灣卻因為沒有民主的保障，而使一般人生活的自由法治都殘缺。因此，在那個時代，爭民主對台灣人是生死攸關的事，對香港人是可有可無的事。

訪中後現分離意識

海外的台灣人，由釣運而統運，參與者關注的不是中國大陸的政治經濟發展，而是中共對台政策，特別是寄望中共支持台灣民主，又或者以為與中國統一後台灣可以享有自主。但絕大部分到中國旅行後，雖接受很好的款待，卻沒有得到中國支持台灣民主運動的承諾，也沒有獲得統一後台灣可以享有民主的保證，相反的是，中共始終不變的關注是國民黨會否接受和談。在每年北京舉行二二八座談會時，都只會找些過氣的國民黨人士出來呼籲談判，或作兩首肉麻的打油詩。中共這種姿態，徒然令台灣人更反感。就我所接觸的台籍人士，在訪中之前還只是一心爭台灣民主，訪中後反而覺得統一更不可能實現民主，分離意識更強了。

上世紀七、八十年代，在中共體制內參與對台工作的，還有幾個二二八後逃往大陸的台灣人，他們在台灣參與抗爭就是為了爭取台灣的自主，到了大陸這麼多年仍然懷抱著「亞細亞孤兒」的情懷，但他們的意見卻一直不被只顧延續國共鬥爭的中共當局所接受。無論是毛時代、

1 參考篇目74。

鄧時代、江胡時代，或現在的習時代，都如此；也無論是從一九四八年就到大陸的台籍人士，或七十年代之後從海外或台灣往訪的台籍人士，中共對他們的意見即使表面聽取，但實際上是置若罔聞，又或者根本聽不懂他們的意思。

一九四九年中共建政後，台灣民主自治同盟主席謝雪紅的主張和經歷，最值得記下來，引為鑑戒。

（原文發布於二〇二一年十月二十二日）

79／踩不死的野花：謝雪紅

早在七十年代一些台籍人士去大陸訪問，經香港時跟我談到他們關心謝雪紅的下落。訪中時問大陸的「陪同」，沒有回應。我在北京也問過台籍幹部，有的不作聲，有的說她去世了，有說她生前在台盟內部搞分裂，也有說她過去社會關係複雜，有歷史問題。

那時候我才知道謝雪紅其人。我將台灣人的關切向北京反映。後來才陸續傳出謝雪紅的有關訊息。

一九八六年九月，中共在八寶山革命公墓舉行了「謝雪紅同志骨灰移放儀式」。這位一生追隨共產黨的台灣革命女兒，在中共建政不久，即被誣陷、打擊、鬥爭，一九五七年被打成右派，文革中被拳腳交加地批鬥，一九七〇年十一月五日逝世。死時的名義是「未摘帽的右派分子」，工資遭凍結，財物被抄走。一九七九年所有右派都平反了，無人提到謝雪紅。若不是海外台籍人士多人表達關注，謝雪紅會不會平反及骨灰移送革命公墓，還真是天曉得！

台人治台高度自治

二〇一〇年香港出版了一本書《統戰秘辛》，作者是已退休的中共統戰部副局長胡治安。書中主要講一些統戰人物的事蹟。所謂「統戰人物」，就是中共要團結爭取的名人，即使是中共黨員，也不是核心人物，不被視為「自己人」。這些人在中國大陸，多是先被禮遇，繼而鬥爭，被鬥倒鬥垮鬥臭以至鬥死之後，又平反昭雪，其中內情，外界多不知。

胡治安長期在統戰部，負責落實統戰人物的政策，省視大量有關文件資料，起草提出平反的報告，寫有關統戰人物的傳略，給高層領導定奪。他經過詳細的調查研究，看了所有關於謝雪紅的檔案資料，向高層遞交「謝雪紅生平傳略」，提出對謝平反。《統戰秘辛》書中關於謝雪紅的篇章約五萬字，題為〈不該遺忘的台灣女英雄謝雪紅〉，他寫此文參讀了幾百萬字與謝有關的文章、書籍，包括台灣研究謝雪紅的專家林瓊華教授的《女革命者謝雪紅的「真理之旅」》。

謝雪紅一九〇一年出生於台灣，年輕時就從事反日本殖民、爭回歸中國的運動，一九二五年來到大陸，在集會和報章提出「收回台灣」的主張，並在上海參加中國共產黨。其後被中共派往蘇聯學習。兩年後回台灣發展共產黨組織和從事反日活動，一度被捕和受刑。戰後國民政府接收台灣，謝雪紅獲中共指示在台進行反國民黨活動，一九四七年二二八事變，謝是台中起義部隊的領袖。起義失敗後到香港，是中共「香港工作組」負責人。一九四八年她在香港成立「台灣民主自治同盟」，提出解放台灣、實行台人治台、高度自治的口號，這組織和口號是中共高層指示下的設計。一九四九年謝雪紅離開香港到北平參加中共建政活動，以台盟主席的名義在開國典禮主席團中排第三十二位。

一九五〇年，謝雪紅提出幾點對台灣政策的建議，她指出，在日本統治時期，台灣人是日本國民，在法律上有日本國民的義務，在中日交戰狀態中，不能將台灣人盡國民義務就指是「漢奸」，因為那時台灣人的身分不是「漢」。這個被批判為「台灣無漢奸論」的說法，點中了台灣人在大陸受歧視的要害。謝建議的另一個要點，是指出台灣三百多年一直受外來政權統治，因此有強烈的自主要求。中共對此要求必須予以滿足。

被批擁「台灣意識」

中共掌權者在觀念上無法接受謝的建議，台灣人在抗戰期間幫日本人做事怎麼「不是漢奸」？而「視權如命」的特性，也不能接受台灣真正自治。謝雪紅在鳴放時期說，「黨不了解台灣，台灣人民不了解共產黨」，於是在反右運動中被指為鼓吹「台灣特殊論」，指她提出「台灣人心態」、「台灣意識」等概念，和「台人治台、高度自治」的口號，都是「台獨觀點」。謝從一九五七年反右到文革，一直沒有停過被批鬥。在批鬥大會上她從不屈服，自詡為「踩不死的野花」。一九七〇年終不堪虐待羞辱折磨而死。

謝雪紅臨終留下三句遺言：我不是右派，是共產黨員；我擁護共產黨，擁護社會主義；我犯過錯誤。這三句話，或有在那種處境下不得不「明志」之意，但證諸她的一生，追求社會主義理想是真誠的，甚至是頑固的。擁護共產黨也是真誠而頑固的。她的下場也同所有真誠而頑固地相信社會主義與共產黨的人士一樣，是悲慘的。只不過她的台灣本土意識，和壓不垮的意志，使她的下場更具悲劇性而已。

因為推動他人追求社會主義的掌權者，自己所追求所相信的只有權力。

感謝台灣研究謝雪紅的專家林瓊華留言。要深入了解謝雪紅，可以去讀林教授的書。至於她提出關於葉紀東在一九四九年反對台灣「自治」和對謝雪紅的批評，很大程度要從他的處境去理解。但在與我的私下談話中，我感覺他的台灣意識是很強的。

（原文發布於二〇二一年十月二十五日）

80／中國人最自豪的文革「精神」

一九七九年十二月台灣發生美麗島事件，接下來的軍法大審，在報禁下台灣兩份大報爭相報導大審詳情，當涉案人和辯護律師說出「台灣有宣傳台獨的言論自由」和「台灣有合法顛覆政府的權利」這些話，而且能夠公開見報時，台灣已經在走向通往民主的直路了。

《七十年代》從一九七〇年創刊，到一九八〇年，這十年從報導保釣、中美關係突破、刊登大量華裔旅美歐學者名人的重訪中國的文章、以「外轉內」的方式推動台灣民主進程，這些香港和海外知識人關注的敏感話題，使雜誌奠定在海外知識人中的地位，銷路也曲線攀升。我個人受到中共的重視，十年裡，除了開始時在深圳遭到厄運之外，工作生活一路順利，最大的改變是與麗儀分離兩地二十年，她終於以「調幹」方式帶著兩個女兒來了香港，闔家團聚生活。

在別人眼中，我走在成功的路上。但一九七六年毛去世、四人幫被捕、文革結束的巨變，中國逐漸暴露出來的問題，卻使我對那幾年雜誌的表現極感愧怍。我們沒有把中國在文革時期人民生活的真相向海外讀者揭露，相反我們大量刊登的海外學者訪華觀感卻給了讀者錯誤的訊息。我們對台灣威權體制的批判，和民主運動的推動，如果孤立去判斷，當然不是壞事，但如果聯繫到海外學者訪華的歌頌文章來看，則無疑會給一些人造成錯覺，以為中國的希望在大陸這一邊。而事實上，也許正好相反。

用髒話罵人的光榮

從一九六六到一九七六的文革十年，可以說使大陸人民的生活陷入絕境。麗儀在大陸的生活，因為有我的接濟，還沒有大問題，但對女兒長大後的出路一直憂心忡忡。深圳的生活消費品日漸匱乏，農村的情況就已到活不下去的邊緣了。

一九七七年萬里擔任安徽第一書記，他到農村視察，他發現農民不僅吃不飽，穿不暖，住的房子都是泥土砌的，連桌子椅子也是泥土砌的，找不到一件木器家具。

經濟好幾年是負增長。關於文革後期經濟已經到了崩潰邊緣的報導已經很多，這裡只舉一個簡單的數字：香港一九七七年的進出口總額是一百九十六億美元，而中國這一年進出口總額少過香港，只一百四十八億美元。

楊振寧一九七一年第一次訪華後，回美國的演講說，他歸納在中國所見的變化，也是「最值得中國人自豪的一點，就是：精神」。

中國在八十年代嶄露頭角的作曲家和寫作者劉索拉，在《南方周末》寫過一篇文章，講她在文革開始時，以十一歲的年紀，如何進行「思想改造」。她說要當紅衛兵，首先要學講髒話（粗口），起先怎麼都說不出口，但不說髒話就不是革命小將，所以只好到空曠球場上練習，先從「他媽的」練起，練到可以大聲說最髒的、讓她們臉紅的罵人話。

在她原有的道德觀念，髒話罵人是可恥的。但是，革命打倒了舊道德，建立了新道德，罵人成了一種資格和光榮。

接著紅衛兵頭頭問她敢不敢打人，「用鮮血捍衛紅色政權」，當然那是指資產階級、走資派的鮮血。

愛美是資產階級，不愛美是無產階級。愛美往往與講衛生連在一起，講衛生就要遠離骯髒，而工農是不怕髒的，於是怕髒就被納入小資的「驕嬌」二氣之中，飽受鞭撻。與此同時，優雅和禮貌也因為不夠工農化而被拋棄。於是，講衛生與優雅禮貌成了資產階級／小資產階級的標誌，不講衛生與粗俗、粗野成了無產階級的光榮。

知識分子嫌農民不刷牙不講衛生。「可他們拚命勞動創造世界，也養活講衛生的知識分子」。

粗俗無禮隨地吐痰

文章中提到文革時，音樂家馬思聰在北京被批鬥，正在南京妹妹家的妻子怕他會自殺，連忙帶著女兒趕回北京，在火車上受到紅衛兵盤問，「幸虧女兒做出粗魯的樣子，吃梨不削皮，也不洗就吃，動作粗俗，這才使紅衛兵相信她們是勞動者的農村婦女」。

既然髒話罵人、打人是革命，愛美、清潔、講衛生是資產階級，那麼隨地吐痰、不排隊、粗俗無禮等等都是無產階級精神啦！

麗儀曾經下放過農村，她說生活困苦的農民無法講求衛生是不得已的，罵人打人不是無產階級精神，那是無產階級流氓精神。

流氓精神就是拋棄所有傳統道德觀、審美觀的唯權至上精神。文革對中國民族遺害至深的就是楊振寧所說「中國人足以自豪」的這種文革精神。

在這種精神主宰下的那時代的青年，正是四、五十年後掌權的一代。

一九七九年郭松棻對我說，「我不看《七十年代》」。[1]我相信他不是真的不看，而是想刺激我反省。不過，他這句話是對的。不看，比看要好些。文革後，我同海外知識人一起反省，開始了一個重新認識中國的過程。

（原文發布於二〇二一年十月二十七日）

1 參考篇目75。

81／文革締造中國的今天

前文提到我在文革後，開始了一個重新認識中國的過程，有網友留言說：現在中國經濟成就有目共睹，打擊貪腐既打蒼蠅亦打老虎，脫貧也有成績，我是否應該再度去重新認識中國？

文革後中國發展至今的政治經濟狀況，與文革十年所造成的中國社會局面，實在有很大關係。可以說，文革締造了中國的今天。

由於不斷搞階級鬥爭，中國自一九五七年到一九七六年，全國職工二十年沒漲過工資。一九五七年全國職工平均年薪六百二十四元，一九七六年下降到五百七十五元。

文革結束後的一九七八年，中國掀起了一股聲勢浩大的出國考察熱潮，各考察團發現在經濟、科技、效率等社會發展上，中國已經遠遠落後於世界。例如，西德一個年產五千萬噸褐煤的露天煤礦只用兩千工人，而中國生產相同數量的煤需要十六萬工人；法國馬賽一鋼廠年產三百五十萬噸鋼只需七千工人，而中國武鋼年產鋼兩百三十萬噸，卻需要六萬七千工人……。

一九七九年中國實行改革開放，低工資，對工人權利和環保都沒有要求，使中國在經濟全球化之下，成為西方企業設廠投資的樂園，這是中國經濟起飛的主因。

掌權者以權謀私

美國前總統甘迺迪說：「沒有社會進步的經濟發展，只能使大多數人繼續貧困而讓少數特權者牟取暴利。」

所謂社會進步，主要表現在人民的權利和福祉的進步，所謂少數特權主要指掌政治權力者的以權謀私。中國經濟發展使大多數人的生活確有改善，但中國總理李克強在二〇二〇年說，中國有六億人每月收入低於一千元人民幣，在中等城市租房都困難。社會沒有進步還表現在人民的法律權利，自由表達權利日益削弱。所謂反貪腐，只看「官員財產公開」制度，多少年都「只聞樓梯響，不見人下來」，這幾年是連樓梯都不敢響了，因為有人公開舉橫額，要求官員財產公開，結果被控「顛覆國家政權」罪。官員財產不公開，充分說明人民處於無權狀態，經濟發展使少數人謀取暴利。

一九七一年後，因《七十年代》受周恩來青睞，香港出版界的高層藍真，中調部駐港高層潘靜安，新華社副社長祁烽，與我聯繫密切[1]。我雖然後來脫離左派，但沒有因此否定這些領導者的為人。就個人來說，我即使到今天，仍然尊敬和懷念他們。他們當年對我執行的「掃地出門」[2]措施，我相信這既反映中共從上到下各級幹部的思想觀念已經改變，又是「下級服從上級」的共產黨的鐵律使然。

前文曾經提到，一九七四年之後兩年，香港左派領導忽然對《七十年代》出版的每一期，都以極左意識挑剔一些字眼，後來我知道這是因為北京極左的文革派，與周恩來的官僚派的內部鬥爭，為了不給文革派找藉口，在港執行工作的中共領導，只好對《七十年代》每期審查[3]。四人幫倒台後，在北京的中調部部長羅青長親自對我說，這樣的審查是不應該的。但我相信香港左派領導當時這樣做有保護我們的苦衷。

文革十年的教訓

在文革的後幾年，《七十年代》儘管刊登了不少海外學者訪華的歌德文章，但我們沒有主動為文革派張目。這是因為在香港的左派領導，儘管在他們的黨營機構不斷搞政治學習，向員工宣傳極左思想，但並沒有向我提出要在雜誌中貫徹「批林批孔」、「批鄧」、「打擊右傾翻案風」等等極左意識。我那時會不時被派到廣州，在一個祕密地方閱讀中共的內部文件，也同調查部駐廣東的負責人見面與談話。那負責人隱晦地表示他對被毛撤職的鄧小平的尊敬和推崇，對當時的極左思潮不滿。

我認識許多仍然堅持追求理想、並且與人為善的共產黨員，他們貫徹對香港的「長期存在，充分利用」政策，但這樣的人經文革洗禮之後，那時就已經越來越少了。據統計，文革十年，全國被立案審查的幹部達兩百三十萬人，占全國一千兩百萬幹部的19.2%。中央和國家機關各部委被

1 參考篇目69。
2 參考篇目85-88及100-103。
3 參考篇目72。

審查的幹部有二萬九千八百八十五人，占幹部總數的16.7％。其中，中央副部級和地方副省級以上的高級幹部被立案審查的達75％。事實上，全國各級幹部，文革前只要掌有一定權力，都在文革受衝擊，被批判為「走資派」，過去的功勞和苦勞一筆抹殺。

文革給他們的教訓就是：一旦失去權力，就連生存的權利都沒有了，因此一旦回朝掌權，就不要那麼天真去「為人民服務」了，最重要就是掌握權力，為自己服務。權力就是一切，「有權不用，逾期作廢」是專權體制的最高法則。

這是文革帶給全中國人的最深刻教訓，也是隨後帶來的幾十年經濟政治體制變化發展的主要原因。

（原文發布於二〇二一年十月二十九日）

82／極不平凡的一年

一九七六年的中國，是極不平凡的一年。一月在毛江發動針對鄧小平的「反擊右傾風」的背景下，官僚派首腦周恩來病逝，引致清明節的天安門事件；群眾悼念活動被鎮壓，跟著是鄧小平被撤職，文革派在全國掀起「批鄧」運動；七月六日中共元老朱德去世，七月二十八日唐山大地震，二十多萬人死亡。儒學大師徐復觀撰文，說古代對帝王的約制手段中，常有人以自然災害來表示上天對帝王殘暴統治的「天譴」，通常帝王在「畏天」的觀念下，會下「罪己詔」，並採取對民讓利的措施。但中共以無神論立國，毛澤東說「與天鬥，其樂無窮」，因此極左之風更加熾烈。九月九日，毛澤東去世了。

我在應對這系列事態的報導與評論中，既繁忙又傷感。正值這一年，我們租用的老舊辦公室拆卸，找到灣仔一個特大地庫，經營天地圖書公司，在九月二十五日開幕。我既要顧及新書店的開張經營，又要用更多時間應對雜誌對中國變局的評析。

發文維護中共政權

圖書公司開幕不久，即毛澤東去世差不多一個月，外電陸續傳出北京有重大政治變化，到十月二十二日，新華社發表一篇北京群眾慶祝「粉碎四人幫」的報導，曲線證實發生重大變局。在麗儀協助下，我以齊辛筆名，連夜寫了一篇〈北京事態分析〉，趕在付印前的十一月號刊登。這一期出版，即銷售一空，趕忙加印。接下來在十二月號，我寫了一篇兩萬多字的〈四人幫的上台與下台〉。這兩篇文章，以維護中共政權為立足點，為當時被極左思潮洗腦十年的左派人士解除困惑，使他們繼續認同清除四人幫後的中國共產黨。這裡說的「左派人士」，不僅是指香港和海外的左派華人，而且包括了美歐和日本的左派。齊辛關於「四人幫事件」及其後的分析文章，被翻譯成英、日、法和西班牙文等出版。我也從這個時候開始了自己寫政論的生涯，之前我一直寫文學性的雜文、隨筆。

以筆名齊辛出版的《四人幫事件探索》中文、英文版本。

上述兩篇文章，採取問答方式書寫，提出的問題例如：為什麼說搞陰謀詭計的是四人幫，而不是把他們拘捕的當權派？否定毛夫人江青是否等同否定毛澤東？是否意味對文革有不同評價？十年來多次發生高層鬥爭，倒劉少奇，倒林彪，周恩來死亂一次，毛死又亂一次，是否顯示政治體制有問題？鬥來鬥去會不會使人民對共產黨失去信心？中共的路線政策會不會改變？文革冒起的新幹部會不會在批判四人幫中又被打下去？

這些問題，當時我都為中共作解釋，回答都是：否。但其後發展的事實證明，答案都應該是肯定的。

據知，當時香港中資機構包括高職位的員工，都每期從《七十年代》中尋找他們心中疑惑的答案。有一位曾經在中國留學的日本左派朋友，說齊辛的文章使日本的親中人士重新獲得信心。有某中資機構的高層領導問我，是否有中共高層向我提供過背景資料，才會寫出這樣的文章。

事實上真是沒有。不僅藍真、潘公、祁烽等香港的領導人沒有向我吹過風，而且他們在那段時間還避免與我談及中國局勢。不過，他們這時也再沒有干預我的編務，顯然是樂見我這樣寫，因為符合他們穩定左派的需要。

我主要的資料和觀點，來源於麗儀在中國大陸生活二十年的體驗，她是一個觀察相當敏銳和思考獨立的人，在文革最狂熱的時期，她都感覺到那不是群眾運動，群眾是一批被煽動的群氓。她因為我的關係，在大陸盡量與政治保持距離，但絕非不關心，她總是在思考和反省。

誤會中國前途光明

文革後期，我和麗儀還和一個曾經擔任深圳鎮委書記的馬志民有較多交往，他那時已在我面前直言不諱地說毛澤東年老昏庸，可能被人擺布；他跟我們談了許多反主流的看法。我在北京擔任歌劇院院長的五叔李剛，文革後期復職不久又遭到誣陷批判，一九七六年他索性離開北京，躲到原籍新會的鄉下生活。他在回憶錄上說，那時也沒有人去追查他的行蹤，實際上人們對鬥爭已經厭倦，大批判搞不起來。中共絕大部分幹部受文革批鬥過，又整天要學習枯燥空洞的口號，對毛澤東、對四人幫，已經無法忍受下去，因此，四人幫的下台，是有社會基礎的。

那時候中共有相當多幹部，對四人幫下台後的中國前景，仍然抱希望。極左的四人幫終於倒台，使我和麗儀相信，違反人民意志的政策不會長期延續，總有改變的一天；社會主義中國雖道路曲折，但前途是光明的。這是我們寫那一系列分析中共局勢文章的思想基礎。當然，其後中國局勢的發展，我們也就有進一步的清醒，更認同中國文學史專家王瑤臨終前的話：前途光明看不見，道路曲折走不完。

（原文發布於二〇二一年十一月一日）

83／長文請入　扭轉極左思潮

現在時興短文，網上若有長文，會警告「長文慎入」，但在四十多年前，《七十年代》就靠長文吸引讀者，文章越長那一期銷量越高。因為太多人對雲譎波詭的政局不理解，要找答案了。長文提供的是不為人知或至少人們沒有長期跟進的背景資料，對局勢突變的原因及前景作解釋。這是電台、電視、報紙都不大能夠滿足的需求，唯雜誌可以做到。

刊登質疑中共文章

踏入一九七七年，人們關注在粉碎四人幫後，中共高層人事有何變化，尤其是一九七六年被毛江打倒的鄧小平會不會復出。《七十年代》一九七七年三月號刊登了兩三萬字的〈鄧小平的政海浮沉〉，講述鄧小平在中共高層的三上三下，他在文革中期復出工作、替代患病的周恩來執掌國務的政績，以及他被文革派攻擊的「三株大毒草」「奇談怪論」到底是怎麼回事，他有沒有機會復出、何時復出等等。文章發表四個多月後的七月底，中共召開三中全會，宣告鄧小平復出。我那時從內部文件中看到這篇文章在中共內部的「參考資料」獲轉載。很可能是中共的「回朝派」利用我們的文章，在大陸幹部中為鄧小平復出製造輿論，因為一年前各級幹部還廣泛開展「批鄧」學習，現在忽又大轉彎，恐難適應。這是另一種「外轉內處理」。

那時胡耀邦擔任組織部長，他全面「解放」被打倒的老幹部。整年都是各級老幹部「回朝」和文革新幹部被整肅，天天都有人事變動的消息。與此同時，被文革極左思想浸淫的社會意識也必須從原有觀念跳出來，若仍然將所有毛澤東的話當「聖經」，許多政策就轉不過彎。

《七十年代》在一九七七年專注於中共上層人事變動，和回朝派與文革派的權爭。我們也注意到在香港和海外，受極左思想熏陶多年的左派，思想觀念仍然轉不過來。我在一九七七年五月號，以余從哲筆名寫了一篇〈四人幫事件後的反省〉，對文革時期許多認為不可動搖的觀念提出質疑。比如「緊跟黨中央」，「理解的要執行、不理解的也要執行」，毛語錄是絕對真理並動輒以語錄壓人。文章特別提到，《人民畫報》把毛澤東追悼大會上的照片加以塗改，使四人幫在照片中消失，照片顯得虛假和可笑，認為這不是正確對待事實、對待歷史的態度。當時據聞在香港左派工會和學校，對這篇文章頗有抵觸。

一九七八年齊辛的評論集中批判極左思潮。那一年寫的每篇近兩萬字的文章，有〈打破毛澤東永不會錯的神話〉，分三期刊登的〈中共左傾思潮探索〉，都在香港和外國引起討論。中國報壇元老徐鑄成在一九八〇年告訴我，那時在大陸，這些文章也被內部轉登，並扭轉許多人的極左思想。

離婚也講階級鬥爭

現在的人恐怕不容易了解那時候左派人士的意識形態。這裡摘要刊登一份幾年前在中國網頁轉刊的一九六八年文革期間的離婚判決書，或可幫助今天的人們了解當年左派是怎麼想事情的。

最高指示

要鬥私，批修！

北京市高級人民法院民事判決書

（六八）高民監字第一七七號

申訴人：史德宏，男，三十八歲，京西XXX幹部。被申訴人：潘秀蘭，女，三十五歲，中共湖北省XX地委幹部。

案由：史德宏和潘秀蘭於一九五二年自主結婚。近幾年來，潘秀蘭的思想起了變化，在婚姻家庭問題上的資產階級思想一度占了上風。一九六四年潘秀蘭以沒有感情為理由，要求與史德宏離婚。一九六五年六月北京市門頭溝區人民法院判決雙方離婚。史德宏不服上訴。一九六七年十一月北京市中級人民法院維持原判。史德宏向本院申訴。

本院認為：潘秀蘭指「沒有感情」，完全是由於她資產階級思想發展的結果。這是社會主義婚姻家庭中資產階級和無產階級兩個階級在意識形態方面的激烈鬥爭。對資產階級思想必須從各方面進行批判和抵制，決不能讓它自由氾濫，決不能讓它破壞社會主義的婚姻家庭制度。

只要潘秀蘭以「鬥私、批修」為綱，用偉大的毛澤東思想批判和克服自己在家庭問題上的資產階級思想和行為，雙方的婚姻家庭關係是完全能夠改善和鞏固下去的。

北京市兩法院批准離婚的判決書，迴避了兩種思想的階級鬥爭，是中國赫魯雪夫的資產階級「唯感情論」的產物。這兩個判決書都是錯誤的，應予撤銷。

本院判決如下：一、撤銷兩個判決書。二、不准潘秀蘭和史德宏離婚。

一九六八年六月二十八日

大陸網民以「太逗了」（太惹笑）來形容。不要覺得可笑，因為歷史是會重複的。當政治干預了司法，到了極致，就會有這樣的法院和這樣的裁決。《人民畫報》在照片上塗掉四人幫也不好笑，去年美國左派不是連《美國獨立宣言》起草人傑佛遜和國父華盛頓的雕像都要拆除嗎？[1]

（原文發布於二〇二一年十一月三日）

---

1 二〇二〇年五月，明尼蘇達州白人警察濫暴，造成喬治．弗洛伊德之死，引發長達數月的反種族主義示威，蔓延全美。傑佛遜和華盛頓銅像被推倒的城市是奧瑞岡州波特蘭，因為二者生前都有蓄奴。

84／以實踐檢驗民主的假期結束了

有朋友問，〈鄧小平的政海浮沉〉[1]一文是怎麼來的？是邀稿，還是上面轉交的？當時官媒還在吹捧華國鋒的「兩個凡是」呢。我回答說，「是我與妻子合寫，並以齊辛筆名發表的」。

所謂「兩個凡是」，是指四人幫倒台四個月的一九七七年二月，《人民日報》社論按當時黨主席華國鋒的意旨，提出「凡是毛主席作出的決策，我們都堅決維護；凡是毛主席的指示，我們都始終不渝地遵循」。這是「兩個凡是」的經典表述。按此方針，毛提出撤銷鄧小平職務的指示，自然不能違反。《七十年代》率先呼籲鄧小平復出，算是走在中共政治改變的前頭了。

曾經出現的民主牆

中國報壇元老徐鑄成於一九八〇年來港時同我說，那時期《七十年代》的一連串文章，如劉少奇和彭德懷的平反、對中共建政二十年的評價不是右了而是左，都是我們在香港首先提出來的，「對國內起了很大推動作用，對鄧小平他們，也起了幫助掃清道路的作用」。他所指的，主要是「中共左傾思潮探索」的三篇長文。三篇文章回顧了中共建政後不斷搞階級鬥爭的左傾歷史，特別提到中共歷來都只是批右傾，而不批左傾，即使批四人幫，也說他們是「形左實右」，表面「左」，實際上「右得不能再右」。這樣的論定就無法正本清源解決左傾思潮問題。

這些文章，都是麗儀起的初稿，再由我修飾完成的。她在中國生活了二十年，經歷幾乎所有的政治運動，累積的事實真相一直在腦際盤旋，四人幫倒台使她產生了把見聞思想寫出來的衝動。只不過她的文字功夫稍缺，這點就由我補充了。

除了齊辛發表中國局勢與思潮的評論之外，《七十年代》也繼續廣開言路，刊登許多海外知識人談中國問題的文章，其中特別要提到的是台灣《自由中國》雜誌在美國的主要撰稿人朱養民的長篇大論，他從制度的層面去檢討中國的政局走向。

從一九七六到一九七九年，《七十年代》緊盯著中國局勢，針對海內外左派的思想認識，不斷作前導性的分析。雜誌不僅在海外的銷路大增，而且在中國大陸也開始可以訂閱和郵寄進口了。我在這三年也多次到大陸，特別是在北京，看西單民主牆的大字報，同中共高幹和前衛人士談話。

中國在一九七八年五月的《光明日報》和《人民日報》發表〈實踐是檢驗真理的唯一標準〉一文，在理論上推翻「兩個凡是」，並由這開始了「民主假期」。在那兩三年，《人民日報》發表的調查報告和讀者來信，西單民主牆活潑生動的大字報，文藝雜誌刊登作家揭露現實醜惡的新作品，人大和政協也有揭發弊端的小組討論和大會上的大膽發言。

一九七八年十一月鄧小平會見外賓時說：「寫大字報是我國憲法允許的。我們沒有權力否定或批判群眾發揚民主、貼大字報。群眾有氣讓他們出氣。」又說，「民主牆」是好事，人民有這個權利。鄧小平的談話，刊在北京各大報上，消息傳到民主牆，大約有七千人從西單遊行到天安門廣場慶祝。

所有這一切，都使人對中國的前景抱有希望。

貌似開明實為權鬥

一九七九年五月，《七十年代》在中國大陸的訂戶沒有收到雜誌，中國海關給訂戶發出通知，聲稱包括《七十年代》在內的五份香港刊物，「因有有害國內安定團結的違禁內容，不准進口，已按上級規定予以沒收」。

一九七九年三月，北京公安局以「反革命宣傳鼓動罪」逮捕了民辦刊物《探索》的主要成員魏京生、「人權同盟」主要成員任畹町等，十月十六日判處魏京生有期徒刑十五年。西單民主牆也關閉，不能貼大字報了。

這意味著「民主假期」結束了。隨著華國鋒最高領導者的地位被鄧小平取代，鄧的權力趨於鞏固之後，中國的政局也就有了改變。我開始認識到：所有在中國貌似開明的言論，都是為權力鬥爭服務的。「實踐是檢驗真理的唯一標準」的討論，不是純理論探討，它的目的是要打擊提出「兩個凡是」的華國鋒。

1　參考篇目83。

當時，我們雜誌認真討論「真理標準」，一方面認同要以實踐作檢驗，另方面也提出真理沒有絕對，實踐也不是唯一標準，天體演化、生命起源、進化論等等都沒有經過實踐，也達成相對的真理。但《七十年代》對真理標準的這種認真討論，不但在中國報刊見不到，而且這種討論恐怕也妨礙了對「兩個凡是」的批判。對掌權者來說，一切都是為了權力，任何有利於鞏固權力的就予以利用，若深入討論會妨礙掌權者利益，就會拋棄。專權政治下的所謂民主，不是目的，而是可供奪權的手段，奪得權力成為新掌權者之後，民主即終結，故稱之為「民主假期」。

對中共海關沒收《七十年代》，我們也作出應有回響，由這裡開始，我們與中共疏離。

（原文刊於二〇二一年十一月五日）

85／沙發上的大象觸發裂口

一九七六年四人幫倒台，到一九七九年初，是《七十年代》與中共的蜜月期。那時，中共組織路線和思想路線的主流是批判文革派，而《七十年代》以香港雜誌的身分為主流派掃清道路，其中尤以呼籲鄧小平復出，為劉少奇、彭德懷平反，使文革被打倒的劉的黨政系統、彭的軍隊系統一大批老幹部復出，重新執掌權力。這符合當時中共主流派的意願。與此同時，《七十年代》亦涉及中共的體制問題，特別是權力轉移的制度化，掌權者的特權和百姓受權力欺凌的問題，這些深入到制度的探討，並不符合掌權者的利益。我並非不知道，但我當時認為，這正是獨立輿論的愚者千慮的責任。

相信批評才有進步

一九七九年前，鄧小平的最高權力地位仍然未鞏固，推動「打破毛澤東永不會錯的神話」，打擊「兩個凡是」，讓西單民主牆批判文革派，是鄧派在全國製造輿論的要點所在。因此，儘管中共從來不容許外來報刊進口，但在一九七八年，不僅《七十年代》可以帶進中國，甚而北京、

社論

反對中共當局非法沒收本刊

《七十年代》1979年7月號社論。

廣州許多機關紛紛訂閱，都可以收到。有順德一位民眾寫信給海關，問《七十年代》能否允許進口，獲明確答覆「可以進口」，因此才託親友在香港代訂。

一九七九年五月，寄往大陸的雜誌遭海關沒收，並通知訂戶，指是「因有有害國內安定團結的違禁內容」。

鑑於當時與中共的關係仍然良好，我以為是一時間中國內部的失誤，期待事情有轉機。在等了一個多月後，就於當年七、八、九三個月，陸續就這事件寫了三篇「社論」，題目分別是〈反對中共當局非法沒收本刊〉、〈怎樣的言論對中國有利〉、〈言論開放有利於安定團結〉。這三篇文章，以向讀者交代中國對雜誌從開放到禁制的過程，來借題發揮談言論自由對中國的重要性。

社論不挑戰中共建政後所訂立的限制國外出版物進口的條例，反對的是「非法沒收」，因為除非是毒品之類的東西，海關若不准某一樣東西入境，也只是要你留下，出境時帶走。現把東西沒收，就是另一層次；沒收後加一個「有害國內安定團結」的罪名，這又是另一個層次。我們的抗辯，就是針對既已獲准進口，又突然禁止，再當毒品般沒收，並加上罪名，從這三方面分別論述。就「有害安定團結」，社論提出「狹隘的黨派立場、狹隘的民族立場，和看風使舵的言論，均對中國不利」，「與其竊竊私議，不如公開討論」，「沒有批評，要言論何用」，最後的結論是：言論開放有利安定團結。「只有當政者相信人民，讓人民有知情權，讓各種不同的意見與民眾見面，讓海外嚴肅探索中國問題的報刊可以給民眾接觸到，民眾才會對當政者有信心，並知道怎樣發揮民主權利。」揭發問題實現的是清污除垢的安定團結，而掩蓋問題實現的是藏污納垢的安定團結。

三篇社論，明確了我們雜誌在殖民地香港的輿論角色，由英國提供的保護傘，可以使我們說出中國老百姓想說但在大陸不能說的話。那時候，愛國，一心希望透過輿論促使中國進步，仍然是我的追求。我相信只有批評才有進步，沒有批評就只會越來越向絕對權力倒退，越來越腐化。

高層會面不歡而散

《七十年代》被禁止進口的幾個月，一向同我有密切聯絡的中共駐港高層，沒有約我見面，有見面的藍真也沒有同我談論這件像沙發上的大象那樣明擺著的事。直到九月刊出第三篇社論，才通知我去新華社與王匡社長見面。

那次見面，跟過去與李菊生社長、祁烽副社長的平和地聊天式談話不一樣，是十幾人在一個大客廳開會式座談。王匡講了一大堆廢話，主要就是說我們三篇社論不合適，指「中共非法沒收」不對，不是「中共」，是「中國海關」，現在是「黨政分開」的。我平和地但毫不保留地對他的話表示異議，說要「黨政分開」只是一個追求，還不是現實。並再次扼要陳述社論的觀點。我試圖力爭在中共體制內實現一本雜誌的言論自由，但沒有得到與會者支持，包括藍真在內的與會者都沒吭聲。這次會晤有點不歡而散。而真正主管報紙雜誌的祁烽副社長卻沒有出席。

王匡在文革前任中共廣東省委宣傳部長，文革被批鬥，文革剛結束的一九七七年復出任出版總局局長，這時全國只准讀毛著的禁書時代尚未過去，他在出版局率先開放了三十五種中外名著的重印工作，在中國算是較開明和有作為的人物。可是，既外派香港，又要服從中央僵硬政策，表現也就只能這樣了。

這是我爭取作為中共體制內刊物的言論自由的挫折，也是我們與中共關係裂口的開始，但這時候還沒有真正和公開破裂。

（原文刊於二〇二一年十一月八日）

86／太歲頭上動土

一九七九年《七十年代》九月號，發表了一篇文章，題為〈特權階層在中國〉。是寄自北京的來稿。文章開頭說，「文革以來，中共內部本來並不明顯的特權階層日益惡性膨脹」；一九七九年中美建交後，中國門戶大開，每年乘西風出國的官員與日俱增，在出國潮中，「佔有相當比例的是中共要員的老婆孩子，以及各級沒有真才實學的平庸官員」。「『出國熱』的鬧劇在今年五月派出『中日友好船』時達到最高潮」，「以廖承志為團長的六百多人中，有四百多人是夫人、小姐、公子和高官顯要的親朋好友們。僅廖公一人就攜帶三十多位這類人隨行」。當輪船駛離上海港口時，人群就將此船冠以「公子王孫船」的稱號，隨後一個多月，一直在北京、上海受到議論。而回國時，則滿載著「日本朋友」送給公子王孫們的禮物。

這篇文章應該是激怒主管港澳事務的廖承志了。據《許家屯香港回憶錄》透露，當時廖承志把新華社社長王匡叫到北京，以《七十年代》批評鄧小平的反民主言行為由，向王匡「當面交代，『把他們徹底搞垮！』」。《回憶錄》說：「王匡回來要（新華社祕書長）楊奇堅決執行，楊奇表示，在香港『徹底搞垮』有困難，而且以往我們同雜誌的關係較好，主持人是我們的朋友……」

示意「徹底搞垮」

自中共建政以來，廖承志即主管香港事務，一九六五年我去北京，他出面宴請訪問團，用廣東話講話，語言風趣坦率，給我的印象不錯。一九八三年許家屯奉命來港履新前，曾經去找過這個頂頭上司，發覺他對香港情況頗熟悉。後來許家屯接觸中央負責人多了，感到中央一些人或明或暗，對廖有所不滿，說他「很少向中央彙報，他壟斷港澳情況」。相信廖承志在北京以了解和掌控港澳問題自居。因此，《七十年代》那篇文章才使他咬牙切齒。

後來我在美國，遇到一個從大陸出來的朋友，他告訴我，這篇文章是他寫的，依據是一九七九年六月召開的全國人大會議在分組討論時，一些人大代表提出對特權的質疑，關於廖公船的質疑就刊在分組討論的彙報中流傳。人大既公開討論，又刊在人大彙報中，有關內容不應有任何見不得人的地方。但白紙黑字登出來就是另一回事了。當然，關鍵是我們收到這篇文章的取捨。我並非不知道廖承志主管港澳工作，所謂「不怕官，只怕管」，在他主管的範圍內批評他，是「太歲頭上動土」。但那時候，關於領導幹部的特權問題，正是被壓迫的百姓特別是年輕人的關注所在。一九七九年開始湧現的大量文藝作品，都以幹部特權為批判焦點。我認為這是與中國發展前景息息相關的問題。不能說因為廖承志主管港澳，就予以迴避。

廖承志要把《七十年代》「徹底搞垮」的命令，當時不僅楊奇表示異議，而且其他幾個副社長也不同意。一位從大陸出來的朋友當時告訴我，副社長祁烽跟她說，《七十年代》是老朋友，也是好朋友，不應該這樣對待這雜誌。但祁烽沒有向上級表明他的看法。顯然，這是在中共官場中不可免的自我保護之道。專權政治只有自上而下的等級授權，沒有其他對各級官員的制衡渠道，在這種體制下，下級只會選擇上級喜歡聽到的情況彙報。

廖承志是熟悉香港政策的，如果事情不是發生在他身上，如果講的是別人，他大概也不會說要把《七十年代》「徹底搞垮」。但既是指向他本人，就難有雅量也！這亦是一元領導的要害。

權力凌駕一切

這件事發生，同整個時代背景也不無關係。在文革前，中共幹部中，許多人都懷有建設社會主義祖國的理想，大致上也是清廉的。但文革將權力提升到凌駕所有是非、所有價值、所有道德、所有理念、所有物質基礎之上，有權就有一切，強權就是真理，因此一旦重新掌權，就深諳「有權不用，過期作廢」之道，用盡權力為個人謀私利也是必然趨勢。

此外，文革的經濟下滑，物質極度短缺，幾乎所有的生活消費品都供應不足，都憑票（糧票、布票……）購買。那時所謂「三轉一響一咔嚓」（單車，手錶，縫紉機，收音機，照相機），五大件置備整齊不到人民幣六百元，但對很多家庭來說，雖個個心嚮往之卻只能敬而遠之。

物質的短缺，使人民對物質的渴求，超過了一切，已經談不上對任何精神方面的東西的追求了，道德、文明、禮貌、理想在物資渴求面前都無意義，人成為一味追求物慾的動物。因此，利用特權謀私利，公子王孫船，等等，都不足為怪。

文革帶來整個社會的墮落程度，可以說深不見底，是到了萬劫不復的境地。

（原文刊於二〇二一年十一月十日）

87／愛荷華的「中國週末」

一九七六年四人幫倒台後，左傾文化極端專制的時期結束，言論控制有了鬆動，而最先作出反應的，是文學作品。文學作品表面是「虛構」的，不會直接觸及具體人物，因此反而更能真實地無顧忌反映現實。比照歷史，我當時寫過：歷史除了人名和年份是真的之外，其他都是假的；小說除了人名和年份是假的之外，其他都是真的。這是極而言之的判斷。

文革後，最先出現的是「傷痕文學」，寫的是文革悲劇，個人遭遇的不幸，等等。繼而，文藝界在批判現實的道路上又走前一步。一九七九年七月號《人民文學》刊登了蔣子龍小說〈喬廠長上任記〉，寫了文革後一間工廠的人事混亂，加上投機取巧、走後門風氣氾濫，使一個決心想搞好業務的新廠長，反而受到數不盡的咒罵、譏笑和誣告。八月號《詩刊》發表了葉文福〈將軍，你不能這樣做〉，講一個受文革迫害後重新走上領導崗位的將軍，大搞特權，竟下令拆掉幼兒園，為自己建樓房。

大陸作家首次參加

這些事，與其後揭發動輒千億的貪腐事件比較，當然見怪不怪了。但當時是轟動的。

因為這是中共建政以來大陸未出現過的文藝現象。過去中共一直嚴格執行毛澤東的為工農兵服務、為政治服務的路線，只能歌頌光明，不能揭露黑暗，使文藝創作思想單一，內容單調，許多在中共建政前卓有成就的作家，一九四九年後在思想箝制下都寫不出好作品。到了文革，極左文藝路線更發展到沒有人性、沒有愛情的荒謬程度。因此，當一九七九年我看到大陸文藝界出現了批判現實主義的苗頭，深有感觸，覺得是好兆頭。正是在這時刻，我訪問了美國，參加了九月中旬在愛荷華舉辦的「中國週末」討論會，並作了講話。

愛荷華大學設有「國際寫作計畫」，每年邀請世界各地的作家到愛荷華這個環境優美的大學城，過幾個月自由自在、沒有政治干擾與審查的美國生活。「計畫」由詩人保羅·安格爾創辦，那年他退休，轉由他的妻子、台灣著名作家聶華苓任主席。文革後，在一九七八年，他們和兩個女兒同訪中國，並通過中國作家協會邀請中國作家赴美。一九七九年中國派出蕭乾和畢朔望兩個作家參與。蕭乾大名鼎鼎，畢朔望不知何人，據聞是作協黨組成員。中國首次派出作家訪美，想是認為有黨員「照料」的必要。

過去，已經有許多台灣和香港作家參加過「國際寫作計畫」，但那一年是中國大陸作家第一次參加。讓人感覺奇怪的是，「計畫」邀請台灣來參加的王拓和瘂弦卻沒有來。參加「中國週末」討論會的，香港來的是我和戴天，台灣有詩人高準，旅美的作家學者不乏名人，包括於梨華、陳若曦、鄭愁予、歐陽子、劉紹銘、周策縱、葉維廉、李歐梵等。

我第一次去美國，又是第一次參加這樣的國際會議，若不是對當前中國的文藝現象已經醞釀了好一陣的想法，不吐不快的話，我是不會答應出席發言的。

雖已經是四十多年前的講詞，但我至今仍然覺得有些段落很用心，在當時也是適切的。

樂觀估計文藝發展

我講到當時在中國，人民有強烈要求，就是實現民主化和現代化，民主化是使人民有權，現代化是物質文明的進步。但統治階層中還有不少人，基於本身的既得利益，仍然漠視、壓制、打擊這種要求。面對這樣的時代，有良知的文藝家和新聞工作者，都不應該在人民的重負、苦難、無權面前閉上眼睛。「如果作家們在蘸著墨水如同蘸著自己血肉那樣痛心疾首地表現人民的苦樂……，那就一定可以在未來產生劃時代的文學作品。」

我在演講中提到一個未經研究的印象，「在社會安定、經濟繁榮、人民康樂的盛世中，不會有劃時代的文學作品；在強權統治的專制黑暗時代，也不會有茂盛的劃時代作品。世界各國的文學繁榮時期，若不產生在一個繁榮盛世開始走向沒落的時期，就是多產生在黑暗時代將要過去、光明時代將要到來的時候，……多產生在人民的沉重苦難開始減輕、人們可以吁一口氣的時候。而中國的今天，似乎就是在這樣的時候」。我又提到，台灣近十年來鑑於內外處境，對輿論的壓制有所放鬆，「在石縫中茁長的台灣文藝的草木，就顯得特別精壯，它在文藝方面的成就勝過大陸三十年的文壇」。

我這篇講話，當時引起相當多討論，包括大陸的文藝雜誌，都有批評、爭論與轉載。愛荷華的「國際寫作計畫」也因我這篇講話而邀請我在次年去擔任訪問作家。

現在看起來，當時對中國及文藝界的估計，是太樂觀了。時代給予批判現實的作家鼓勵，但體制給予的限制卻是揮之不去的生死威脅。

（原文發布於二〇二一年十一月十二日）

88／我與左派分道揚鑣的一年

一九七九年發生了幾件事，雖未至於使我與中共的關係破裂，但思想上、觀念上的裂口已經形成。我會認為這是我與左派分道揚鑣的一年。

這一年的十月十六日，北京法院對七個月前拘捕的魏京生重判十五年徒刑。《七十年代》收到一篇來稿評論此事，趕著在十一月號發刊。那時的印刷流程比現在慢很多，每當付印前我都親自到印刷廠作最後審定。記得那天在印刷廠，手下一位編輯趕來找我，說潘公要他向我轉告，《七十年代》不要發表有關魏京生案的評論。

選稿堅持文章質素

理由沒有說。我領會到從來沒有對我們的編務表達過意見的潘公，突然提出這意見應該是非同尋常，他一定聽到什麼重要訊息。但我考慮雜誌向來的取稿原則是文章的質素而非立場，要切合時代的要求，要對讀者和作者群負責，而不是對掌權者負責。因此，我沒有接受潘公的意見，評魏案的文章照刊。而且在下一期的十二月號，對此案作更深入的分析。

魏京生案是鄧小平結束民主假期的一系列施政的延續。一九七八年他利用西單民主牆「發揚民主」，即所謂北京之春，來逼退華國鋒而重掌最高權力後，於一九七九年三月底提出了「堅持四項基本原則」，而其中最重要和實際的，就是「堅持黨的領導」，並逮捕了民辦刊物的魏京生，封閉西單牆。

魏京生在民辦刊物《探索》上的文章〈要民主，還是要新的獨裁〉中提到，「人民必須警惕鄧小平蛻化為獨裁者……他正在走的是一條騙取人民信任後實行獨裁的道路」。這是他被捕和判刑的實質原因。至於他在法庭上被公開指控的「叛國罪」，則屬「莫須有」，比如說他向外國人提供軍事情報，但他作為北京市公園服務管理處的一個工人，如何可以掌握到軍事情報？若有人提供情報給他，何以又沒有逮捕直接掌握情報的人員？而接收他所提供的情報的外國人何以又沒有被捕和判間諜罪？從四月以來前後發生的所有事實來看，魏案毫無疑問就是「以言治罪」。「治罪」之「言」，也非常明顯地是因為直接指向鄧小平。因此，合理的懷疑是：此案若非鄧小平欽定，也至少是為迎合他而作出的司法行為。

潘公相信早得風聲，所以突然向我提出忠告。而廖承志也以「反對鄧小平」為藉口，要把《七十》「徹底搞垮」，真正原因則是我們評論了廖公船。因為以廖承志對香港事務的了解，當時新華社（即港澳工委）除新派來的第一社長王匡之外，其他長期沿用的舊人，如第二社長李菊生、副社長祁烽、祕書長楊奇等等，都不贊同「徹底搞垮」的意見。換句話說，熟悉香港社會環境的當年中共駐港人員，即使出於保護自己的原因，在文革期間不得不執行一些「極左」政策，但大體上，還是根據香港實際環境而有所抑制的。因此，廖公的指令在香港沒有被執行。王匡也不能夠左右執行人員的作為。一九七九年《七十年代》沒有被左派排擠和杯葛。我們仍然在左派陣營生存。

造成裂痕的幾件事

總括來說，這一年發生了幾件事，使我同中共的關係有了很深的裂痕。

一是四月時我們召開了「中國統一前景座談會」，邀約了一些在香港的台籍學者參加，當時中共駐港高層在開會前曾經想叫停這個座談，但因為一切都準備好，不可能停辦了，於是左派就叫羅孚出席，以平衡右派觀點，但想不到真正發生影響的是「不統一有什麼不好」的觀點[1]；其二是中共在過去兩年開放大陸人訂閱《七十年代》後，於一九七九年大陸海關突然禁止入口，我們發表社論據理力爭，我與王匡面對面抗辯[2]；其三，我們發表了〈特權階層在中國〉，直接得罪了主管香港的廖承志；其四，是刊登了關於魏京生案的評論，而拒絕了潘公的

特權階層在中國

西門慧

編按：新華社八月十五日發表「對領導幹部要嚴格要求」一文，嚴厲批評某些領導幹部之不正作風。西門慧先生在本文所列舉的事例有如該文的註腳。至於是否屬實，編者無從考核，但至少反映了一些人民的心情。

·11·

《七十年代》1979年9月號。西門慧文章。

勸阻[3]；其五，是我在這一年去美加周遊幾個大城市，與讀者作者們見面，和出席愛荷華的「中國週末」[4]，臨走前半個月，潘公曾委婉勸我：可不可以稍後再考慮去美國？但我說，一切都安排好，他也沒有再說什麼。回來後，我主動給潘公寫了一個報告，大致講了此行觀感，特別是留美知識人這時關於中國關於兩岸的一些想法。他沒有回應。

還有一件事，就是一九七九年初，潘公曾經向我表示，邀我當政協委員。我委婉地拒絕說，辦雜誌，還是保持政治獨立比較好。

一九七九年後，與潘公的接觸就少了。與新華社其他高層也漸行漸遠。但真正分離還要再過兩年。

（原文發布於二〇二一年十一月十五日）

1 參考篇目75。
2 參考篇目85。
3 參考篇目86。
4 參考篇目87。

89／文藝沉澱成剎那絢爛

發表在一九七九年的中篇小說，結尾講一個文革中受迫害的老幹部，在恢復了職位後，接到一個右派分子的女兒給他的來信，這右派分子是一九五七年在他領導的機構被錯劃成右派的，女孩子訴說全家因右派帽子遭到二十年厄運，希望這位重掌權位的老幹部能夠給她爸爸平反。但這老幹部看都沒怎麼看，就把信丟棄了。一個剛剛從苦難中走出來的老幹部，對他當年造成他人的痛苦卻無動於衷。

這只是整篇小說的一個小節，卻是這一年中國文藝作品的一個象徵。一九七六年四人幫倒台後，文藝作品開始出現了「傷痕文學」。到了一九七九年，隨著大批各級老幹部重新執掌權力，他們從制度而產生的「有權就有一切」的觀念，於文革中大大強化為「有權不用，過期作廢」，於是他們就成為壓在老百姓頭上的特權階層。他們不僅對過去當權時的錯誤所造成的別人的苦難視若無睹，對錯案受害者的申訴無動於衷，而且變本加厲地濫用權力，為個人謀取利益。

真實的世界在小說中

即使文革後中共上層呼籲「解放思想」，西單民主牆也有不少申訴冤情的大字報，但見諸報端的新聞報導，仍然被黨官嚴密控制，各地的冤假錯案，特權階層對百姓的具體壓迫，除非中央已插手處理，否則不可能實名實姓地作新聞報導。於是，以「虛構」方式表現的文藝作品，就在這個時空噴薄而出，大量揭露特權階層的醜惡，人民的苦難。作品不再只是描述傷痕，而是直指造成這些災難的罪惡之源，即制度締造的醜惡人性了。

新聞是歷史的初稿。沒有真實的新聞，那麼歷史也就是虛假的。真實的世界存在於小說中。

我在大量閱讀了中國各文藝刊物上的新作品後，在一九八〇年五月號《七十年代》發表了一篇〈中國新寫實主義文學的興起〉，繼而編輯出版了一本《中國新寫實主義文藝作品選》，並寫了一篇「代序」：〈文藝新作中所反映的中國現實〉。其後，又同璧華合編了《作品選》的〈續編〉和〈三編〉。兩篇長文，和三本選集，受到海內外甚大關注。

一九八〇年我應邀到愛荷華做「國際寫作計畫」的「訪問作家」。那一年中國應邀前往的有艾青和王蒙，台灣有吳晟。在那一年的「中國週末」討論會，應邀參加的海外作家更多了，而話題就集中於中國新寫實主義文藝。

《中國新寫實主義文藝作品選》「續編」書影。

一九八〇年北京《文藝報》第十期，刊登了一篇文章，題目是〈評一個選本——與李怡先生商榷〉，針對我的兩篇關於新寫實主義的文章和那個「選本」，提出不同意見。一九八一年北京《文藝研究》第一期刊登了〈中國文學和中國現實〉一文，批評我那篇「代序」，不過卻轉載了我的原文。可能編輯的用意在「轉載」而不是批評。一九八二年五月，紐約聖若望大學舉辦了有四十六位學者參加的中國文學國際討論會，總題目是「當代中國文學：新形式的寫實主義」，主持人金介甫（Jeffrey C.Kinkley）表示討論會因我編的選集而引起，並邀我作第一發言。與會的中國作家有王蒙、黃秋耘。王蒙對我的發言作回應。

討論會後，有美國出版社翻譯出版了《中國新寫實主義文藝作品選》的英文版 *The New Realism*。

那幾年，介紹和評價中國新寫實主義文藝是我主要的編寫工作。近日有著名作詞人跟我說，他約二十歲時就買了這三本書，頗受影響，特別提到我關於「新寫實主義」的命名。

作品只能說謊歌頌黨

年輕時的閱讀經驗，給我畢生的思想感情刻上批判現實和人道主義的烙印。受影響的是十九世紀西方的、特別是俄國的批判現實主義文學，反映社會的醜惡真貌，人性的卑劣，卑賤者的靈魂碎裂，從而流露出濃烈的人道精神。蘇聯後來提倡社會主義現實主義，意思是要以「社會主義精神教育人民」，那是將文藝當作宣傳品，而不是作家心靈的產物，讀者也成為受教育者，不容讀者在閱讀時的思想再創造。

一九五六年毛澤東「引蛇出洞」，提出「雙百方針」，於是由秦兆陽等提出要求文藝恢復反映社會矛盾的功能，並帶出了劉賓雁、王蒙等的「干預生活」即揭露社會陰暗面的作品。但很快，反右運動把這波文藝浪潮打下去，中國文藝就處於只能歌頌黨和新社會的謊言文化狀態了。

一九七九年湧現的中國文藝作品，讓我看到了在艱辛地、痛苦地生活著的百姓，看到特權階層的醜惡嘴臉，使我從感性上體驗到受壓迫者的感受，認識到不同類型幹部的心態，我不禁寫下這樣一句話：「每一個人都有更多的勇氣去忍受別人身上的痛苦。」意思就是人很難感同身受，生活中真實的痛苦，比較我們讀到的、甚至感受到的要沉重得多，和難以忍受得多。

中國新寫實主義文學浪潮的延續時間不長，大概一年左右，就在中共高層的施壓下，由絢爛歸於平淡了。但所寫下的那些故事，總是一個紀錄吧。

（原文發布於二〇二一年十一月十七日）

90／懷念在愛荷華的堅毅眼神

愛荷華城，位於美國中部，是只有七萬多人口的大學城，在密西西比河支流的愛荷華河岸邊，風景優美。一九六七年詩人保羅．安格爾與小說家聶華苓在愛荷華大學創設了「國際寫作計畫」，每年招待世界各國的一些作家來這裡過過美國社會的自由寫作生活，與其他國家的作家交流。至今這計畫已招待了來自一百二十個不同國家的達一千一百多名作家。台灣許多作家都有愛荷華淵源，中國自一九七九年開始也有作家應邀參加愛荷華計畫。我一九七九年參加愛荷華「中國週末」[1]討論會，一九八〇年在愛荷華住了一個月當「訪問作家」，一九八二年再去愛荷華會晤和訪問劉賓雁，也訪問了台灣老作家楊逵。後來我的小女兒在那裡念大學，我多次去美國都在愛荷華短暫停留，探望老朋友聶華苓，和她的舞蹈家女兒王曉藍。

激烈但平和的討論

安格爾和聶華苓的家，是建在山坡上的獨立屋，門口掛著中文「安寓」的牌子，屋子寬敞舒適，常有許多作家聚集在各角落聊天。屋後是一個小森林，有野生動物出沒。

一九八〇年一個月逗留。在這裡見到我年輕時就傾慕他詩作的艾青。「為什麼我眼裡常含淚水？／因為我對這土地愛得深沉……」，這詩句是抗戰時我愛國思想的啟蒙。他見到我沒講幾句，就說他在延安時認識我的姑姐李麗蓮。所以，我相信他來前已經看過關於我的資料了。另一位王蒙也是我心儀的作家，年輕時讀過他的小說《組織部新來的年輕人》，文革後他的作品也出色。艾青的太太高瑛跟我說，王蒙與中宣部副部長周揚關係匪淺，他來這裡是有任務的。我們訪問作家都住在「五月花」公寓，我不大會煮飯，那一個月多次在艾青家吃高瑛做的菜。她說，在愛荷華最開心的事，是走進琳瑯滿目的超級市場。

第二次「中國週末」，和第一次一樣，廣邀在美加的華人作家出席。設兩個分組，同一時間在不同地點討論。在安寓舉行的是「詩組」，在王曉藍家的是「小說組」。詩組由鄭愁予主持，小說組由陳若曦主持。我在小說組，「國際寫作計畫」為參加者提供了我編的《中國新寫實主義文藝作品選》，討論就由此而展開。王蒙維護中國的政策，認為那時的中國正是處於作家的寫作環境最好的時期，不同意我編的選集只集中在揭露社會黑暗，認為黨提出的「識大體，顧大局」「安定團結」都是作家們切盼的。我和其他一些作家不同意任何對作家寫作題材的干預，以粉飾太平的方式來維護表面的安定團結，只是藏污納垢的安定團結。總的意見是黨對文藝最好少管。這一場的討論，是頗為激烈的意見交鋒。但彼此語調平和，沒有人動怒。

1 參考篇目87。

不過，隨著中國局勢的發展，我發覺一九七九年固然是中國的文藝之春，到一九八〇年，雖然有黨官對文藝寫作有種種批評和提出規限，但沒有把作家打成什麼「派」，沒有懲罰的行政措施，也沒有搞大批鬥，不得不承認如王蒙所說，這是中國作家最能夠自由寫作的時代。跟著下來的十年，中國的言論操控還算比較寬鬆。那以後，是一九八九年六四，我想誰都知道是怎麼回事了。

一言堂不應該存在

王蒙在討論會上說，文學的路子應該很寬，什麼都可以寫，我們過去太窄了。但是，李怡選的集子比我們寫的還窄。他批評我選的集子窄，也沒有錯。但不是比這之前的中國更窄。我選本的「窄」，是沒有從廣闊的文藝角度去選，而是從突破言論自由界限的角度去選。中國沒有言論自由，文學寫作的「虛構」性質，是不用真人實事，卻寫出最真的現實。「虛構」使文學有了揭露社會真相的空間。毛澤東說，「利用小說反黨，是一大發明」。於是從批判《武訓傳》、《海瑞罷官》一路下來，使小說也沒有了寫實的空間也。

我在這個時期關心文藝，毋寧說是關心言論自由，希望批評的聲音通過文藝在中國打開缺口。我相信只有批評，社會才會進步。一言堂或鴉雀無聲的社會，是人類社會不應該存在的。

我沒有參加「詩組」的座談，作家張錯記下艾青說的話：「我的沉默就是我對國家的沉默，我沉默了二十一年就是我對國家沉默了二十一年。二十多年，被打下牛棚，個人與外界完全隔絕，聽不到外面的聲音，接觸不到外面如台、港、歐美的作品。……可是聲音就會這樣消失嗎？

不會的。……如果不能寫詩，就乾脆去打掃廁所好了，如果要寫，我就要寫自己的話。」

一個優秀詩人沉默二十一年，有比這個更「窄」的寫作空間嗎？

已經過去幾十年了，我還會偶爾想起意見交鋒的王蒙，和年邁而眼神堅毅的艾青，尤其是在新聞上看到樣子跟他酷似而神色同樣堅毅的他兒子艾未未。

（原文發布於二〇二一年十一月十九日）

1980年代在香港與聶華苓合影。

佳節致讀友

各位讀友，各位認識或未見過面的朋友：

適逢聖誕佳節，新年又到，謹在此與通過文字闊別一個多月的朋友祝福聖誕快樂，新年平安健康！

十一月二十二日我寫上「《失敗者回憶錄》作者因病暫停」這句話，而「暫停」停了一個多月，不用猜也知道不是什麼小病了。這句話受到五萬多讀友關注，六千多讀友問候垂詢。因在病中，無法一一回覆，謹致歉意。

記得俄國作家契訶夫寫過：很多人都喜歡講自己的病，其實病是最無趣和無奈的事。

所以，除了已有報導說我患心肌梗塞之外，其他同時引發的各種狀況，我就不多講了。自己無趣，聽到的人也不見得覺有趣。但一個多月過去，已經大致康復。這過程中，要感謝的機構和人太多，特別是悉心照顧的在台灣的老同事邱近思。

病榻上，除了急於處理我非常在意卻因病無法參與的活動之外，住院兩個多星期我還想了兩件事。

一是我這幾年許多朋友跟我慶生日，在吹蠟燭之前都會許個願，我這些年每年的生日願望，就是要走得爽爽快快，乾脆利落，千萬不要全身掛著維生儀器受罪。當我在加護病房遭到醫療折磨時，我不免想起這生日願望。但我的想法改變了：只要有希望，不管多麼折磨，也不能夠向死亡屈服。這是意志力的考驗。而且，儘管已過八十五歲，活得算長命了，但我還是有事情沒有做完。我至少要完成這件事，才算走完一生。這件事，就是正寫到中途而且還未寫到自己覺得最應寫下的部分，就是我的回憶錄。

有朋友對我說，世界已經不一樣了，難得你初心不改。這句稱道的話，也可以解釋為何以「食古不化」。在病榻上，我也想到同一件事：世界不一樣了，你講的過去的事還有意義嗎？或有，這不一樣的世界還有什麼人要看？

世界不一樣了，我當然知道。「初心不改」「食古不化」正是何以稱之為《失敗者回憶錄》的原因之一。屈原詩「亦余心之所善兮，雖九死其猶未悔」，夠古了吧？但這句話帶領我的一生。世界是否只有極少人願意去看，那不是我的考慮，我追求的只是貫穿一生的生命的完成，就是有一個人初心不改，食古不化，而所追求的初心不斷受挫的人生。

所以，最後要告訴關心我的讀友，進入二〇二二年，《失敗者回憶錄》就會繼續。而且我不是勉強而為，而是有信心那時身體已康復。

再次祝朋友們聖誕快樂，新年健康，平安喜樂！

李怡

91／從認同到重新認識中國

一九八〇年我在愛荷華訪問一個月，之前途經芝加哥，應芝大教授鄒讜邀請，作了一次講座。其間與這位博學深思又謙和的教授討論了不少問題。到愛荷華後，接到他的電話，他概括我們的談話，提出了這樣一句話：海外知識人現在應該從認同開始轉為重新認識中國。

現在的人可能連這句話的涵義都未必清楚。回到當年的時空，是海外知識人對中國全面認同的時代。離開愛荷華的下一個行程，就是去美東參加保釣十年的「國是研討會」。

保釣十年，實際上釣運早已經漸行漸遠漸無聲了。但當年積極參加保釣或因保釣而開始關心時局的留美知識人，對十年前的熱情投入仍然念念不忘。其後「釣運」轉入「統運」[1]，心繫台灣的留學生，特別是本省人，或有台灣官宦背景的人，反對「統運」，就產生了台灣自主派、革新派，等等。文革結束帶來的思想震盪使「統運」潰不成軍。當年齊心保釣的熱情消散了，而一些保釣積極分子還想延續對「國是」的關心，於是約有六十人參加了這個保釣十年的研討營，並邀我作主要發言者。

扭轉純感情的認同

經過大半個月的思索，我將鄒教授的歸納作講題，提出「從認同到重新認識中國」的觀念。

何謂「認同」，就是對一個國家、一個政權、一片山河大地的純感情的認同，它的背景一是從台灣出來的留學生對國民黨政權的失望，國民黨的反共宣傳儘管有大部分是事實，但也因為用語的極端醜化而產生反效果，二是中共文革的問題仍然被遮蓋而沒有顯露，虛假宣傳使海外知識人先入為主地照單全收，三是西方世界左翼思想對知識人的全面滲透，四是中美關係突破掀起中國熱，和大量海外知識人的「回國潮」，中共對這些人的刻意以至作偽的安排，使許多人對中國產生好感。許多人在一九四九年從大陸到台灣後，一直未能與大陸親人聚首，從小在台灣接受的大中華壯麗河山教育，對嚮往已久的「祖國」早有先入為主的熱情和愛意，至於政權和老百姓的生活，他們是沒有機會接觸和了解的。

有一位旅美學者，分離幾十年後，第一次回中國，他坐船遊長江，竟然雙眼盯著長江水，愣愣地看了兩小時，朋友問他：你光看著水做什麼？他回答說：我沒有看長江幾十年了，現在看兩小時還多嗎？

那時是一九八〇年，我讀到中國青年詩人顧城寫的一首詩〈結束〉，其中的名句是：

---

1 參考篇目73-75。

「戴孝的帆船，／慢慢地走過，／展開了暗黃的屍布。」

一位是歷經幾十年鄉愁，第一次回到日思暮想的山河大地，所引發的純感情的反應；另一位是一九五六年在中國大陸出生，在中共洗腦式教育下成長的二十多歲的詩人在成長的二十多年對現實的觀察，深遂的感情書寫。同樣是看長江，哪一個更真實呢？

〈結束〉這首詩全首朦朧而深刻，只上引這幾句，就蘊藏著多少長江支流嘉陵江的人民的苦難。這首詩發表時引發許多對祖國山河大地一味愛戀的先入為主的爭議。毫無疑問，這樣的作品也一定不能在文革結束前發表。但這幾句詩卻在我腦子裡盤旋了數十年。

認同的問題，可用盯著長江水兩小時這種感情作象徵，問題是這種感情把落後的體制、民情、政權、政黨、主義，甚而當時的貧窮，都全體認同了。在《七十年代》上有人提出，「醜也罷，美也罷，這是我的祖國，我的母親」。

這種無條件的「愛國」，等同於放棄自己作為國家主人的意識（雖然實際上沒有，但意識上應該有），將一張空白支票交給掌權者，讓他們將百姓的天賦權利予取予求。這是我們需要重新認識中國的出發點之一。

勇於否定過去錯誤

我在演講中講到重新認識中國，主要意思是要對當時佔相當多數的中國認同、中國熱，排除感性的認同，強調理性的認識。我向海外知識人提出，要有否定自己過去錯誤的勇氣，要祛除家醜不可外揚的心理，不怕自己作為中國人而面目無光。

現在讀來，這篇文章自然沒什麼意義。因為海外只是一味感情認同中國的人已不多。但當時此文在香港和海外左翼知識人中卻引起較大反響。對中共來說，等於反轉了他們的統戰。我與中共的關係也應該是從這裡有了扭轉。隨後我出版了一本書，以這題目作書名，收了那兩年寫的共十篇文章，寫的大都是自己這段期間的思想歷程。許多人認為此書標誌我思想認識的分水嶺。出版前在〈自序〉中，我說我寫這些文章和出版前，一直在思想上掙扎：要不要發表？對自己帶來怎樣的生活和事業的困境？不過它還是出版了。

這不是成功的標記，毋寧說是失敗的標記，是我在左派中被認為成功的典範時的自毀前途。不過，文章發表及出書後，我是從未有過的心情舒暢，一種完全忠實於自己、沒有利害考慮的我手寫我心的感覺。太美妙了。

（原文發布於二〇二二年一月三日）

92／是非混沌了　九七覺醒時

在《從認同到重新認識中國》這本書的最後一篇，題為〈九七覺醒〉。寫於一九八一年，那時香港前途問題已被廣泛議論，但中英談判還沒有正式開始。

香港媒體過去一直沒有什麼人關心九七問題。自從六七暴動中國用最激烈的語言而最後沒有任何行動之後[1]，香港大多數人就高枕無憂了。問題是英國是一切按規則做事的法治國家，對新界的租借條約於一九九七年到期不能視若無睹，因此英國在一九七九年已經開始在國會有提到條約到期的問題了。

開展九七問題討論

香港媒體討論九七問題，也是由《七十年代》雜誌開始。一九七九年十二月號，《七十年代》翻譯刊登了英國研究香港問題專家伊斯（Walter Easey）的長文〈對香港前途的推測〉，首次在香港媒體提出九七問題。文中指英國信守條約，對港島和九龍有永久主權，對新界的主權就到一九九七年六月中止。中國立場正相反，一直不承認不平等條約，不管香港、九龍還是新界，保持現狀由英國管治，都基於可供中國利用的目的。一旦英國要延長租約，中共就認為涉及國恥，一向強調民族主義的政權就無法容忍也。

對中共來說，當時最好就大家不提九七，讓香港繼續給中國「充分利用」，一提就民族主義上腦，不能不硬著頭皮要收回主權。當時《七十年代》提出九七問題，有左派人士不以為然，覺得不「策略」。但我們提出來時，已經是港督麥理浩訪京見過鄧小平之後，已得知中國不會接受任何延續英國管理的方式了。只不過麥理浩沒有把這訊息公之於眾。部分英資得風氣之先，漸漸將資本轉移出香港。

到一九八一年，所有的香港媒體都捲進關於九七問題的討論中。在大專學界，仍然有相當部分學生在觀念上反對殖民主義，對中國透露九七年收回香港主權，基於民族主義而支持。一九八一年十月十日，是辛亥革命七十週年，香港大專同學有一連串活動，其中在中文大學的集會邀我作最後一個演講人，並指定談九七問題。

我在演講中，講到海峽兩岸對辛亥革命者節日有不同解讀，而且都只是單一的、不容其他意見的解讀，而唯有在香港，我們可以暢所欲言，對辛亥革命可以作不同的分析和討論。香港在過去一百多年中，支持中國革命、抗戰，捐款支持中國的各次災難，文革後又有大批港商去投資，殖民地香港對中國作用之大不容置疑。如果香港的主權改變了，對中國是否更好或變成同其他城

---

1 參考篇目58-59。

市一樣了呢?民族主義是抽象的信仰理念?還是應該從現實、從歷史經驗去看怎樣才對國家民族有利?我們應該選擇滿足抽象的觀念,還是應該更多地考慮民族主義的現實呢?

當時關於香港前途的中英談判未開始,民族主義既是中共宣傳的利器,也是香港具有反殖意識的華人特別是部分年輕人的未經思考的認知。在演講中,我引述一位外國朋友對我說:「我想你相當矛盾,一方面你是中國人,中國人不希望被外人統治;另方面你住在香港,香港人又不能接受大陸的生活方式。」因此,我仍然以中國人的身分來談香港前途,提到從民族主義出發,香港維持現狀在現實上對中國有利。

深覺言論自由重要

這是我對自小形成的民族主義的現實覺醒,是我創辦《七十年代》十年的思路。我在辦刊過程中,由自身經驗,看到香港的自由言論對中國大陸、對台灣的影響,這裡可以看到兩岸老百姓看不到的資訊,可以接觸到有親身經歷而又毋須顧忌因言致禍的人,這裡左右派思想可以互相衝擊,也可以和平交流,在各種資訊中作自己的判斷。在這裡,憑良心講話不會損及自身安全。言論自由,對所有的政體,對所有人民權利,都是必不可少的。但漫長歷史的華人社會,卻只能在外國人保護傘下才能獲得,包括以前大陸一些城市的租界,特別是香港。

《七十年代》在前十年的所有編輯歷程,使我深深體會到海峽兩岸缺乏言論自由給社會、給人民帶來的苦難與壓抑,也深深體會到香港言論自由對兩岸的真實影響。老實說,我並沒有推動兩岸民主自由的大志,我開始只是努力把本分工作做好。是時局的發展和雜誌「外轉內」的作用使我認識了自己所做事情的意義，也深入了解了言論自由對社會的重要性。

這過程中，我不斷思考，不斷反省，不斷解剖自己以往的認知，這種感情活動促使我在那兩年（一九七九—八一）寫下那十篇文章。

在此書扉頁，錄下我作於一九八〇年的一首詩：「是非混沌與誰評，回首十年悲喜驚，世事翻騰觀念改，今朝探索啟新程。」

即使有這樣的覺醒，但實際上我對言論自由和民族主義的認識還粗淺，不過已經因世事翻騰而一些觀念有改變了。

（原文發布於二〇二二年一月五日）

93／美麗島大審對我的啟示

台灣民主運動從七十年代開始就蓬勃發展，而掌權者也逐漸略為放鬆威權統治，儘管戒嚴法仍然執行，黨禁報禁仍然嚴控，但一波一波的民主抗爭綿延不絕。從《七十年代》到後來改名《九十年代》，我們都一直跟進報導。關於台灣民主進程的歷史，已有不少著作書寫，這裡就不細說了。我只想談談當年對我思想影響最大的事件，就是一九八〇年的美麗島軍法大審。

這次受審的八位被告，都以叛亂罪起訴，在戒嚴時期若此罪被判成立就是死刑。被告們在死亡陰影下仍然不畏懼地表達自己的理念和心聲。而與過去最不同的，就是在報禁下，台灣幾乎是僅有的兩份由國民黨中常委當老闆的大報《中國時報》和《聯合報》，都將控辯雙方的證詞全文上報。這些言論在過去絕對是禁忌，連黨外雜誌都要迴避，竟在兩大報以新聞報導的方式整版整版的登出來，對台灣的民主進程產生的影響可以說是歷史性的。

「合法顛覆政府論」

對我來說，印象最深的是被告講出來的兩句證詞，第一句記不得是誰說的，他說：依照憲法台灣人民有宣傳台獨的言論自由；另一句是施明德說的：台灣人民有合法顛覆政府的權利。

台獨，一向是台灣言論的禁忌，自從一九七〇年兩位台灣人[1]在美國刺殺來訪問的蔣經國未遂之後，在美國台獨也被視為恐怖組織，更不用說在台灣了。

但是如果從言論自由的角度來看，西方已經普遍確立言論自由的唯一界線，就是不能造成明顯而立即的危險。此外，只要是言論而不是行動，言論自由就沒有限制，因此美國關於要推翻政府的言論，加拿大不斷有文章宣傳魁北克獨立，英國也常有報刊文章要廢除王室制度，因為都是言論而不是行動，所以儘管內容主旨與現有憲法相違，也都屬於言論自由保護的範圍。

當我看到台灣兩大報都刊登被告證詞說依照憲法台灣人有宣傳台獨的言論自由，這種言論沒有成為禁忌，沒有受到審查，我就想到，一旦沒有了言論審查，那就等於人民有了所有自由，各種意見都可以出現，不管台灣以後有什麼樣的反覆變化，但威權體制已經鬆動，實際上已經開始了通往民主直路。

至於「台灣人有合法顛覆政府的權利」則是施明德所說。沈君山曾經以筆名「田心」在美麗島大審後若干年，在《九十年代》寫他當年旁聽大審的回憶。沈是前台灣清華大學校長，但更為人所知是，他是長期遊走於政界、學術界與文化界之間的名人，是官宦之後，與掌權的國民黨及反對派都有溝通。他在回憶文章中說，美麗島大審後有一次當權的長輩找他去問，哪些被告的言論最令他印象深刻，他說是施明德的「合法顛覆政府論」，長輩點點頭記了下來。這對以後台灣

1 鄭自才、黃文雄。

當局的決策是否有影響，不得而知。合法顛覆政府，就是通過合法的選舉，通過憲法所賦予的言論、集會、遊行、示威的自由，而不是用暴力行動顛覆政府。民主國家的定期選政府領導人，就是合法顛覆政府的尋常行為。

面對死刑毫不動搖

沈君山在回憶文章中還提到兩件事，一是八位被告在死亡判決下都很堅定，證詞流露人的本性。呂秀蓮的證詞感性，讓平常冷靜的記者也不停地流淚。處理此事的有關單位原主張依叛亂罪之法辦理，至少判一人死刑以儆未來，而施明德是累犯，最有判死刑的可能。後來是蔣經國聽取另外一邊聲音，尤其考慮到外省人與本省人的族群和諧，才槍下留人，採取依法量刑卻一律減刑的處理。但八位被告不知道幕後運作，所以仍然是面對死刑。

沈君山認為八人中林義雄最強硬。在軍事審判期間遭遇林宅血案，母親和雙胞胎女兒遇害，長女林奐均重傷。當局從政治面、人道面都有意對他從寬處理，但前提是他不要出庭，不要和其他面臨死刑的七被告連在一起。當局意向已經轉達他的律師，律師也向他轉達，並準備把他請病假的訊息於庭上宣布，誰料審訊當天，他居然不聽勸告，昂揚出庭。對這個與同僚不離不棄的硬漢，沈君山說他不免長嘆一聲。

美麗島大審給我的理念和心靈的啟示，一是只有可以宣傳任何違反憲法、推翻體制的言論自由的政體，人民才享有真正的自由，若沒有，那麼什麼言論自由、集會自由都是一紙空文；二是必須真正實現人民可以通過選舉去合法顛覆政府的體制，才是民主體制，若沒有，什麼民主法治也都是一紙空文；三是在爭取人民自主權的抗爭中，只有林義雄這樣的剛強、施明德那樣的從容，八被告的視死如歸，才可以喚起民眾；四是也要有當局的明智，哪怕一點點明智，才會帶來轉機與改變。

這幾點啟示，對我日後評論時局和編輯寫作，帶來頗深的影響。

（原文發布於二〇二二年一月七日）

94／從事媒體一生的座右銘

畢生在媒體工作，對言論自由一直敏感。自一九五五年進入出版界，到二〇二〇年國安法在香港實施，這六十多年我充分運用香港的言論自由，為兩岸三地幾十年變遷提供了歷史初稿。

所有國家都說公民有言論自由的權利，但實際上各地施行都不同。我在實踐中不斷認識其意義和複雜性。《七十年代》刊登過不少講言論自由的文章，許多論述都側重中國的言論自由。但從司法裁決的具體案例，影響社會的言論自由的文章，就以一九八〇年五月號刊登余剛的長文〈言論自由的原則與實踐〉，寫得最詳盡和有趣。

逐漸了解言論自由

不要認為只要不多言，避談政治，言論自由就與自己無關。想想過去香港曾經蓬勃發展的流行文化，才華橫溢的人才和巨星紛現，是在怎樣的環境下產生的？就知道充分的言論自由重要性。我們每個人的生活，都離不開言論自由。對言論自由逐漸而深入的了解，是我思想歷程的重要部分。

一些掌權者常說，「言論自由不是絕對的」。當然，世界上沒有什麼是絕對的。但在現代文明國家，言論自由的界線只有一條，就是不能導致「明顯而立即的危險」（Clear and Present Danger）。除此之外，言論自由只對掌實際權力的官員有限制，因為他們的言論就是權力實施的一部分。言論自由的這條界線是一九一九年美國大法官霍姆斯（Oliver Wendell Holmes, Jr.）在一宗案件提出來的，他說：「言論自由最嚴格的保護也不會保護一個人在戲院中虛假地大喊失火而引起恐慌……在每一個案件中，問題在於言論是否被用於造成明顯而立即的危險。」但當時的多數法官不認同這界線，他們認為自由是為好好利用它的人而設，若有人「濫用」言論自由，法庭就有權干涉。但何謂「濫用」，並無準則。這說法等於讓掌權者對於凡是要禁止的言論都可以說是濫用了言論自由。

美國開國元勳為憲法訂下了《第一修正案》，內容是：「國會不得制訂……任何剝奪言論自由、出版自由及和平集會的法律……」這是一條奇怪的法律，它定下的是國會「不得制訂怎樣法律」的法律。就因為這《第一修正案》，十九世紀法國歷史學家托克維爾說：「美國之偉大不在於她比其他國家更為聰明，而在於她有更多能力修補自己犯下的錯誤。」儘管如此，美國實踐真正言論自由也走過曲折的路。

二戰結束後進入冷戰時期，美國發生丹尼斯案。紐約州政府控告十一名美國共產黨員，指他們在一九四五—一九四八年期間，組織共產黨，鼓吹在時機成熟時，盡速採取行動，以武力推翻美國政府。最高法院一九五一年裁決有罪，認為他們不僅是討論馬列主義，而且在「鼓吹」和「煽動」暴力，有「明顯」的危險，而「盡速採取行動」也意味「立即」，故被告言論不在憲法保障範圍內。但大法官道格拉斯（William Douglas）提出反對意見，他表示：美共力量極有限，在警察、軍隊等行業中的勢力微不足道，根本不會有「明顯和立即的危險」，若無力量那就只是說說，即言論；其次，他認為把「鼓吹」作為界線，就意味著一個言論是否自由不在於言論本身，而在於說話的人的意圖，而意圖是看不見、摸不著、難證明的東西。他說，一旦走上這條路，就「每個公民的自由都受到危害」。

他不幸言中了。丹尼斯案後，美國就進入麥卡錫調查委員會的黑暗時期，許多被懷疑與共黨有關的政府官員和影劇作家都受到調查和迫害，其中包括劇作家亞瑟米勒（Arthur Asher Miller）。言論自由受到壓抑，減少了監督政府的功能，也使個人潛能和創意無法充分發揮。

時刻質疑政府部門

直至一九五七年，美國最高法院審理一樁與丹尼斯案類似的案件，這次裁定，政府必須提出被告發表過與任何具體行動有關的言論的證據，結果因證據不足而判被告無罪。

什麼是與具體行動有關的言論呢？就是言論成為行動的一部分，比如說教人明天幾點鐘如何去攻擊警察局，這才是行動的組成部分。

其後，美國又有多次維護言論自由的裁決，其中最經典的，就是一九七一年越戰期間，《紐約時報》刊登從政府內部竊取的「五角大樓文件」，揭發美國政府二十多年來如何介入越南政局。文件剛刊登，就被政府以危害國家安全為由禁制，案件上到最高法院。結果九名大法官以六：三裁決《紐時》有權刊載，其中大法官布萊克（Hugo Black）說出一句經典名言：「出版自由的最大責任，就是防止政府任何部門欺騙人民。」他認為《紐約時報》不但無罪，而且應該受到讚揚，揭露美國介入越戰的真正原因，正是建國元勳對新聞的「期望和託付」。

這句話帶給我的震撼極大，從政府偷出來的涉及國家安全的文件予以刊登，居然判無罪，而且受讚揚。媒體的勇氣體現真正的言論自由。它也成為我一生從事媒體工作的座右銘：政府任何部門都因為有權，而有機會欺騙人民，因此，媒體的責任就是任何時候，都要對掌權者或部門採取質疑態度。

（原文發布於二〇二三年一月十日）

95／念茲在茲要記下的輝煌

經過麥卡錫黑暗時期，美國法院給予言論自由較高地位，那時多數法官認為，凡是遇到與言論自由相抵觸的情況，都應該首先考慮言論自由。[1] 在六十年代民權運動期間，阿拉巴馬州蒙哥馬利市有一批黑人民權領袖，在《紐約時報》刊登廣告，控訴蒙市警察對那裡的黑人實施種種暴行，當中有些敘述與事實不符。蒙市警察局長認為這是對他個人的誹謗，於是向刊登廣告的黑人和《紐時》提出控告，案子鬧到最高法院，結果法院判《紐時》無罪，理由是：對公眾事務辯論，批評政府官員，是《憲法第一修正案》的主要精神；在自由辯論中，錯誤在所難免，應該給言論自由留下允許搞錯的空間；如果要言論必須與事實相符的話，那麼很可能使原來想要說話的人不敢說了，因為他可能覺得不能在法庭上證明他說的話是真的，或者覺得惹不起上法院的麻煩。

因此，言論涉及誹謗可以起訴，但政府或官員起訴報刊或人民的成功機會較低。同樣，當權官員也不能與一般人民那樣享有言論自由，因為他說話就是實行權力的一部分，比如財經官員不能像一般人那樣評論股市，官員亦不能隨便批評某機構或媒體，因為那就意味是行使權力的先聲。

言論自由的好處

自從結束麥卡錫黑暗時期後，連串案例使美國真正實施以「明顯、立即的危險」作為言論是否享有自由的唯一戒律。由此而使整個社會的每個人都能夠自由、大膽去發揮潛能，社會的新構想、新創意不斷湧現，使美國在科技、經濟和文化創意等方面領先全球。[1]

香港在二戰後，於困境中，也是因為言論自由激發企業界和流行文化，得以各顯神通，懂得走位，懂得變通，某些工業曾經在國際佔領先地位，流行文化更在亞洲獨領風騷。

言論自由的好處在於讓每個人可以發揮潛能，如果言論自由受到限制，每個人都只能政府說什麼就跟著說什麼，那就什麼新構想、新創意都提不出來，社會頂多只能夠靠低價勞工，和移植甚至偷取別國的技術去發展了。社會不會有活力。

言論自由的另一好處是可以讓政府知道民怨所在，及早採取糾正、補救的措施。永遠不要忘記阿克頓勳爵（Lord Acton）的名言：「權力使人腐化，絕對權力使人絕對腐化」。即使最好的掌權者，他或他屬下的政府各部門，有時都覺得有些事要隱瞞或欺騙人民，因此布萊克大法官說，「出版自由的最大責任，就是防止政府任何部門欺騙人民」。[2]即使沒有欺騙人民，政府也一定有不足之處，最精明的主管都未必看到，廣大社會輿論會指出。

1 參考篇目94。
2 參考篇目94。

言論自由的另一好處是社會的安全活門，公眾可以通過言論發發怨氣，社會怨氣若得不到發洩，往往會造成社會撕裂，或使怨氣化為破壞性行動。

近年淪落的原因

幾十年來，我都以美國新聞自由的實踐為榜樣，信奉《紐約時報》的座右銘：「所有適合刊載的新聞」（All the News That's Fit to Print.），即不會因為任何非新聞的原因，不刊登適合的新聞。然而，近幾年發現有了變化，美國許多主流媒體都不去刊登他們認為「政治不正確」的新聞，主流媒體和社交媒體甚至在選舉中政治歸邊。將近一百年前中國報人張季鸞提出的「不黨、不賣、不私、不盲」[3]，現時新聞事業包括網上媒體竟然大倒退。二〇一六年美國大選，幾乎所有主流媒體都做了希拉莉（Hillary Clinton）的啦啦隊，有媒體預言希拉莉有93%的勝選機率，結果翻了盤。二〇二〇年大選主流媒體也全面向民主黨歸邊，對拜登兒子亨特（Hunter Biden）的醜聞不但不報導，連向拜登提出詢問都避免。又刻意不刊登時任總統特朗普（Donald Trump）的講話。完全違反「所有適合刊載的新聞」的原則。

過去美國人對媒體有極高信任度，到二〇一七年，蒙茅斯大學（Monmouth University）所作民調結果，有67%的美國人認為傳統媒體報導假新聞，到二〇一八年這個比例增加到77%。

什麼原因導致這樣的淪落？我相信一是由六十年代延續的追求自由、平等的思想，發展到社會多元化後，將各種反歧視、促平等置於壓倒自由的不可觸碰的「政治正確」地位，這種違反開國元勳傳統的名為進步、實是極左的思潮主導了學術界與媒體；二是中國因素，中國的利益和對美國各界的金錢誘惑，使人性的貪婪蓋過了道德原則和職業操守。

我一生追求的言論自由，在全球幾乎挫敗。我一生從事出版事業的地方的新聞淪落，就更不用說了。這促使我更念茲在茲地要把言論自由曾經帶來的輝煌，記錄下來。我深信掩蓋事實，就是掩蓋真理。強權得逞，但強權永遠不能代替真理。

（原文發布於二〇二二年一月十二日）

3 參考篇目27。

People 21

失敗者回憶錄（上）

作　　者　李怡
發 行 人　張書銘
出　　版　INK 印刻文學生活雜誌出版股份有限公司
新北市中和區建一路 249 號 8 樓
電話：02-22281626
傳真：02-22281598
e-mail：ink.book@msa.hinet.net
網　　址　舒讀網 http：//www.inksudu.com.tw

法律顧問　巨鼎博達法律事務所
施竣中律師
總 代 理　成陽出版股份有限公司
電話：03-3589000（代表號）
傳真：03-3556521
郵政劃撥　19785090　印刻文學生活雜誌出版股份有限公司
印　　刷　海王印刷事業股份有限公司

出版日期　2023 年 5 月　初版
2024 年 3 月 8 日　初版七刷
ISBN　978-986-387-632-8
定價　950 元（上下冊不分售）

國家圖書館出版品預行編目資料

失敗者回憶錄（上）／李怡 著 --初版,
新北市中和區：INK印刻文學, 2023. 05 面；
14.8× 21公分. --（People；21）
ISBN 978-986-387-632-8(（平裝）
1.李怡 2.回憶錄 3.時事評論 4.香港特別行政區

782.887　　111021344